한민족 꿈의 실현, 코리안드림:
한국 현대사 재발견

KOREAN DREAM

한민족 꿈의 실현, 코리안드림:
한국 현대사 재발견

코리안드림역사재단 창립준비위원회 지음

좋은땅

| 서문 |

역사의 강을 건너, 미래의 바다로

　여기, 반만년의 숨결이 흐르는 땅이 있습니다. 상처 입은 능선마다 서러운 역사의 메아리가 잠들어 있고, 굽이치는 강물 위로는 선조들의 뜨거운 눈물이 흐르는 곳. 바로 우리가 발 딛고 선 대한민국입니다. 수많은 역사 중에서도, 어둠 속에서 새벽을 열고 폐허 위에서 기적을 일군 '현대사'는 우리의 심장을 가장 뜨겁게 두드리는 장엄한 서사시입니다. 이는 박제된 과거가 아니라, 우리 핏줄 속에 면면히 흐르는 우리 모두의 이야기입니다.

　이 책은 그 거대한 역사의 강을 당신과 함께 건너려는 하나의 작은 돛단배입니다. 우리는 이 여정에서, 우리 민족의 심장 가장 깊은 곳에 새겨진 건국 정신, '홍익인간(弘益人間)'이라는 별을 따라가려 합니다. '널리 세상을 이롭게 하라'는 그 장엄한 약속은, 시련의 바람 속에서도 꺼지지 않았던 평화의 등불이었고, 인류라는 더 큰 바다를 향해 나아가고자 했던 열망의 나침반이었습니다.

겨울의 심장에서 피어난 생명의 꽃

돌이켜보면 우리의 현대사는 혹독한 겨울과 같았습니다. 칠흑 같은 식민의 밤은 끝이 보이지 않았고, 해방이라는 새벽의 환희는 동족상잔의 포화 속에 흩어졌습니다. 잿더미 위에서는 굶주림이 칼날처럼 파고들었고, 민주주의를 향한 외침은 총칼 아래 스러져 갔습니다. 절망이 파도처럼 밀려와 모든 것을 삼킬 듯한 순간들이었습니다.

하지만 우리는 결코 무릎 꿇지 않았습니다. 가장 깊은 절망 속에서 가장 찬란한 희망을 길어 올렸습니다. 얼어붙은 대지 위에서 기어코 독립의 푸른 싹을 틔웠고, 폐허의 강가에서 눈부신 기적의 도시를 일으켜 세웠습니다. 불의의 광장에서는 민주의 함성으로 새벽을 불렀고, 마침내 세계의 무대 위에 문화라는 향기로운 꽃을 피워냈습니다. 이는 시련 앞에서 더욱 단단해지는 바위처럼, 겨울의 심장을 뚫고 피어나는 들꽃처럼 강인한 우리 민족의 생명력이 쓴 위대한 승리의 기록입니다.

분열의 강을 넘어 통합의 광장으로

그러나 승리의 영광 뒤에는 깊은 상흔이 남았습니다. '민주'와 '공산'이라는 이름의 강이 우리를 갈라놓았고, 이념의 안개 속에서 서로를 향해 날 선 말을 겨누었습니다. 현대사가 마치 끝나지 않는 싸움의 기록인 양, 분열의 상처는 아물지 않고 우리를 가두고 있습니다.

이제 우리는 이 슬픈 분열의 강을 건너야 합니다. 낡은 이념의 지도를 불태우고, '민족 통합'이라는 더 큰 광장을 향해 나아가야 합니다. 그러기 위해 우리는 서로의 아픔에 귀 기울여야 합니다. 성공의 환희만이 아닌, 실패의 눈물 속에서 더 깊은 지혜를 배워야 합니다. 흩어진 조각들을 그러모아 화합이라는 하나의 큰 그림을 완성하고, 마침내 평화로운 통일의 문을 열어야 합니다.

시원의 꿈, 영원한 비전 코리안 드림

태초부터 우리 민족의 가슴속에는 하나의 노래가 흐르고 있었습니다. 바로 '코리안 드림'이라는 영원한 비전입니다. 이는 단지 부유한 나라를 넘어, 홍익인간의 정신이 강물처럼 흐르는 정의로운 땅, 평화로운 통일 조국 위에서 온 인류의 행복에 이바지하는 위대한 공동체를 염원하는 꿈입니다.

우리의 현대사는 그 꿈을 향한 피와 땀의 여정이었으며, 우리 모두의 간절한 염원이었습니다. 이제 그 꿈을 현실로 빚어내야 할 책임과 사명은 바로 오늘을 살아가는 우리에게 주어졌습니다.

부디 이 책을 통해 역사의 파도 소리에 귀 기울여 주십시오. 그 속에서 우리가 누구이며, 어디에서 와서, 어디로 가야 하는지에 대한 답을 찾으시길 바랍니다. 차가운 기록 속에서 뜨거운 심장을 발견하고, 더 나은 내일을 향한 꺼지지 않는 용기와 희망을 얻어 가시기를 간절히 소망합니다.

| 목차 |

서문 ... 4

 문을 연 제국, 좌절된 꿈 (1876 ~ 1910)

1장	쇄국의 빗장을 풀다: 흥선대원군, 개혁의 칼을 뽑았지만…	12
2장	낯선 악수, 불평등 조약: 강화도, 조선의 운명을 바꾸다	18
3장	두 개의 길, 엇갈린 선택: 세상을 바꾸려 한 개화파의 논쟁	23
4장	분노한 군인들, 왕궁을 뒤엎다: 임오군란, 구식 군대의 반란과 청나라의 그림자	29
5장	3일 천하, 너무 빨랐던 혁명: 급진개화파의 갑신정변, 꿈은 왜 좌절되었나?	34
6장	"사람이 하늘이다!": 동학 농민군, 낡은 세상을 향해 봉기하다	39
7장	조선을 둘러싼 두 거인: 청일전쟁, 승자는 일본이었다	44
8장	위로부터의 개혁, 백성은 어디에? 갑오·을미개혁의 빛과 그림자	49
9장	국모 시해, 하늘이 무너지다: 을미사변과 단발령, 의병의 불길이 타오르다	54
10장	왕이 궁을 버리고 떠나다: 아관파천, 열강의 이권 침탈이 시작되다	59
11장	다시 일어서는 나라: 대한제국 선포와 광무개혁, 황제의 마지막 노력	64
12장	"백성이 주인이오!": 독립협회와 만민공동회, 광장의 함성	69
13장	제국의 야욕, 한반도를 삼키다: 러일전쟁과 일본의 독점 지배	74
14장	외교권 없는 나라: 을사늑약, 통곡의 날	79
15장	황제의 눈물, 군인의 총칼: 고종 강제 퇴위와 대한제국 군대 해산	85
16장	들불처럼 번진 저항: 전국으로 확산된 항일 의병 전쟁	90
17장	"배워야 산다!": 실력으로 나라를 구하려 한 애국 계몽 운동	95
18장	하얼빈에 울린 세 발의 총성: 안중근, 이토 히로부미를 처단하다	101
19장	나라를 빼앗긴 날: 1910년 경술국치, 암흑의 시작	106

빼앗긴 들에도 봄은 오는가 (1910 ~ 1945)

20장	칼과 총으로 다스리다: 1910년대 무단통치, 땅마저 빼앗기다	112
21장	"대한 독립 만세!": 1919년, 전국을 뒤덮은 3·1운동의 함성	117
22장	상하이에 세운 우리 정부: 대한민국 임시정부, 꺼지지 않는 독립의 불씨	122
23장	교활한 채찍, 문화통치의 실상: 1920년대, 우리 민족을 갈라놓다	127
24장	실력인가, 혁명인가: 독립을 향한 두 가지 노선, 실력 양성 운동과 사회주의	132
25장	독립군의 신화, 승리와 시련: 봉오동과 청산리의 위대한 승리, 그리고 자유시 참변	137
26장	다시 터져 나온 만세: 6·10 만세운동과 광주 학생 항일 운동	142
27장	"우리는 하나다": 신간회, 민족의 힘을 하나로 모으다	147
28장	이름도 언어도 빼앗긴 시대: 1930년대, 민족 말살 통치의 광풍	152
29장	고향을 등지고 만주로: 계속되는 수탈과 강제 이주	157
30장	전쟁터로 끌려간 사람들: 태평양 전쟁 시기, 끝나지 않은 비극	162
31장	마지막까지 총을 놓지 않다: 한국광복군, 조국 해방을 위한 최후의 항전	167

빛을 되찾았지만, 둘로 나뉜 조국 (1945 ~ 1953)

32장	기쁨과 혼돈의 시간: 1945년 8월 15일, 광복 그리고 미·소 군정	174
33장	"어떤 나라를 세울 것인가?": 건국 준비 활동과 좌우의 격렬한 대립	178
34장	강대국의 결정, 또다시 갈라진 운명: 모스크바 3국 외상 회의와 신탁 통치 논쟁	183
35장	돌아올 수 없는 강을 건너다: 남과 북, 두 개의 정부가 들어서다	187
36장	분단이 낳은 비극: 제주 4·3 사건과 여수·순천 사건	191

37장	동족상잔의 비극, 6·25 전쟁: 한반도를 휩쓴 3년의 전쟁	195
38장	멈춰 버린 총성, 굳어 버린 분단: 휴전협정과 끝나지 않은 전쟁	200

 IV 잿더미 위에서 피어난 기적, 그리고 남겨진 과제 (1953 ~ 현재)

39장	독재와 저항, 그리고 4월의 함성: 이승만 정부와 4·19 혁명	206
40장	짧았던 민주주의의 봄: 장면 내각과 5·16 군사 정변	211
41장	"한강의 기적", 그 빛과 그림자: 박정희 정부의 경제 개발과 유신 체제	216
42장	유신을 무너뜨린 외침: 부마 민주 항쟁과 10·26 사건	224
43장	서울의 봄은 오지 않았다: 전두환 신군부와 5·18 광주 민주화 운동	229
44장	"독재 타도, 호헌 철폐!": 1987년 6월, 광장을 가득 메운 민주 항쟁	234
45장	80년대 학생운동: 순수의 시대, 급진 이념의 그림자	238
46장	87체제: 광장의 약속과 권력의 그늘	241
47장	민주주의, 앞으로 나아가다: IMF 외환위기 극복과 사회의 변화	243
48장	얼어붙은 분단의 문을 열다: 남북 정상 회담과 교류의 시대	248
49장	세계 속의 대한민국: 한류 열풍과 높아진 국제적 위상	253
50장	우리가 풀어야 할 숙제: 사회 양극화, 저출산·고령화 그리고 통일을 향한 길	258

I

문을 연 제국, 좌절된 꿈
(1876 ~ 1910)

1장

쇄국의 빗장을 풀다:
흥선대원군, 개혁의 칼을 뽑았지만…

19세기 중반, 조선은 안팎으로 극심한 위기에 직면해 있었다. 안으로는 순조, 헌종, 철종 3대에 걸쳐 60여 년간 이어진 세도정치의 폐해가 하늘을 찔렀다. 안동 김씨, 풍양 조씨 등 왕의 외척 가문이 권력을 독점하고 매관매직을 일삼으며 국정을 제멋대로 주물렀고, 그 과정에서 왕권은 허수아비로 전락했으며 관리들의 부정부패는 백성들의 등골을 휘게 만들었다. 특히 국가 재정과 민생의 근간인 삼정(전정, 군정, 환곡)의 문란은 극에 달해, 탐관오리들은 온갖 구실을 붙여 세금을 쥐어짰고, 갚을 수도 없는 빚더미에 농민들을 밀어 넣었다. 살길이 막막해진 백성들의 원성은 하늘을 찔러 곳곳에서 민란이 끊이지 않았으니, 이는 우리 민족의 건국정신인 '널리 인간을 이롭게 한다'는 홍익인간의 이상과는 너무나도 동떨어진 암울한 현실이었다. 밖으로는 서양 열강의 그림자가 짙게 드리우고 있었다. 아편전쟁에서 강대국 청나라가 속수무책으로 무너졌다는 소식은 조선 지배층에게 큰 충격을 안겨 주었고, 정체 모를 서양 선박인 이

양선이 조선 연안에 출몰하여 통상을 요구하며 무력 시위를 벌이는 일도 빈번해졌다. 전통적인 중화 질서에 익숙했던 조선에게 이들은 이해할 수 없는 위협적인 존재였으며, 함께 들어온 천주교 역시 유교적 사회 질서를 뒤흔드는 불온한 사상으로 여겨져 위기감을 더했다.

이러한 총체적 난국 속에서 1863년, 철종이 후사 없이 세상을 뜨자 그의 먼 친척이었던 이하응의 둘째 아들 명복, 즉 고종이 12세의 어린 나이로 왕위에 올랐다. 왕이 어렸기에, 살아있는 왕의 아버지인 이하응이 흥선대원군으로서 자연스럽게 국정의 최고 실권을 쥐게 되었다. 몰락한 왕족으로 세도 가문의 냉대와 설움을 겪으며 야인처럼 지냈던 그는 누구보다 그들의 폐해와 민생의 고통을 절감하고 있었다. 대원군은 쓰러져 가는 왕실의 권위를 바로 세우고, 부패한 정치를 개혁하여 민생을 안정시키며, 외세의 도발로부터 나라를 지켜내는 것을 자신의 역사적 소명으로 삼았다. 그의 등장은 마치 폭풍 전야의 조선에 나타난 강력한 구원투수와 같았고, 그의 집권 10년은 조선 역사의 흐름을 바꾸려는 거대한 개혁과 완강한 저항의 시기였다.

권력을 잡은 흥선대원군은 무엇보다 먼저 국가 운영 시스템을 마비시킨 세도정치의 암 덩어리를 도려내는 작업에 착수했다. 그는 안동 김씨 등 기존의 권력 핵심부를 장악했던 외척 세력을 가차 없이 몰아내고, 당파나 신분, 출신 지역을 가리지 않고 오직 능력에 따라 인재를 등용하는 파격적인 인사를 단행했다. 이는 오랫동안 권력에서 소외되었던 이들에게 새로운 기회를 제공하며 침체된 관료 사회에 활력을 불어넣었고, 왕권을 강화하는 중요한 발판이 되었다. 부정부패를 저지른 관리는 지위 고하를 막론하고 엄벌에 처하며 공직 기강을 바로 세우려 애썼다. 이는 소수의 특권층이 아닌, 국가와 백성 전체를 위한 정치를 펼치겠다는 그의 강력한 의지 표명이자, 공정하고 정의로운 사회를 향한 첫걸음이었다.

대원군의 개혁 칼날은 백성들을 가장 고통스럽게 했던 삼정의 문란으로 향했다. 그는 토지 소유 관계를 명확히 하기 위해 양전 사업을 실시하여 숨겨진 토지를 찾아내 세금을 부과하고, 조세 부담의 불균형을 바로잡으려 했다. 군정 개혁에서는 양반에게도 군포를 징수하는 '호포제'를 전격적으로 실시했는데, 이는 "양반은 군역의 의무가 없다"는 수백 년 묵은 특권을 깨뜨리는 혁명적인 조치였다. 양반들의 극렬한 반발이 있었지만, 그는 이를 강력히 밀어붙여 조세 정의를 실현하고 국가 재정을 확충하고자 했다. 이는 신분 차별 없는 사회를 향한 중요한 진전이었다. 또한, 고리대로 변질되어 농민들을 착취하던 환곡제를 폐지하고, 각 마을에서 자치적으로 운영하는 '사창제'를 도입하여 관리들의 부정을 막고 실제 백성 구휼이라는 본래의 목적을 살리고자 했다.

특권 세력의 온상이자 백성 수탈의 근거지로 변질된 서원에 대한 개혁도 단행했다. 원래 유학 교육과 선현 제향이라는 좋은 취지로 세워진 서원은 시간이 흐르면서 면세, 면역의 특권을 누리며 지방 양반 세력의 아성으로 자리 잡았고, 붕당의 거점이 되어 국론을 분열시키는 등 폐해가 심각했다. 대원군은 이를 국가 재정을 축내고 왕권에 도전하는 세력으로 간주하여, 전국의 600여 개 서원 중 국가로부터 인정받은 47개소만 남기고 모조리 철폐하는 초강수를 두었다. 이는 특권 세력의 이익보다 국가 전체의 이익을 앞세운 조치였지만, 전국의 유생들로부터 거센 비난과 저항을 받기도 했다.

무너진 왕실의 권위를 다시 세우기 위해 임진왜란 때 불타 버린 경복궁

중건 사업에도 착수했다. 이는 분명 왕권의 상징성을 높이는 효과가 있었으나, 막대한 공사 비용을 충당하기 위해 백성들에게 원치 않는 기부금인 '원납전'을 강제로 거두고, 실질 가치보다 훨씬 높은 액면가의 '당백전' 이라는 화폐를 발행하여 극심한 인플레이션을 유발하는 등 백성들에게 큰 경제적 고통을 안겨 주기도 했다. 이는 왕권 강화라는 목표 달성을 위해 민생 안정을 희생시킨 사례로, 그의 개혁이 가진 양면성을 보여 준다. 이와 함께 법전인 『대전회통』과 행정 법규집인 『육전조례』를 편찬하여 법과 제도를 정비하고 통치 기반을 공고히 하려는 노력도 기울였다.

이처럼 흥선대원군의 국내 개혁은 조선 사회가 오랫동안 안고 있던 깊은 병폐를 치유하고 국가 기강을 바로 세우려는 강력한 의지의 발현이었다. 비록 그 과정이 때로는 강압적이었고 일부 정책은 백성들에게 새로운 고통을 안겨 주기도 했지만, 세도정치 타파, 삼정 개혁, 서원 철폐 등은 분명 침체된 조선 사회에 큰 변화를 가져왔고, 위기를 극복하여 국가와 백성이 함께 이로운 세상을 만들려는 그의 고뇌와 노력을 보여 주는 것이었다.

한편, 대원군은 외부 세계의 도전에 대해서는 확고한 쇄국 정책으로 맞섰다. 그는 서양 열강의 접근을 조선의 전통적인 질서와 주권을 침탈하려는 위협으로 간주하고, 이들과의 어떠한 교류나 통상도 거부하며 국경의 빗장을 더욱 굳게 걸어 잠갔다. 그 시작은 천주교에 대한 대대적인 탄압이었다. 1866년, 서양 세력의 침투 경로로 여겨진 천주교를 뿌리 뽑기 위해 프랑스 선교사 9명을 포함한 수천 명의 신자들을 처형하는 병인박해를 단행했다. 이는 종교 탄압이라는 비극을 낳았지만, 당시 대원군에게는 외세의 접근을 차단하고 국가의 정체성을 지키기 위한 결단이었다.

이 병인박해는 곧바로 프랑스의 무력 침공을 불러왔다. 프랑스 함대는 선교사 처형을 구실 삼아 강화도를 침략하는 병인양요(1866)를 일으켰다. 프랑스군은 한때 강화읍을 점령하고 외규장각 도서를 약탈하는 만행을 저질렀으나, 문수산성과 정족산성에서 양헌수 장군이 이끄는 조선군의 용맹한 저항에 부딪혀 큰 피해를 입고 결국 퇴각했다. 같은 해, 미국 상선 제너럴 셔먼호가 평양 대동강까지 거슬러 올라와 통상을 요구하다 관민과의 충돌 끝에 불타 침몰하는 사건도 발생했다. 5년 뒤인 1871년, 미국은 이 사건을 빌미로 대규모 함대를 파견하여 강화도를 침공하는 신미양요를 일으켰다. 미군은 우월한 화력으로 초지진, 덕진진을 차례로 함락시켰으나, 마지막 보루였던 광성보에서는 어재연 장군과 휘하 병력들이 목숨을 걸고 처절하게 항전하여 미군에게 큰 타격을 입혔다. 비록 광성보는 함락되었지만, 조선의 예상보다 훨씬 완강한 저항에 부딪힌 미군은 결국 통상 조약 체결이라는 목적을 달성하지 못하고 물러났다.

두 차례의 양요를 통해 서양 열강의 침략을 물리쳤다고 판단한 대원군은 자신의 쇄국 의지를 더욱 확고히 했다. 그는 1871년, 전국의 중요한 길목마다 "서양 오랑캐가 침범하는데 싸우지 않으면 화친하는 것이요, 화친을 주장하는 것은 나라를 파는 것"이라는 글귀를 새긴 척화비를 세웠다.

이는 서양과의 어떠한 타협도 용납하지 않겠다는 강력한 선언이자, 자신의 정책을 후대에도 이어 가도록 강제하는 상징물이었다. 쇄국 정책은 단기적으로는 외세의 침략을 막아내고 국가의 자주성을 지키는 데 성공한 듯 보였다. 이는 외세의 압력에 굴하지 않는 우리 민족의 강인한 저항 정신을 보여 주는 것이었지만, 장기적으로는 급변하는 세계 정세로부터 조선을 고립시키고 근대 문물을 받아들여 스스로 힘을 키울 기회를 차단하는 결과를 낳았다. 평화를 지키기 위해 문을 닫아 건 선택이, 역설적으로 미래에 더 큰 힘에 의해 강제로 문을 열리게 하고 준비 없이 더 큰 시련을 맞게 되는 원인이 되었다는 점에서 역사의 깊은 교훈을 남겼다.

흥선대원군의 10년 집권기는 이처럼 강력한 개혁 정치와 완고한 쇄국 정책으로 점철된 시기였다. 그는 분명 위기에 처한 나라를 구하기 위해 분투한 강력한 지도자였다. 그의 국내 개혁은 비록 방법상의 문제점은 있었을지언정, 오랫동안 쌓여온 사회 모순을 해결하고 민생을 안정시키려는 노력이었다. 외세에 맞서 보여 준 그의 단호함과 저항 정신 또한 인정해야 할 부분이다. 하지만 그의 개혁은 봉건적인 왕조 체제를 벗어나지 못했고, 무엇보다 세계사의 큰 흐름을 외면한 채 문을 닫아 건 그의 선택은 결과적으로 조선의 근대화를 지연시키고 고립을 자초하여 이후 닥쳐올 국권 상실이라는 더 큰 비극을 막지 못했다는 점에서 명백한 한계를 지닌다. 그는 개혁가이자 쇄국주의자, 강력한 지도자이자 독재자라는 상반된 평가를 동시에 받는 복합적인 인물이며, 그의 파란만장한 삶과 정책은 오늘날 우리에게 변화와 위기의 시대에 필요한 도덕적이고 혁신적인 리더십과 세계를 바라보는 안목에 대해 많은 질문을 던져 주고 있다.

2장

낯선 악수, 불평등 조약:
강화도, 조선의 운명을 바꾸다

흥선대원군이 10년간의 강력한 통치를 마치고 물러난 1873년 이후, 조선은 조심스러운 변화의 기류에 휩싸였다. 아버지의 그늘에서 벗어나 친정을 시작한 고종과 그를 둘러싼 명성황후 및 민씨 척족 세력은 대원군의 강경한 쇄국 정책과는 다소 거리를 두며, 서서히 외부 세계와의 관계 설정을 모색하고 있었다. 비록 병인양요와 신미양요에서 프랑스와 미국의 함대를 물리치긴 했지만, 그것이 서구 열강의 접근을 완전히 차단할 수 없다는 현실 인식도 싹트고 있었다. 그러나 여전히 위정척사를 주장하는 보수적인 유생들의 목소리가 높았고, 사회 전반에는 외부 세계에 대한 경계심과 두려움이 널리 퍼져 있었다. 이러한 어정쩡한 상황 속에서, 조선의 운명을 뒤흔들 결정적인 계기는 동쪽 바다 건너 이웃 나라 일본으로부터 다가오고 있었다.

1868년 메이지 유신을 통해 근대화의 길로 들어선 일본은 놀라운 속도로 변화하고 있었다. 서양의 기술과 제도를 적극적으로 받아들여 군사력과 산업 기반을 키우는 한편, 그들이 서양 열강에게 당했던 방식, 즉 제국주의적 팽창 논리를 학습하고 있었다. 일본 내부에서는 조선이 서양 세력의 각축장이 되기 전에 선점해야 한다는 주장과 함께, 조선을 정벌하여 일본의 위세를 떨쳐야 한다는 정한론까지 대두되는 등, 한반도를 향한 야욕이 꿈틀대고 있었다. 이러한 배경 속에서 일본은 조선의 문호를 강제로 개방시키기 위한 구실을 찾고 있었고, 마침내 1875년 9월, 그들의 의도대로 사건이 발생했다. 일본 군함 운요호가 조선의 강화도 앞바다에 불법적으로 나타나 해안 측량을 시도하다가 조선 수비대의 경고 포격을 받자, 오히려 이를 빌미 삼아 영종진에 상륙하여 살인과 방화, 약탈을 자행한 '운요호 사건'이 바로 그것이다. 이는 명백히 일본 측이 사전에 계획하고 도발한 사건으로, 과거 미국 페리 함대가 무력시위로 일본을 개항시킨 방식을 그대로 모방한 '함포 외교'였다.

운요호 사건을 빌미로 일본은 조선 조정에 공식적인 사과와 함께 통상 조약 체결을 강력하게 요구하며, 구로다 기요타카를 전권대신으로 하는 대규모 사절단과 여러 척의 군함을 파견하여 조선을 압박했다. 갑작스러운 일본의 강경한 태도와 군사적 위협 앞에 조선 조정은 극심한 혼란에 빠졌다. 대원군 집권기에 척화를 주장했던 최익현 등 보수적인 유생들은 "일본은 서양 오랑캐와 다를 바 없으니 결코 문을 열어서는 안 된다"며 강력하게 반대 상소를 올렸다. 이들은 개항이 곧 서양의 사악한 문물과 천주교의 유입으로 이어져 조선의 전통적인 유교 질서와 미풍양속을 파괴하고, 결국에는 나라를 망하게 할 것이라고 주장했다. 반면, 박규수, 오경석, 유홍기 등 북학파의 영향을 받아 일찍부터 세계 정세의 변화를 인식하고 있던 일부 개화파 관료와 지식인들은 더 이상 문을 닫고 있어서는 안

되며, 오히려 일본과의 수교를 통해 서양의 발전된 문물을 배우고 부국강병을 이루어야 한다고 주장했다. 이들은 무턱대고 외세를 배척하기보다는, 통상을 통해 실리를 취하고 자주적인 힘을 길러야 한다고 역설했다.

팽팽한 논쟁 속에서, 고종과 집권 세력이었던 민씨 정권은 일본의 군사적 압력이라는 현실적인 위협과 개항을 통해 얻을 수 있는 실리 사이에서 고심했다. 결국, 무력 충돌이라는 최악의 상황을 피하고, 변화하는 국제 질서에 발을 들여놓을 필요성을 인정하여 일본과 협상에 나서기로 결정한다. 1876년 2월, 강화도 연무당에서는 조선 측 대표 신헌과 일본 측 대표 구로다 기요타카 사이에 조약 체결을 위한 회담이 열렸다. 회담은 시종일관 일본의 군사적 우위를 배경으로 한 고압적인 분위기 속에서 진행되었고, 조선은 불리한 입장에서 협상에 임할 수밖에 없었다.

그 결과 체결된 것이 바로 '조일수호조규', 흔히 '강화도 조약'이라고 불리는 조약이다. 총 12개 조항으로 이루어진 이 조약은 표면적으로는 조선과 일본이 동등한 입장에서 서로의 우호를 다지는 근대적인 조약의 형식을 갖추고 있었다. 제1조는 "조선은 자주국으로서 일본과 평등한 권리를 보유한다"고 명시하여, 마치 조선의 독립을 인정하고 존중하는 것처럼 보였다. 하지만 이는 사실 조선에 대한 청나라의 전통적인 종주권을 부인함으로써, 조선을 청나라의 영향력에서 벗어나게 하여 일본이 독점적으로 영향력을 행사하려는 교묘한 속셈이 숨겨져 있었다. 또한, 제4조와 제5조에서는 부산 외 두 곳의 항구를 추가로 개항하고 일본인의 자유로운 통상 활동을 보장했으며, 제7조에서는 일본국 항해자가 조선의 연안을 자유롭게 측량하도록 허가했다. 이는 조선의 해안 방어 정보를 일본에게 넘겨주는 심각한 주권 침해 조항이었다. 더욱 문제가 된 것은 제10

조의 치외법권 조항이었다. 이는 조선 땅에서 죄를 지은 일본인을 조선 법이 아닌 일본 영사가 재판하도록 규정한 것으로, 조선의 사법 주권을 명백히 침해하는 대표적인 불평등 조항이었다.

이처럼 강화도 조약은 근대 국제법의 외피를 쓰고 있었지만, 그 내용은 조선의 주권을 여러 방면에서 침해하는 불평등한 조약이었으며, 조선이 원해서가 아니라 일본의 강압에 의해 맺어진 조약이었다.

강화도 조약 체결로 조선은 수백 년간 유지해 온 쇄국의 빗장을 풀고 마침내 세계를 향해 문을 열게 되었다. 1876년 부산을 시작으로 1880년 원산, 1883년 인천이 차례로 개항되었고, 이들 항구에는 일본인 거류지가 설정되고 일본 상인들의 활동이 본격화되었다. 일본은 강화도 조약 체결 직후 곧바로 '조일수호조규부록'과 '조일무역규칙'을 체결하여 일본 화폐의 조선 내 유통, 일본 수출입 상품에 대한 무관세, 조선 쌀의 무제한 유출 등을 관철시켰다. 특히 무관세 조항과 쌀의 무제한 유출은 조선의 민족 경제에 심각한 타격을 주었으며, 국내 물가 폭등과 식량 부족을 야기하여 농민들의 삶을 더욱 피폐하게 만들었다. 강화도 조약은 또한 다른 서구 열강들에게도 조선 개항의 선례가 되었다. 조선은 1882년 청나라의 알선으로 미국과 조미수호통상조약을 체결한 것을 시작으로 영국, 독일, 러시아, 프랑스 등과도 잇달아 수호 통상 조약을 맺게 되는데, 이들 조약 역시 대부분 치외법권이나 최혜국 대우 조항 등을 포함한 불평등한 내용을 담고 있었다.

강화도 조약 체결과 개항은 조선 역사에 있어 거대한 전환점이었다. 이는 좋든 싫든 조선이 고립 상태에서 벗어나 근대적인 국제 관계 속으로 편입되는 계기가 되었지만, 그 시작은 자주적인 결정이 아닌 외세의 강압에 의한 것이었고, 그 내용은 우리의 주권을 심각하게 훼손하는 불평등한 것이었다. 이는 국가의 자주적인 발전 가능성을 제약하고 미래의 더 큰 시련을 예고하는 출발점이었다. 조약 체결 과정에서 벌어진 격렬한 내부 논쟁은 변화하는 세계 질서 앞에서 우리가 나아가야 할 길에 대한 깊은 고민과 갈등을 보여 주었으며, 개항 이후 밀려드는 외세의 침탈과 내부 모순 속에서 우리 민족은 스스로를 지키고 근대 국가를 건설하기 위한 힘겨운 노력을 계속해야 했다. 비록 강화도 조약이 불평등하고 굴욕적인 측면이 강했지만, 이를 계기로 개화 사상이 더욱 확산되고 자강 운동이 일어나는 등, 시련 속에서도 어떻게든 위기를 극복하고 새로운 길을 모색하려는 우리 민족의 끊임없는 몸부림, 즉 역사의 수레바퀴를 앞으로 나아가게 하는 동력이 되었다는 점도 간과할 수는 없을 것이다. 하지만 이 조약이 결국 일본 제국주의 침략의 발판을 마련해 주었다는 점에서, 그 역사적 평가는 엄중할 수밖에 없다.

3장

두 개의 길, 엇갈린 선택:
세상을 바꾸려 한 개화파의 논쟁

1876년 강화도 조약 체결로 수백 년간 닫혔던 조선의 문호가 강제로 열리면서, 사회는 거대한 충격과 함께 '이제 나라를 만들고 어떻게 살아가야 하는가'라는 근본적인 질문에 직면하게 되었다. 압도적인 군사력을 앞세운 일본의 강압적인 개항 요구와 그 과정에서 드러난 조선의 취약한 현실은, 일부 지식인과 관료들에게 더 이상 전통적인 방식만 고수해서는 국가의 생존과 백성의 안녕을 보장할 수 없다는 절박한 위기의식을 불러일으켰다. 이러한 시대적 배경 속에서, 서양의 발전된 문물과 제도를 받아들여 나라를 부강하게 만들고 외세의 침략에 맞서 국가의 독립을 지켜내야 한다는 새로운 사상적 흐름, 즉 개화 사상이 본격적으로 형성되고 발전하기 시작했다. 이는 단순히 서양 기술을 모방하는 것을 넘어, 조선이 처한 위기를 극복하고 새로운 시대를 열어 나라의 이상을 근대적인 방식으로 실현하고자 하는 우리 민족의 치열한 고민과 노력이 담긴 지적 운동이었다.

개화 사상의 뿌리는 조선 후기 현실 문제 해결을 모색했던 실학, 특히 청나라의 발전된 문물을 배우자고 주장했던 박제가 등 북학파 학자들의 사상에서 찾을 수 있다. 이들의 문제의식은 19세기 중반, 서구 열강의 등장이라는 새로운 도전에 직면하여 더욱 절실해졌다. 개화 사상의 초기 형성에 결정적인 역할을 한 인물들은 박지원(북학파 거두)의 손자이자 고종 때 고위 관료를 지낸 박규수, 청나라를 오가며 새로운 문물을 접한 역관 오경석, 의관이자 역관이었던 유홍기 등이었다. 특히 박규수는 자신의 사랑방을 개방하여 젊은 양반 자제들에게 국내외 정세와 새로운 사상을 가르치며 개화 사상가들의 산실 역할을 했다. 오경석과 유홍기는 청나라에서 가져온 『해국도지』, 『영환지략』 등 서양 문물과 세계 정세를 소개하는 책들을 통해 젊은이들의 시야를 넓혀 주었다. 이들 초기 개화 사상가들은 서양의 기술 문명이 우수함을 인정하면서도, 아직은 우리의 전통적인 유교적 가치 체계를 유지하면서 점진적으로 서양의 기술을 수용하자는 온건한 입장을 견지했다.

개항 이후 조선 조정은 일본의 발전상을 시찰하기 위해 1876년부터 여러 차례 수신사를 파견했다. 김기수, 김홍집 등이 이끈 수신사 일행은 메이지 유신 이후 급변하는 일본의 모습, 특히 근대적인 군사 시설, 공장, 학교, 정부 조직 등을 직접 목격하고 큰 충격을 받았다.

이들의 보고는 조선 조정 내부에 개화의 필요성에 대한 인식을 확산시키는 중요한 계기가 되었다. 또한, 청나라의 양무운동을 본받아 근대식 무기 제조 기술을 배우기 위해 1881년 김윤식 등을 중심으로 영선사를 청나라에 파견하기도 했다. 이러한 정부 차원의 움직임은 주로 박규수의 제자들이자 온건한 개화 노선을 지지하는 인물들에 의해 주도되었다.

하지만 1880년대 초반으로 접어들면서 개화 사상은 그 노선과 방법론을 둘러싸고 내부적인 분화를 겪게 된다. 외부 세계와의 접촉이 늘어나고 국제 정세가 더욱 복잡하게 돌아가면서, 개혁의 속도와 범위, 모델로 삼을 나라, 전통과의 관계 설정 등을 놓고 서로 다른 목소리가 나오기 시작한 것이다. 이 과정에서 개화파는 크게 온건개화파와 급진개화파로 나뉘게 된다.

온건개화파는 김홍집, 김윤식, 어윤중 등이 대표적인 인물로, 주로 정부의 고위 관직에 있으면서 현실 정치에 참여하고 있었다. 이들의 핵심 사상은 '동도서기론'으로 요약될 수 있다. 이는 조선의 전통적인 정치 체제와 사회 질서, 유교적인 정신문화는 그대로 유지하면서, 서양의 발전된 과학 기술과 군사 제도만을 선택적으로 받아들여 부국강병을 이루자는 주장이었다. 즉, 우리의 정신적인 우월성은 지키되, 물질적인 기술만 빌려 쓰자는 생각이었다. 이들은 주로 청나라의 양무운동을 개혁의 모델로 삼았으며, 기존의 사회 질서를 급격하게 바꾸는 것보다는 점진적이고 안정적인 개혁을 추구했다. 또한, 전통적으로 조선과 깊은 관계를 맺어온 청나라와의 관계를 유지하는 것이 급변하는 국제 정세 속에서 조선의 안정을 지키는 데 유리하다고 판단했다. 조정 내에서 근대적 개혁 기구인 통리기무아문 설치를 주도하고, 청나라에 영선사를 파견하는 등 실무적인 개혁 정책을 추진하는 데 힘썼다. 이들의 입장은 현실 정치의 제약을 고려한 신중한 접근이었지만, 다른 한편으로는 시대의 변화 속도를 따라가지 못하고 기존 질서에 안주하려는 보수적인 태도로 비춰지기도 했다.

반면, 급진개화파는 김옥균, 박영효, 서광범, 홍영식, 서재필 등 주로 젊은 양반 자제들이 중심이 되었다. 이들은 여러 차례 일본을 방문하여 메이지 유신의 성과를 직접 목격하고 깊은 감명을 받았으며, 특히 일본의 근대 사상가 후쿠자와 유키치 등의 영향을 많이 받았다.

이들은 온건개화파의 동도서기론이 매우 피상적이고 미흡하다고 비판했다. 서양의 기술뿐만 아니라, 그 기술을 만들어낸 근본적인 원동력인 정치 제도, 사회 구조, 사상과 문화까지도 적극적으로 받아들여야 한다고 주장했다. 이들에게 개혁의 모델은 점진적인 청나라의 양무운동이 아니라, 전면적이고 급진적인 일본의 메이지 유신이었다. 따라서 이들은 청나라에 대한 전통적인 사대 관계를 청산하고 완전한 자주독립 국가를 세울 것, 문벌을 타파하고 인민 평등권을 확립할 것, 봉건적인 신분 제도를 폐지하고 능력에 따라 인재를 등용할 것, 서양식 의회 제도와 입헌 군주제를 도입할 것, 근대적인 재정 및 조세 제도를 확립할 것 등 매우 혁신적이고 광범위한 개혁을 요구했다. 이들은 조선의 낙후된 현실에 대한 깊은 좌절감과 위기의식을 느끼고 있었으며, 빠른 시간 안에 강력한 개혁을 단행하지 않으면 나라가 망할 것이라고 생각했다. 이를 위해 일본의 정치적, 재정적 지원을 받아서라도 개혁을 추진해야 한다는 입장을 취했다.

이렇게 서로 다른 개혁 노선을 가진 온건개화파와 급진개화파 사이의 갈등은 시간이 갈수록 깊어졌다. 특히 1882년, 신식 군대인 별기군과의 차별 대우에 불만을 품은 구식 군인들이 일으킨 임오군란은 개화파에게 큰 시련을 안겨 주었다. 이 사건으로 개화 정책을 주도하던 민씨 정권의 주요 인물들이 살해당하고 일본 공사관이 습격당했으며, 결국 청나라 군대가 개입하여 사태를 수습하면서 조선에 대한 청의 내정 간섭은 더욱 심화되었다. 이는 온건개화파에게는 청나라와의 관계 유지 필요성을 더욱 절감하게 만들었지만, 급진개화파에게는 청나라의 간섭을 배제하고 자주적인 개혁을 추진하기 위해서는 더욱 과감한 행동이 필요하다는 인식을 심어 주었다.

결국, 급진개화파는 더 이상 조정의 점진적인 개혁 속도를 기다릴 수 없다고 판단하고, 일본 공사관의 지원 약속을 믿고 무력을 동원한 정변을 계획하게 된다. 1884년 12월, 김옥균, 박영효 등 급진개화파는 우정국 개국 축하연을 이용하여 갑신정변을 일으켰다. 그들은 민씨 정권의 주요 인사들을 제거하고 새로운 정부를 구성한 뒤, 청과의 사대 관계 폐지, 문벌 폐지와 인민 평등권 확립, 지조법 개혁, 재정 일원화 등 자신들이 추구했던 혁신적인 개혁 정책을 담은 14개조 정강을 발표했다. 이는 분명 조선을 근대적인 자주독립 국가로 만들려는 뜨거운 열망과 이상을 담고 있었지만, 너무나 성급했고 준비가 부족했으며 무엇보다 백성들의 지지를 얻지 못했다. 일본의 지원 약속 또한 제대로 지켜지지 않았고, 결국 한성에 주둔하고 있던 청나라 군대의 즉각적인 개입으로 정변은 단 3일 만에 실패로 돌아가고 말았다. 김옥균 등 주모자들은 일본으로 망명하거나 처형당했고, 이 사건은 조선에 대한 청나라의 지배력을 더욱 강화시키는 결과를 낳았으며, 일본에 대한 불신과 함께 급진적인 개혁 자체에 대한 부정적인 인식을 확산시켜 개화 운동 전체에 큰 타격을 주었다.

갑신정변의 실패로 급진개화파는 몰락했고, 온건개화파 역시 정치적 입지가 크게 위축되었다. 하지만 개화 사상 자체가 완전히 사라진 것은 아니었다. 비록 그 과정에서 심각한 내부 갈등과 비극적인 실패를 겪었지만, 조선이 나아가야 할 방향에 대한 근본적인 질문을 던지고, 자주독립과 부국강병, 근대화라는 목표를 제시했다는 점에서 개화 사상은 중요한 역사적 의미를 지닌다. 갑신정변의 실패는 우리에게 외세 의존적인 개혁의 위험성을 깨닫게 해 주었고, 이후 등장하는 독립협회 운동이나 애국 계몽 운동 등은 아래로부터의 대중적 기반과 자강의 중요성을 강조하는 방향으로 나아가게 된다. 또한, 갑오개혁과 같은 이후의 개혁 정책들에도 개화 사상가들이 추구했던 내용들이 상당 부분 반영되었다. 결국 개화 사상은 조선 말기, 거센 외세의 도전 앞에서 나라를 구하고 새로운 시대를 열고자 했던 우리 민족의 지적 고뇌와 실천적 노력의 산물이었으며, 그 과정에서의 분열과 갈등, 성공과 실패의 경험은 이후 한국 근현대사 전개 과정에 깊은 영향을 미치게 된다.

4장

분노한 군인들, 왕궁을 뒤엎다:
임오군란, 구식 군대의 반란과 청나라의 그림자

개항 이후 조선 사회는 새로운 변화의 물결 앞에서 요동치고 있었다. 조정 주도로 조심스럽게 추진되던 개화 정책은 전통적인 질서에 익숙했던 많은 이들에게 불안감과 반감을 동시에 안겨주었고, 특히 군사 분야에서의 개혁은 예기치 못한 파열음을 내며 큰 사건의 도화선이 되고 말았다. 1881년, 조정은 일본의 도움을 받아 신식 군대인 별기군을 창설했다. 이는 분명 서양식 군사 기술을 도입하여 국방력을 강화하려는 자강의 노력이었지만, 문제는 기존의 구식 군대, 즉 오군영 소속 군인들과의 차별 대우에서 시작되었다. 별기군 군인들은 좋은 군복과 신식 무기를 지급받고 급료도 제때 넉넉하게 받은 반면, 오랫동안 나라를 지켜온 구식 군인들은 푸대접과 소외감 속에서 불만이 쌓여갔다. 그들의 불만은 단순한 감정의 문제를 넘어 생계의 위협으로 다가왔다. 무려 13개월 동안이나 급료가 지급되지 않아 생계 자체가 막막해진 상황에서, 1882년 6월, 마침내 밀린 급료의 일부가 지급된다는 소식이 들려왔다. 그러나 기대감은 곧 분노로 바뀌었다. 선혜청 창고에서 지급된 쌀에는 겨와 모래가 잔뜩 섞여 도저히 먹을 수 없는 수준이었기 때문이다. 이는 군인들의 인내심을 끊어 버린 결정적인 계기였다. 군인들의 생계를 책임져야 할 국가가 그들을 기만하고 모욕했다는 생각에 격분한 구식 군인들은 즉시 창고 관리와 책임자였던 선혜청 당상 민겸호의 집으로 몰려가 거세게 항의했다. 이것이 바로 임오군란의 시작이었다.

처음에는 밀린 급료를 제대로 지급하라는 생존권 투쟁의 성격이었던 군인들의 항의는 조정의 미숙한 대응과 책임자들의 오만한 태도 속에서 걷잡을 수 없는 폭력 사태로 번져 나갔다. 분노한 군인들은 민겸호의 집을 부수고, 다른 고위 관리들의 집까지 습격하여 기물을 파괴했다. 그들의 분노는 단순히 밀린 급료 문제에 국한되지 않았다. 개화 정책을 주도하며 각종 이권을 챙기고 부정부패를 일삼는 것으로 여겨졌던 민씨 척족 세력 전체에 대한 불만, 그리고 신식 군대 훈련을 담당하며 거만한 태도를 보였던 일본인 교관과 조선에 대한 일본의 영향력 확대에 대한 반감이 한데 섞여 폭발한 것이다. 여기에 생계의 어려움을 겪던 도시 빈민층까지 합세하면서 사태는 걷잡을 수 없이 커졌다. 군인과 백성들은 무기고를 부수고 무기를 탈취하여 거리로 쏟아져 나왔고, 일부는 일본 공사관을 습격하여 일본인 교관 호리모토 레이조 등을 살해하고 공사관 건물에 불을 질렀다. 일본 공사 하나부사 요시타다는 겨우 몸을 피해 인천으로 달아났다. 사태는 여기서 그치지 않고, 군인들은 궁궐까지 난입하여 국왕에게 호소하는 한편, 자신들의 고통의 근원으로 지목한 명성황후를 찾아내려 했다. 다행히 명성황후는 궁녀의 옷으로 변복하고 충주까지 피신하여 위기를 모면했지만, 궁궐은 한순간에 무법천지가 되었다.

수도 한성이 극심한 혼란에 빠지자, 고종과 조정 대신들은 속수무책이었다. 다급해진 고종은 사태를 수습할 인물로, 민씨 세력에 의해 권력에서 밀려나 있던 자신의 아버지, 흥선대원군을 다시 불러들일 수밖에 없었다. 10년 만에 재집권한 대원군은 일단 군인들의 요구를 들어주며 민심을 수습하려 했다. 그는 민씨 정권 하에서 추진되었던 개화 정책 관련 기구인 통리기무아문과 신식 군대인 별기군을 폐지하고, 오군영 등 기존의 군사 제도를 복구하는 조치를 취했다. 이는 혼란을 잠재우기 위한 임시방편이었을 수도 있지만, 한편으로는 그가 평소 개화 정책과 민씨 정권에 대해 가졌던 불만을 반영하는 것이기도 했다. 일각에서는 대원군이 사전에 군인들의 봉기를 부추겼다는 의혹도 제기되었지만, 명확한 증거는 없다. 어쨌든 그의 등장으로 잠시 소요는 가라앉는 듯 보였다.

그러나 임오군란은 조선 내부의 문제를 넘어 국제적인 문제로 비화되었다. 일본은 자국 공사관이 습격당하고 교관이 살해된 것을 빌미로 즉각 군함을 파견하여 조선 조정에 강력하게 항의하며 책임자 처벌과 배상을 요구했다. 동시에, 조선에 대한 종주권을 주장하며 영향력을 유지하려 했던 청나라 역시 이 사태를 예의주시하고 있었다. 특히 청나라는 임오군란을 계기로 일본의 군사적 개입이 강화되고 조선에서 자신들의 영향력이 약화될 것을 우려했다. 또한, 혼란을 피해 청나라에 도움을 요청한 민씨 세력의 요청도 있었다. 결국 청나라는 신속하게 우창칭이 이끄는 4,500명의 대규모 군대를 조선에 파견했다.

청군의 파병 목적은 표면적으로는 조선의 안정을 돕고 속방을 보호한다는 것이었지만, 실제로는 조선에 대한 지배력을 강화하고 일본 세력을 견제하려는 정치적 계산이 깔려 있었다.

한성에 진주한 청나라 군대는 임오군란의 뒷수습을 주도했다. 그들은 먼저 사태 수습의 전면에 나섰던 흥선대원군을 제거하기로 결정한다. 청나라 장수들은 대원군을 위로한다는 명목으로 자신들의 군함으로 초대한 뒤, 그 자리에서 전격적으로 체포하여 청나라 톈진으로 압송해 버렸다. 이는 조선의 최고 지도자급 인물을 외국 군대가 마음대로 납치해 간 초유의 사건으로, 조선의 주권이 얼마나 허약한지를 여실히 보여 주는 굴욕적인 일이었다. 대원군이 제거되자 청군은 군란 주동자들을 체포하여 처형하고, 피신했던 명성황후를 다시 궁궐로 복귀시키는 등 민씨 정권을 복원시켰다. 이제 민씨 정권은 청나라의 군사력에 의존해야만 권력을 유지할 수 있는 처지가 되었다.

임오군란의 결과, 조선은 일본과 청나라 양쪽 모두에게 불리한 조약을 강요당하며 국가의 자주성은 더욱 위축되었다. 먼저 일본과는 1882년 8월, 제물포 조약을 체결했다. 이 조약으로 조선은 일본에 거액의 배상금을 지불하고, 공식적인 사과 사절단을 파견해야 했으며, 무엇보다 일본 공사관 경비를 명목으로 일본 군대의 한성 주둔을 허용해야 했다. 이는 외국 군대가 합법적으로 수도에 상주하게 되는 길을 열어 준 것으로, 이후 일본의 군사적 간섭과 침략의 중요한 발판이 되었다. 같은 해 10월, 청나라는 조선과 조청상민수륙무역장정을 체결했다. 이 장정은 형식상으로는 양국 간의 통상 규정이었지만, 실제 내용은 청나라 상인의 조선 내륙 통상권과 치외법권을 인정하고, 조선 국왕보다 한 등급 높은 표현을 사용하는 등 청나라의 우월적 지위와 조선에 대한 종속 관계를 명문화한 불평등한 내용을 담고 있었다. 이는 조선이 청나라의 반식민지 상태임을 국제적으로 공표한 것과 다름없었으며, 조선의 경제적 자립을 심각하게 저해했다.

임오군란은 개화 정책 추진 과정에서 발생한 사회 내부의 모순과 갈등이 폭발한 비극적인 사건이었다. 구식 군인들의 불만에서 시작되었지만, 그 배경에는 민씨 정권에 대한 반감과 외세에 대한 불안감이 복합적으로 작용했다. 이 사건은 모처럼 싹트던 개화의 움직임을 위축시키는 심각한 좌절을 안겨주었을 뿐만 아니라, 조선의 내부 분열이 얼마나 심각한지를 드러내며 외세의 개입을 불러오는 결정적인 계기가 되었다. 특히 청나라의 군사적 개입과 대원군 납치, 그리고 이후 체결된 불평등한 조약들은 조선에 대한 청의 지배력을 극도로 강화시켰고, 동시에 일본에게도 군대 주둔의 빌미를 제공함으로써 한반도를 둘러싼 열강의 각축을 더욱 심화시켰다. 임오군란은 결국 조선의 자주적 근대화 노력을 방해하고 국가의 운명을 더욱 깊은 수렁으로 빠뜨리는 결과를 낳았다. 이는 내부의 갈등과 분열이 외세에게 이용당하여 더 큰 시련을 초래할 수 있다는 뼈아픈 교훈을 남겼으며, 홍익인간의 이상과는 정반대로 민족 전체에게 깊은 상처와 고난을 안겨 준 사건으로 기록되었다. 이 사건 이후, 더욱 심화된 청나라의 간섭 속에서 자주적인 근대 국가를 향한 조선의 길은 더욱 험난해질 수밖에 없었다.

5장

3일 천하, 너무 빨랐던 혁명:
급진개화파의 갑신정변, 꿈은 왜 좌절되었나?

　1882년 임오군란이라는 거대한 홍역을 치른 조선의 하늘에는 청나라의 그림자가 더욱 짙게 드리워져 있었다. 임오군란 수습을 빌미로 파견된 청나라 군대는 조선의 수도 한성에 그대로 주둔하며 노골적으로 내정에 간섭했고, 흥선대원군마저 청나라로 압송되어 간 상황에서 민씨 정권은 청나라의 비호 없이는 권력을 유지하기 힘든 처지였다. 이러한 상황은 조선의 자주적인 근대화를 열망했던 젊은 개화파 지식인들에게는 깊은 좌절감을 안겨 주었다. 특히 일본의 메이지 유신을 직접 보고 배우며 급진적인 개혁을 꿈꿨던 김옥균, 박영효, 서광범, 홍영식, 서재필 등 급진개화파 인사들에게, 청나라의 간섭 아래 온건개화파가 주도하는 미온적인 개혁은 너무나 답답하고 시대에 뒤떨어진 것으로 보였다. 그들은 청나라에 대한 굴욕적인 사대 관계를 청산하고, 일본처럼 정치, 경제, 사회 전반에 걸친 신속하고 과감한 개혁을 단행해야만 조선이 열강의 각축 속에서 살아남아 진정한 독립 국가, 즉 백성이 주인이 되어 모두가 이로운 나라를 만들 수 있다고 믿었다.

　마침 국제 정세는 그들에게 기회가 될 수도 있는 변화를 맞고 있었다. 1884년, 청나라는 베트남 문제를 둘러싸고 프랑스와 전쟁에 휘말려 조선에 대한 영향력이 일시적으로 약화될 가능성이 보였다. 또한, 조선에서 청나라의 영향력이 강화되는 것을 경계하던 일본 역시 조선 내 친일 세력인 급진개화파를 지원하여 청나라를 견제하려는 움직임을 보였다. 급진개화파의 리더였던 김옥균은 일본을 오가며 차관 도입 교섭을 벌이는 한편, 일본 공사 다케조에 신이치로로부터 정변 시 군사적 지원을 약속받기에 이른다. 청나라의 힘이 약해진 틈을 타, 일본의 지원을 등에 업고, 자신들의 손으로 직접 정권을 잡아 이상적인 근대 국가를 건설하겠다는 야심 찬 계획, 즉 정변을 비밀리에 준비하기 시작한 것이다.

　기회는 1884년 12월 4일 찾아왔다. 이날은 조선 최초의 근대식 우편 제도를 담당할 우정총국의 개국 축하 연회가 열리는 날이었다. 급진개화파의 핵심 인물이었던 홍영식이 우정총국 총판이었기에, 이 연회에는 민씨 정권의 고위 관료들과 각국 외교관들이 대거 참석할 예정이었다. 급진개화파는 바로 이 연회장을 거사 장소로 삼았다. 연회가 한창 무르익을 무렵, 밖에서 갑자기 불길이 치솟고 소란이 벌어졌다. 이는 정변의 시작을 알리는 신호였다. 미리 준비하고 있던 개화파 행동대원들과 일본 측 지원 병력은 연회장 안팎에서 민영익 등 수구파 요인들을 급습하여 살해하거나 중상을 입혔다. 순식간에 아수라장이 된 연회장을 빠져나온 김옥균 등 정변 주도 세력은 곧바로 궁궐로 달려가 국왕 고종에게 변란이 일어났음을 보고하고, 자신들의 호위 아래 안전한 곳으로 피신할 것을 강권했다. 고종과 왕비는 경우궁이라는 작은 궁궐로 거처를 옮겼고, 그곳에서 정변 세력은 새로운 조정을 구성하고 자신들이 꿈꿔왔던 개혁 정책을 발표하기 시작했다.

정변 세력이 발표한 '혁신정강 14개조'는 그들의 이상과 목표를 집약적으로 보여 준다. 주요 내용으로는 첫째, 청나라에 대한 조공 허례를 폐지하고 완전한 자주독립을 선포할 것, 둘째, 문벌을 폐지하여 인민 평등권을 확립하고 능력에 따라 관리를 등용할 것, 셋째, 지조법을 개혁하여 국가 재정을 확충하고 백성의 부담을 줄일 것, 넷째, 탐관오리를 처벌하고 부정한 재산을 몰수할 것, 다섯째, 국가 재정을 호조에서 일괄 관리할 것, 여섯째, 모든 내시부를 혁파할 것, 일곱째, 규장각을 폐지할 것, 여덟째, 급히 순사 제도를 실시할 것, 아홉째, 보부상 특권 기구인 혜상공국을 혁파할 것 등이 있었다. 이는 수백 년간 이어져 온 조선의 봉건적인 신분 질서와 청나라에 대한 종속 관계를 완전히 끊고, 서구식의 평등하고 자주적인 근대 국민 국가를 건설하려는 매우 혁명적인 구상이었다. 초기에는 일본 공사관 병력 150여 명이 궁궐을 경비하며 정변 세력을 지원하는 듯 보였다.

하지만 급진개화파의 꿈은 너무나 짧았다. '삼일천하'라는 말처럼, 그들의 세상은 단 3일 만에 막을 내리고 만다. 정변 소식을 들은 청나라 군대는 즉각 행동에 나섰다. 당시 한성에 주둔하고 있던 약 1,500명의 청나라 군대를 이끌던 위안스카이 등은 정변 세력이 장악한 경우궁을 공격하기 시작했다. 수적으로 절대적인 열세였던 정변 세력과 일본군은 청군의 맹렬한 공격 앞에 속수무책이었다. 결정적으로, 정변 세력이 유일하게 믿었던 일본 공사 다케조에는 상황이 불리해지자 약속을 어기고 병력을 철수시켜 버렸다. 일본은 애초에 정변을 적극적으로 돕기보다는, 이를 빌미로 조선에서 청나라 세력을 몰아내고 자신들의 이익을 챙기려는 계산이었을 가능성이 높다. 의지할 곳을 잃은 정변 세력은 완전히 무너졌다. 홍영식, 박영교 등은 고종 곁을 지키다 청군에게 살해당했고, 김옥균, 박영효, 서광범, 서재필 등 나머지 주역들은 인천을 통해 일본으로 망명하는 비참한 신세가 되었다. 정변 실패 소식에 격분한 한성 백성들은 일본 공사관을 불태우고 일본인들을 공격하는 등 반일 감정을 격렬하게 표출했다.

갑신정변의 실패는 조선 사회에 엄청난 후폭풍을 몰고 왔다. 무엇보다 조선에 대한 청나라의 지배력은 이전보다 훨씬 더 강화되었다. 청나라는 정변 진압의 공을 내세워 더욱 노골적으로 조선의 내정에 간섭했고, 특히 위안스카이는 조선의 국정을 좌지우지하는 막강한 실력자로 군림하게 된다. 정변을 주도했던 급진개화파는 완전히 몰락했고, 그들의 개혁 정책은 '역적들의 망상'으로 치부되었다. 이는 조선 사회 전체에 급진적인 개혁에 대한 두려움과 불신감을 심어 주었고, 개화 운동 자체를 크게 위축시키는 결과를 낳았다. 온건개화파마저 정변 세력과 연루되었다는 의심을 받으며 정치적 입지가 좁아졌다. 또한, 정변 실패의 책임을 물어 일본은 또다시 조선에 배상금 지불과 사과를 요구하는 한성 조약을 강요했다. 더 나아가 정변은 조선을 둘러싼 청나라와 일본의 갈등을 더욱 첨예하게 만들었다. 결국 양국은 1885년 4월 톈진 조약을 맺어, 양국 군대를 조선에서 함께 철수시키되 장차 조선에 군대를 파병할 경우에는 서로에게 미리 알린다는 내용을 합의했다. 이는 당장의 충돌은 피했지만, 향후 양국이 조선에서 군사적으로 충돌할 수 있는 여지를 남겨 둠으로써 10년 뒤 청일전쟁의 불씨를 마련한 셈이 되었다.

갑신정변은 비록 실패로 끝났지만, 우리 역사에 던지는 의미는 결코 작지 않다. 이는 우리 역사상 최초로 근대적인 국민 국가 건설을 목표로 한 정치 개혁 운동이었다. 청나라로부터의 완전한 독립, 봉건적인 신분 질서 타파, 재정 및 행정 개혁 등 그들이 내세웠던 개혁 목표들은 당시로서는 매우 혁신적이고 선구적인 것이었다. 이는 나라의 운명이 바람 앞의 등불과 같은 상황 속에서, 어떻게든 외세의 간섭을 물리치고 부강한 자주 독립 국가를 건설하려는 젊은 개혁가들의 뜨거운 열정과 애국심을 보여준다. 하지만 그들의 방법론에는 심각한 한계가 있었다. 소수의 엘리트 중심으로 추진되어 백성들의 지지를 얻지 못했고, 개혁의 목표를 달성하기 위해 외세의 힘에 의존했으며, 결국 무력에 의한 정변이라는 극단적인 방식을 택함으로써 많은 희생과 혼란을 초래했다. 갑신정변의 실패는 우리에게 자주적인 개혁 역량의 중요성과 외세 의존의 위험성, 그리고 개혁은 위로부터의 강압이 아닌 국민적 공감대와 지지 속에서 추진되어야 한다는 값비싼 교훈을 남겼다. 꿈은 높았지만 현실의 벽에 부딪혀 좌절한 젊은 혁명가들의 이야기는, 이상을 실현하는 과정에서의 지혜와 신중함, 그리고 평화적인 방법의 중요성을 되새기게 했다. 이들의 실패는 이후 조선의 자주적 근대화 노력을 더욱 어렵게 만드는 결과를 낳았지만, 그들이 뿌린 씨앗은 훗날 독립협회 운동 등으로 이어지며 꺼지지 않는 민족의 염원으로 남게 되었다.

6장

"사람이 하늘이다!":
동학 농민군, 낡은 세상을 향해 봉기하다

19세기 말 조선의 농촌은 절망의 그림자가 짙게 드리워져 있었다. 수십 년간 이어진 세도정치의 부패는 지방 행정의 말단까지 스며들어 탐관오리들의 학정이 끊이지 않았고, 삼정의 문란은 농민들의 삶을 뿌리째 뒤흔들었다. 여기에 1876년 강화도 조약 이후 진행된 개항은 새로운 고통을 안겨 주었다. 일본 상인들은 치외법권 등의 특권을 이용해 불공정한 무역을 자행했고, 특히 조선 쌀의 대량 유출은 국내 곡물 가격 폭등과 식량 부족을 야기하여 농민들의 생계를 극한으로 내몰았다. 조정은 무능했고, 백성들의 원성은 쌓여만 갔지만 어디에도 하소연할 곳이 없었다. 이러한 암울한 현실 속에서, 동학이라는 새로운 사상이 고통받는 백성들 사이에서 조용히, 하지만 강력하게 퍼져 나가고 있었다. 1860년 최제우가 창도한 동학은 서양의 천주교에 맞서 우리 고유의 정신을 지키고 새로운 세상을 열고자 한 민족 종교였다. 특히 '사람이 곧 하늘'이라는 인내천 사상은 봉건적인 신분 질서 속에서 억눌려 살던 백성들에게 인간 존엄성과 평등

의식을 일깨워 주었고, '나라를 돕고 백성을 편안하게 한다(보국안민)'는 구호는 현실의 고통을 해결해 줄 구원의 메시지처럼 다가왔다. 비록 창시자 최제우가 '세상을 어지럽힌다'는 죄목으로 1864년 처형당하고 정부의 탄압이 계속되었지만, 동학은 2대 교주 최시형의 지도 아래 비밀리에 교세를 확장하며 농민들 깊숙이 뿌리내리고 있었다. 동학은 단순한 종교를 넘어, 부패한 사회를 개혁하고 외세의 침탈에 맞서 민족을 지키려는 백성들의 열망을 담아내는 그릇이 되어 가고 있었다.

마침내 억눌렸던 백성들의 분노가 폭발하는 사건이 전라도 고부에서 발생했다. 1894년, 고부 군수 조병갑은 만석보라는 저수지를 쌓는다는 명목으로 농민들에게 과도한 세금을 거두고 강제 노역을 시켰으며, 이미 있던 만석보 저수지를 다시 쌓는다며 또다시 부당한 물세를 징수하는 등 탐학을 일삼았다. 이에 분노한 농민들은 동학의 지역 지도자였던 전봉준을 찾아가 호소했다.

전봉준은 농민들과 함께 사발통문을 돌려 봉기를 계획하고, 1894년 1월 마침내 고부 관아를 습격하여 조병갑을 몰아내고 빼앗겼던 곡식을 농민들에게 나누어 주었다. 이것이 바로 동학 농민 운동의 시작이었다.

조정은 사태를 수습하기 위해 안핵사를 파견했지만, 그는 오히려 사태의 원인을 제공한 탐관오리는 비호하고 봉기에 참여했던 농민들과 동학 교도들을 탄압하는 편파적인 조사를 진행했다. 이에 격분한 전봉준은 "앉아서 죽느니 일어나 싸우다 죽겠다"며 다시 한번 궐기를 호소했다. 1894년 3월, 전봉준은 손화중, 김개남 등 동학 지도자들과 함께 전라도 무장에서 다시 봉기하여, '보국안민'과 '제폭구민'을 기치로 내걸고 본격적인 농민 전쟁에 나섰다. 백산에 집결한 농민군은 죽창과 농기구를 들고 일어섰지만, 그 기세는 하늘을 찔렀다. 놀랍게도 농민군은 황토현 전투와 황룡촌 전투에서 연달아 관군을 크게 무찌르며 승승장구했고, 마침내 4월 말에는 전라도의 중심지인 전주성까지 점령하는 데 성공했다. 이는 부패하고 무능한 조정에 대한 백성들의 준엄한 심판이자, '사람이 곧 하늘'이라는 믿음으로 떨쳐 일어선 농민들의 거대한 함성이었다.

농민군의 파죽지세에 당황한 조선 조정은 스스로의 힘으로 사태를 수습할 능력이 없다고 판단하고, 청나라에 군대 파견을 요청하는 어리석은 결정을 내리고 만다. 이는 텐진 조약에 따라 일본에게도 군대 파병의 빌미를 주는 위험한 행동이었다. 한편, 전주성을 점령한 농민군은 관군과 대치하며 소강상태에 들어갔고, 양측은 결국 협상을 통해 전주화약을 맺게 된다. 농민군은 정부가 자신들의 요구 사항인 폐정개혁안을 수용하고 개혁을 약속하는 대신 전주성에서 물러나기로 합의했다. 폐정개혁안에는 탐관오리 처벌, 신분 차별 철폐, 토지 균등 분배, 과부 재가 허용, 일본 상인 축출 등 당시 농민들이 염원했던 사회 경제적 개혁 요구들이 담겨 있었다.

또한, 농민군은 약속된 개혁을 실천하기 위해 전라도 각지에 집강소라는 농민 자치 기구를 설치하여 스스로 치안을 유지하고 개혁 정책을 추진해 나갔다. 이는 우리 역사상 최초로 농민들이 직접 정치에 참여하고 자신들의 요구를 실현하려 했던 의미 있는 시도였으며, 아래로부터의 민주주의 실현 가능성을 보여 준 순간이었다. 만약 이때 외세의 개입 없이 조선 조정이 농민들의 요구를 진정으로 수용하고 함께 개혁을 추진했다면, 우리 역사는 다른 길을 걸었을지도 모른다.

그러나 조선 조정의 청나라 파병 요청은 비극의 씨앗이 되었다. 청나라 군대가 아산만에 상륙하자, 일본 역시 톈진 조약을 핑계 삼아 즉각 대규모 병력을 인천에 상륙시켰다. 일본은 청나라 군대보다 훨씬 많은 병력을 파견했을 뿐 아니라, 조선 조정의 철수 요구를 묵살하고 오히려 1894년 7월, 무력으로 경복궁을 점령하고 민씨 정권을 몰아낸 뒤 김홍집을 중심으로 하는 친일 내각을 수립했다. 그리고 곧이어 조선 땅에서 청나라와 전쟁을 일으켰다. 이제 동학 농민 운동의 성격은 근본적으로 달라질 수밖에 없었다. 처음에는 부패한 관리와 봉건 체제에 맞서 싸웠던 농민군은, 이제 나라의 주권을 유린하고 침략의 야욕을 드러낸 일본이라는 외세에 맞서 싸워야 하는 상황에 놓인 것이다. 전봉준은 "나라의 원수, 백성의 적 왜놈들을 몰아내자"며 척왜를 기치로 내걸고 다시 한번 전국 농민들에게 봉기를 호소했다. 남도의 농민군과 충청, 경기도 지역의 농민군이 힘을 합쳐 일본군과 관군을 몰아내기 위해 북상을 시작했다.

농민군의 최종 목표는 한성이었지만, 그 길목인 충청도 공주에서 일본군과 관군의 강력한 방어선에 부딪혔다. 1894년 10월 말부터 11월 초까지 벌어진 우금치 전투는 동학 농민 운동의 운명을 가른 최후의 격전이었다.

농민군은 죽창과 화승총 등 재래식 무기만 가지고 있었지만, 용기와 투지만큼은 하늘을 찔렀다. 그들은 기관총과 대포 등 우월한 화력으로 무장한 일본군과 관군을 향해 수십 차례에 걸쳐 파도처럼 돌격했지만, 그때마다 수많은 사상자를 내며 쓰러져갔다. 우금치 고개는 농민군의 피로 붉게 물들었고, 결국 농민군은 처참하게 패배하고 말았다. 비록 패배했지만, 나라를 지키기 위해 목숨을 아끼지 않고 싸웠던 농민들의 모습은 우리 민족의 불굴의 의지와 기상을 보여 주는 가슴 아픈 장면이었다. 우금치 전투의 패배로 농민군의 주력은 와해되었고, 이후에도 일부 지역에서 산발적인 항전이 이어졌지만 대세를 되돌릴 수는 없었다. 지도자였던 전봉준, 손화중, 김개남 등은 체포되어 이듬해 처형당하면서, 근 1년간 조선 팔도를 뒤흔들었던 동학 농민 운동은 비극적으로 막을 내렸다.

동학 농민 운동은 비록 실패로 끝났지만, 한국 근현대사에서 매우 중요한 의미를 지닌다. 이는 우리 역사상 가장 큰 규모의 농민 항쟁이자, 반봉건적인 사회 개혁 운동이었으며, 동시에 반외세적인 민족 운동의 성격을 띠고 있었다. 봉건적인 신분 질서와 탐관오리의 수탈에 맞서 백성 스스로 평등하고 정의로운 세상을 만들고자 했던 아래로부터의 혁명이었으며, 나아가 나라의 자주권을 유린하는 외세의 침략에 맞서 싸운 구국 항쟁이었다. 전주화약 이후 설치된 집강소는 비록 짧은 기간이었지만 백성의 자치를 실현하려 했던 소중한 경험이었다. 그러나 농민군의 열악한 무기와 조직력, 그리고 결정적으로 외세의 군사적 개입과 조정의 무능함으로 인해 결국 좌절되고 말았다. 운동의 실패는 조선에 대한 일본의 지배력 강화를 가져왔고, 수많은 농민들의 희생이라는 큰 상처를 남겼다. 하지만 동학 농민 운동이 보여준 평등 사상과 자주 정신, 불굴의 저항 의지는 이후 일제 강점기 의병 운동과 3·1 운동 등 민족 독립 운동의 중요한 정신적 자양분이 되었다.

7장

조선을 둘러싼 두 거인:
청일전쟁, 승자는 일본이었다

　1894년, 동학 농민 운동이라는 거대한 백성들 봉기는 부패한 봉건 체제를 뒤흔드는 동시에, 조선의 운명을 결정지을 외세 개입의 결정적인 빌미를 제공하고 말았다. 농민군의 기세에 눌린 조선 조정이 청나라에 군대 파견을 요청하자, 이를 기다렸다는 듯이 일본 역시 톈진 조약을 구실 삼아 훨씬 더 큰 규모의 군대를 조선 땅에 파견했다. 표면적으로는 농민 봉기 진압을 돕고 자국민을 보호한다는 명분이었지만, 그 이면에는 한반도의 지배권을 놓고 오랫동안 경쟁해 온 청나라와 일본의 야욕이 숨겨져 있었다. 특히 메이지 유신 이후 군사 강국으로 발돋움한 일본은 이 기회에 조선에서 청나라의 영향력을 완전히 몰아내고 자신들의 독점적인 지배권을 확립하려는 치밀한 계획을 가지고 있었다. 조선 조정과 청나라가 동학 농민군과의 전주화약 이후 양국 군대의 동시 철수를 요구했지만, 일본은 이를 거부하고 오히려 조선의 내정 개혁을 요구하며 군대를 계속 주둔시켰다. 상황은 일촉즉발의 위기로 치닫고 있었다.

일본의 계산된 도발은 1894년 7월 23일 새벽, 전격적인 행동으로 나타났다. 일본군은 야음을 틈타 조선의 심장부인 경복궁을 기습 점령하고, 국왕 고종을 자신들의 통제 하에 두었다. 그들은 기존의 민씨 정권을 몰아내고 김홍집을 중심으로 하는 친일 내각을 수립하도록 강요했다. 이는 명백한 주권 침해이자 침략 행위였지만, 일본은 '조선의 내정 개혁을 돕는다'는 명분을 내세웠다. 이 친일 내각을 통해 이후 갑오개혁이라는 이름의 근대적 개혁이 추진되지만, 이는 일본의 영향력 아래 진행되었다는 태생적 한계를 안고 있었다. 경복궁 점령 이틀 뒤인 7월 25일, 일본 해군은 아산만 풍도 앞바다에서 조선으로 향하던 청나라 군함과 수송선을 기습 공격하여 격침시키는 풍도 해전을 일으켰다. 특히 영국 상선 '고승호'를 격침시켜 청나라 병사 천여 명을 수장시킨 이 사건은 국제적인 비난을 받기도 했지만, 일본의 전쟁 의지를 명확히 보여 주었다. 며칠 뒤인 7월 29일에는 아산 성환 전투에서 청나라 육군을 격파했다. 이러한 일련의 군사 행동 이후, 일본은 8월 1일에야 비로소 청나라에 공식적으로 전쟁을 선포했다. 즉, 일본은 조선의 내정을 무력으로 장악하고 군사적으로 유리한 고지를 점령한 뒤에야 전쟁을 시작하는, 철저히 계획된 침략 전쟁의 수순을 밟았던 것이다.

전쟁의 주된 무대는 불행하게도 조선 땅이었다. 전쟁 준비와 군대의 근대화 수준에서 일본은 청나라를 압도했다. 9월에는 평양 전투에서 양국 육군의 주력이 격돌했는데, 일본군은 압도적인 화력과 전술로 청나라 군대를 대파하고 평양을 점령했다. 이 전투의 패배로 청나라 세력은 한반도에서 완전히 축출되었다. 비슷한 시기, 서해 앞바다에서 벌어진 황해 해전에서는 일본 연합함대가 청나라의 주력 함대인 북양함대에 결정적인 타격을 입히며 제해권을 장악했다. 이 두 번의 결정적인 전투에서 승리한 일본은 전쟁의 승기를 완전히 잡았고, 이후 전쟁은 요동 반도와 중국 본토로 확대되었다. 일본군은 여세를 몰아 뤼순과 웨이하이웨이 등 청나라의 주요 군사 거점을 함락시켰고, 특히 뤼순에서는 점령 과정에서 수많은 중국 민간인과 군인 포로를 학살하는 만행을 저지르기도 했다. 조선은 전쟁 당사국이 아니었음에도 불구하고 전쟁터가 되어 국토가 유린되고 백성들이 고통받았으며, 전쟁 수행에 필요한 물자와 노동력을 일본군에게 강제로 징발당하는 등 엄청난 피해를 입었다. 이는 약소국의 비애이자, 자국의 이익을 위해 타국의 땅에서 전쟁을 벌이는 제국주의의 잔혹성을 여실히 보여 주는 사례였다.

결국 청나라는 일본의 군사력 앞에 무릎을 꿇을 수밖에 없었다. 1895년 4월 17일, 일본 시모노세키에서 청나라의 이홍장과 일본의 이토 히로부미 사이에 강화 조약, 즉 시모노세키 조약이 체결되었다. 이 조약의 내용은 동아시아의 국제 질서를 근본적으로 뒤흔드는 것이었다. 첫째, 청나라는 조선이 "완전하고 무결한 자주독립국"임을 인정해야 했다. 이는 수백 년간 이어져 온 조선에 대한 청나라의 종주권을 공식적으로 포기한다는 의미였지만, 실제로는 조선에 대한 일본의 독점적인 지배를 국제적으로 공인하는 결과를 가져왔다. 즉, '조선의 독립'이라는 명분은 일본이 조선 침략을 정당화하기 위한 외교적 수사에 불과했다. 둘째, 청나라는 일본에 막대한 전쟁 배상금을 지불해야 했다. 셋째, 청나라는 일본에 랴오둥 반도, 타이완, 펑후 열도를 할양해야 했다. 이는 일본 제국주의의 팽창 야욕이 얼마나 큰지를 명백히 보여 주는 것이었다.

시모노세키 조약으로 일본은 동아시아의 새로운 패자로 떠올랐지만,

그들의 과도한 영토 요구는 또 다른 열강들의 견제를 불러왔다. 조약 체결 직후, 러시아는 독일, 프랑스와 함께 일본의 랴오둥 반도 점령이 동아시아의 평화를 위협한다며 반도를 청나라에 반환할 것을 강력하게 요구했다. 이제 막 전쟁을 끝낸 일본은 이 세 강대국을 동시에 상대할 힘이 없었기에, 굴욕감을 느끼며 랴오둥 반도를 포기하고 대신 청나라로부터 추가 배상금을 받아내는 선에서 물러날 수밖에 없었다. 이 삼국간섭은 일본에게는 큰 충격과 함께 러시아에 대한 적개심을 심어 주어 훗날 러일전쟁의 원인이 되었고, 조선에게는 일본을 견제할 새로운 세력으로 러시아가 부상하는 계기가 되어 이후 조선 정국을 더욱 복잡하게 만들었다.

청일전쟁의 가장 직접적이고 심각한 피해자는 단연 조선이었다. 전쟁의 승리로 조선에서 청나라라는 경쟁자를 완전히 제거한 일본은 이제 아무런 거리낌 없이 조선에 대한 영향력을 강화하고 내정 간섭을 노골화했다. 전쟁 기간 동안 설치된 친일 내각은 일본인 고문관들의 지도 아래 갑오개혁을 추진했지만, 이는 조선의 자주적인 개혁이라기보다는 일본의 입맛에 맞는 방향으로 조선을 길들이려는 의도가 강하게 반영되었다. 일본군은 전쟁이 끝난 후에도 조선 땅에 계속 주둔하며 실질적인 군사적 통제권을 행사했다. 일본 상인과 자본가들은 조선의 시장을 빠르게 잠식해 들어갔고, 철도 부설권, 광산 채굴권, 삼림 벌채권 등 각종 이권을 헐값에 확보하며 경제적 침탈을 가속화했다. 조선은 정치, 군사, 경제 모든 면에서 일본의 강력한 영향력 아래 놓이게 되었으며, '자주독립국'이라는 허울 좋은 이름과는 달리 사실상 일본의 보호국이나 다름없는 처지로 전락하고 있었다.

청일전쟁은 조선의 운명을 결정적으로 바꾼 비극적인 사건이었다. 동학 농민 운동이라는 내부적인 혼란을 빌미로 시작된 이 전쟁은, 조선의 의사와는 전혀 상관없이 한반도의 지배권을 둘러싼 청나라와 일본의 제국주의적 충돌이었다. 전쟁의 결과 조선은 수백 년간 의지해 왔던 청나라의 울타리를 벗어났지만, 그 자리를 더욱 강력하고 침략적인 일본이 차지하게 되면서 국가의 자주성은 돌이킬 수 없이 훼손되었다. 전쟁 자체가 조선 땅에서 벌어져 엄청난 인명과 재산 피해를 남겼을 뿐 아니라, 전쟁 이후 일본의 정치, 군사, 경제적 침탈이 본격화되면서 조선 백성들의 삶은 더욱 피폐해졌다. 이는 조선이 스스로의 힘을 기르지 못하고 외세에 의존하려 했을 때 어떤 비극적인 결과를 맞이하게 되는지를 똑똑히 보여 준다. 청일전쟁의 패배는 동아시아의 전통적인 국제 질서를 무너뜨리고 일본 제국주의 시대를 열었으며, 조선에게는 국권 상실이라는 더 깊은 나락으로 떨어지는 길을 열어 놓은 결정적인 분수령이었다. 홍익인간의 이상, 즉 우리 민족 스스로 평화롭고 번영하는 나라를 만들고자 했던 꿈은 이제 일본 제국주의라는 거대한 장벽 앞에서 좌절될 위기에 처하게 된 것이다.

8장

위로부터의 개혁, 백성은 어디에?
갑오·을미개혁의 빛과 그림자

청일전쟁의 포화 속에서 조선의 운명은 또다시 외세의 손에 휘둘리고 있었다. 1894년 7월, 일본군이 무력으로 경복궁을 점령하고 친일 성향의 김홍집 내각을 수립시킨 것은 단순히 조선에 대한 영향력을 확보하는 것을 넘어, 조선을 일본의 입맛에 맞게 '근대화'시켜 통제와 수탈을 용이하게 하려는 의도의 시작이었다. 이러한 일본의 강압적인 간섭 속에서, 1894년 갑오년부터 1896년 초까지 약 1년 반에 걸쳐 추진된 일련의 정치, 경제, 사회 개혁을 우리는 갑오개혁과 을미개혁이라 부른다. 이 개혁들은 분명 조선 사회의 봉건적인 낡은 틀을 깨고 근대적인 국가 시스템을 도입하려는 시도였지만, 그 과정은 외세의 그림자와 내부의 갈등, 백성들의 저항이 복잡하게 얽히면서 격동과 비극으로 점철되었다. 이는 위로부터의 개혁이 민족의 자존과 백성의 삶과 어떻게 조화되고 또 충돌할 수 있는지를 극명하게 보여 주는 사례이다.

개혁의 시작은 일본의 압력 하에 설치된 초정부적인 개혁 기구, 군국기무처의 주도로 이루어졌다. 김홍집을 총재관으로 하고 김윤식, 유길준 등 개화파 관료들이 참여한 군국기무처는 불과 몇 달 사이에 200건이 넘는 개혁안을 쏟아내며 조선의 시스템을 뿌리부터 바꾸려 했다. 정치적으로는 기존의 의정부와 6조 체제를 폐지하고 내각 중심의 8아문제를 도입했으며, 왕실 사무와 조정 사무를 분리하여 국왕의 전제적인 권력을 제한하려 했다. 경제적으로는 재정을 일원화하고 은본위 화폐 제도를 채택했으며, 조세 금납화를 추진했다. 무엇보다 사회적인 측면에서의 개혁이 두드러졌는데, 수백 년간 조선 사회를 얽매었던 봉건적인 신분 제도를 법적으로 철폐한 것이 가장 큰 성과였다. 노비 제도가 공식적으로 폐지되었고, 양반과 상민의 구분이 없어졌으며, 죄인에게 연좌제를 적용하거나 고문을 가하는 악습도 금지되었다. 또한, 과부의 재가를 허용하고 조혼을 금지하는 등 전근대적인 사회 관습에도 변화를 시도했다. 과거제 역시 폐지되어 능력에 따른 인재 등용의 길이 열렸다. 이러한 개혁들은 비록 위로부터 시작되었지만, 신분 차별 없는 평등 사회, 보다 합리적인 사회 운영이라는 점에서 긍정적인 의미를 가지며, 모든 사람이 존중받는 세상을 향한 중요한 진전으로 평가될 수 있다.

그러나 청일전쟁에서 일본의 승세가 굳어지면서 조선에 대한 일본의 간섭은 더욱 노골화되었다. 1894년 말, 일본은 군국기무처를 폐지시키고, 갑신정변 실패 후 일본에 망명해 있던 박영효를 귀국시켜 김홍집과 함께 연립 내각을 구성하게 했다. 이 시기에는 일본의 영향력이 더욱 강화되어, 일본식 제도를 모방한 개혁들이 주로 추진되었다. 고종은 종묘에 나아가 국가의 자주독립과 개혁 의지를 담은 '홍범 14조'를 반포하며 개혁의 정당성을 확보하려 했지만, 이는 실질적인 권력보다는 상징적인 의미가 강했다. 이 시기에는 내각 제도를 더욱 강화하고, 근대적인 재판소 설치를 통해 사법권을 행정권에서 분리하려 했으며, 경찰 제도를 도입하고, 지방 행정 구역을 기존의 8도에서 23부로 개편하는 등 행정 및 사법 시스템의 근대화에 초점을 맞추었다. 하지만 박영효는 다시 정변을 시도하려다 발각되어 일본으로 재망명했고, 내각은 또다시 혼란에 빠졌다.

조선에 대한 일본의 영향력이 극에 달하면서 비극적인 사건이 발생하고 만다. 일본의 침략 정책에 비판적이었고 러시아 등 다른 열강 세력을 끌어들여 일본을 견제하려 했던 명성황후를 제거하기 위해, 1895년 10월 8일 새벽, 미우라 고로 주한 일본 공사의 지휘 아래 일본인 낭인들과 일본군 수비대, 조선인 협력배들이 경복궁에 난입하여 명성황후를 참혹하게 시해하는 을미사변을 일으켰다. 이는 한 나라의 국모를 외국 세력이 무참히 살해한 전대미문의 만행으로, 조선인들에게는 씻을 수 없는 치욕과 분노를 안겨 주었다. 이 사건 이후 들어선 제3차 김홍집 내각은 더욱 노골적인 친일 성향을 띠었으며, 일본의 강압 아래 일련의 급진적인 개혁, 즉 을미개혁을 단행하게 된다.

을미개혁의 내용은 근대 문물 도입이라는 측면도 있었지만, 조선인의 정서와 문화를 고려하지 않은 강압적인 방식 때문에 거센 반발을 불러일으켰다. 대표적인 것이 바로 단발령이다. "신체발부 수지부모"라 하여 부모에게서 물려받은 머리카락과 수염을 소중히 여기던 유교적 전통 속에서, 상투를 자르라는 명령은 단순한 머리 모양의 변화가 아니라 전통과 자존심을 송두리째 부정하는 모욕으로 받아들여졌다. 고종과 세자가 먼저 머리를 잘라 보이고 관리들이 강압적으로 단발을 시행하자, 전국의 유생들과 백성들의 분노는 하늘을 찔렀다. 이와 함께 양력 채용, 종두법 시행, 근대식 소학교 설립, 우편 제도 실시 등 다른 근대적인 개혁들도 추진되었지만, 단발령이 초래한 충격과 반감에 묻혀 버리고 말았다.

결국 명성황후 시해에 대한 분노와 단발령에 대한 반발은 전국적인 항일 의병 운동으로 폭발했다. 유인석, 이소응 등 유생들이 중심이 되어 "국모의 원수를 갚고, 머리를 자를지언정 의를 버릴 수 없다"며 의병을 일으켜 친일 관리들을 처단하고 일본군에 맞서 싸웠다. 이는 외세의 침략과 강압적인 문화 변용에 맞선 민족의 자존심을 지키려는 처절한 저항이었다. 의병 운동이 전국적으로 확산되고, 일본군과 친일 내각에 의해 신변의 위협을 느낀 고종은 1896년 2월, 비밀리에 러시아 공사관으로 피신하는 아관파천을 단행했다. 국왕이 외국 공사관으로 피신하자 김홍집, 어윤중 등 친일 내각의 핵심 인물들은 성난 군중들에게 살해당하거나 실각했고, 을미개혁은 단발령 등 대부분의 조치가 철회되면서 사실상 중단되었다.

갑오·을미개혁은 짧은 기간 동안 수많은 변화를 시도했지만, 그 평가는 복합적일 수밖에 없다. 긍정적으로 본다면, 봉건적인 신분 제도를 철폐하고 근대적인 정치, 사회, 경제 시스템의 기초를 마련하려 했다는 점에서 중요한 의미를 지닌다. 특히 노비 해방, 과거제 폐지, 재정 일원화 등은 조선 사회를 한 단계 발전시키려는 분명한 개혁 노력이었으며, 일부 내용은 이후 대한제국 시기나 일제 강점기 이후까지 영향을 미쳤다. 이는 위기 속에서도 어떻게든 나라를 바로 세우고 시대 변화에 부응하려는 시도였다고 볼 수 있다.

하지만 그 한계와 문제점 또한 명확했다. 첫째, 개혁은 일본의 군사력을 배경으로 한 강압 속에서 추진되어 자주성을 상실했고, 많은 내용이 일본의 필요와 입맛에 맞게 이루어졌다. 둘째, 백성들의 지지와 참여가 배제된 위로부터의 개혁이었기에 광범위한 공감대를 얻기 어려웠고, 특히 단발령처럼 전통과 문화를 무시한 급진적인 조치는 격렬한 저항을 불러일으켰다. 셋째, 농민들이 동학 농민 운동에서 절실하게 요구했던 토지 제도의 근본적인 개혁은 이루어지지 않아 민생 안정과는 거리가 있었다. 넷째, 개혁을 추진한 세력 내부에서도 갈등과 분열이 끊이지 않았고, 결국 외세의 개입으로 정치적 혼란만 가중시키는 결과를 낳았다.

갑오·을미개혁은 조선의 근대화를 향한 중대한 갈림길에서 이루어진, 외압과 자강 노력이 뒤섞인 미완의 개혁이었다. 비록 신분제 철폐와 같은 중요한 진전을 이루기도 했지만, 일본의 침략 의도라는 근본적인 도전 속에서 진행되었기에 자주적인 동력을 확보하지 못했고, 국민적인 저항과 내부 갈등 속에서 좌절되고 말았다. 이는 개혁의 내용만큼이나 그 과정과 방식이 중요하며, 진정한 발전은 외세의 강요가 아닌 국민적 합의와 주체적인 노력 속에서 이루어져야 함을 보여 주는 뼈아픈 교훈을 남겼다. 결국 이 시기의 개혁은 조선의 완전한 자주독립과 평화로운 발전을 가져오기보다는, 오히려 일본의 영향력을 심화시키고 국론을 분열시켜 더 큰 고난의 길로 접어들게 하는 과정의 일부가 되고 말았다.

9장

국모 시해, 하늘이 무너지다:
을미사변과 단발령, 의병의 불길이 타오르다

 청일전쟁의 승리로 조선에 대한 지배권을 확립한 일본은 자신들의 영향력을 더욱 공고히 하고 조선을 완전히 장악하기 위한 다음 단계를 모색하고 있었다. 그 과정에서 가장 큰 걸림돌로 여겨진 인물은 바로 조선의 국왕 고종의 부인이자, 영민한 정치 감각으로 국정에 깊숙이 관여하며 러시아 등 다른 열강 세력을 끌어들여 일본을 견제하려 했던 명성황후였다. 일본에게 명성황후는 자신들의 조선 침략 정책을 방해하는 눈엣가시 같은 존재였다. 결국 일본 정부는 극단적인 방법을 동원하여 이 '문제'를 해결하기로 결정했다. 1895년 여름, 일본은 강경파 외교관이자 군인 출신인 미우라 고로를 새로운 주한 공사로 임명했는데, 그의 숨겨진 임무는 바로 명성황후를 제거하는 것이었다. 미우라는 부임하자마자 치밀하게 음모를 꾸몄다. 그는 일본 공사관 직원, 일본군 수비대, 일본인 자객, 그리고 일본의 영향력 아래 있던 조선인 군대인 훈련대 일부 세력까지 동원하여 조선의 왕궁을 습격하고 국모를 시해할 계획을 세웠다.

그리고 1895년 10월 8일 새벽, 인류 역사상 유례를 찾기 힘든 끔찍한 만행이 조선의 심장부, 경복궁에서 벌어졌다. 일본인 자객들과 군인, 조선인 협력자들은 여러 개의 문을 돌파하여 왕과 왕비의 침전이 있던 건청궁까지 난입했다. 그들은 궁궐을 수비하던 조선 군인들을 살해하고, 궁녀들을 위협하며 명성황후의 행방을 찾았다. 마침내 황후를 찾아낸 그들은 칼로 황후를 무참히 시해하고, 그것도 모자라 시신에 석유를 뿌려 불태우는 등 차마 입에 담기 힘든 반인륜적인 범죄를 저질렀다. 이 참혹한 현장을 국왕 고종과 세자는 속수무책으로 지켜보거나 혹은 다른 곳에 감금된 채 공포에 떨어야 했다. 이것이 바로 을미사변, 즉 '을미년에 일어난 변란'으로 기록된, 일본 제국주의의 야만성과 잔혹성을 극명하게 보여 주는 사건이다. 일본은 사건 직후 흥선대원군이나 조선 내부의 반란 세력에게 책임을 떠넘기려 했지만, 그들의 치밀한 계획과 범행 증거는 명백했다. 비록 미우라 공사 등 관련자들이 일본으로 소환되어 재판을 받는 시늉을 했지만, 증거 불충분을 이유로 모두 풀려나는 등 사건의 진상은 오랫동안 제대로 규명되지 못했다. 이 사건은 조선 백성들에게는 국모를 잃은 슬픔을 넘어, 국가의 주권과 민족의 자존심이 외세에 의해 무참히 짓밟힌 데 대한 깊은 충격과 분노를 안겨 주었다.

국모 시해라는 천인공노할 만행을 저지른 일본과 그들의 꼭두각시 노릇을 하던 친일 내각은 조선 백성의 분노가 들끓는 상황에서도 아랑곳하지 않고, 오히려 조선의 민족의식을 말살하고 일본식 통제를 강화하려는 급진적인 개혁, 즉 을미개혁을 강행했다. 그중에서도 조선 사회 전체를 들끓게 만든 것은 바로 단발령이었다. 1895년 11월, 조정은 개화와 위생을 명분으로 모든 성인 남성에게 상투를 자르고 서양식으로 머리를 깎으라는 명령을 내렸다. 고종과 세자가 일본의 강압에 못 이겨 먼저 단발을 했고, 관리들은 칼이나 가위를 들고 길거리에서 강제로 사람들의 상투를 자르는 등 폭압적인 방식으로 단발령을 시행했다. 하지만 조선 사회에서 상투는 단순한 머리 모양이 아니었다. "신체발부 수지부모 불감훼상 효지시야", 즉 몸과 머리카락, 피부는 부모님께 물려받은 것이니 감히 상하게 하지 않는 것이 효도의 시작이라는 유교적 가르침이 뿌리 깊었기 때문이다. 따라서 상투를 자르는 것은 부모에 대한 불효이자, 조상 대대로 이어온 전통과 문화, 나아가 민족의 정체성 자체를 부정하는 행위로 받아들여졌다. 특히, 국모가 일본인 자객에게 처참하게 살해당한 직후에, 그 일본의 강요로 민족의 상징과도 같은 상투를 잘라야 한다는 사실은 조선 백성들의 분노에 기름을 부은 격이었다.

결국, 을미사변으로 인한 국모 시해의 원한과 단발령 강행으로 인한 민족적 자존심의 상처는 더 이상 참을 수 없는 분노가 되어 전국적인 저항 운동으로 폭발했다. 이것이 바로 을미의병의 시작이다. "내 목은 자를 수 있을지언정, 내 머리카락은 자를 수 없다"는 외침과 함께, 전국의 유생들이 먼저 궐기했다. 그들은 위정척사 사상에 따라 전통적인 유교 질서를 지키고 외세를 배척하는 것을 자신들의 책무로 여겼기에, 국모 시해와 단발령은 도저히 용납할 수 없는 일이었다. 충청도 제천에서는 유인석이, 경상도 안동에서는 이소응이, 강원도 춘천에서는 이항로의 제자들이, 경기도에서는 김하락 등이 의병을 일으켜 "친일 내각 타도"와 "일본 세력 축출"을 외쳤다. 이들 유생 의병장들의 격문이 퍼지자, 농민, 상인, 심지어 해산된 군인들까지 합세하여 의병 부대는 순식간에 전국적으로 확산되었다. 그들은 관아를 습격하여 친일 관리들을 처단하고, 일본군 수비대나 일본 상인들을 공격하며 자신들의 분노를 표출했다. 비록 무기와 훈련은 부족했지만, 나라를 구하고 민족의 자존을 지키겠다는 그들의 의기와 기세는 하늘을 찔렀다.

을미의병의 거센 저항은 친일 내각과 일본에게 큰 타격을 주었다. 전국 각지에서 벌어지는 의병 활동으로 행정망은 마비되었고, 일본군 역시 의병 토벌에 상당한 병력을 투입해야 했다. 이러한 상황은 을미사변 이후 일본의 감시와 통제 속에 불안한 나날을 보내던 고종에게도 큰 영향을 미쳤다. 자신을 보호해 줄 조선 군대는 믿을 수 없었고, 언제 또다시 일본의 위협이 닥칠지 모르는 상황에서, 전국적인 의병 봉기는 정국의 불안정성을 더욱 심화시켰다. 결국 고종은 1896년 2월, 러시아 공사 베베르(Weber)와 협력하여 비밀리에 궁궐을 탈출하여 러시아 공사관으로 피신하는 아관파천을 단행했다. 이는 일본의 영향력에서 벗어나 자신의 안전을 도모하고 새로운 돌파구를 찾으려는 고육지책이었다.

을미사변과 단발령, 그리고 이에 맞선 을미의병의 봉기는 19세기 말 조선이 겪었던 비극과 저항을 압축적으로 보여주는 사건들이다. 을미사변과 단발령은 조선 민족 전체에게 씻을 수 없는 상처와 분노를 안겼으며, 이는 국가의 주권과 민족의 정체성이 얼마나 심각하게 위협받고 있는지를 처절하게 보여 주었다. 평화는 산산조각 났고, 백성들은 깊은 고난 속으로 빠져들었다. 그러나 이러한 극한의 시련 속에서 조선 백성들은 좌절하거나 침묵하지만은 않았다. 전국 각지에서 자발적으로 일어난 을미의병은 비록 그 이념적 기반이 보수적인 위정척사 사상에 있었고 군사적으로 성공을 거두지는 못했지만, 외세의 침략과 압제에 맞서 싸운 최초의 대규모 항일 무장 투쟁이라는 점에서 중요한 역사적 의미를 지닌다. 이는 나라가 위기에 처했을 때 분연히 일어나는 우리 민족의 강인한 저항 정신과 불굴의 의지를 보여 주는 것이었으며, 이후 끊임없이 이어지는 항일 의병 투쟁의 효시가 되었다. 을미년의 비극과 저항은 우리에게 국가의 힘이 약할 때 백성들이 겪어야 하는 고통이 얼마나 큰지, 그리고 그 고통 속에서도 희망을 잃지 않고 싸워 나가는 민족의 저력이 얼마나 위대한지를 동시에 가르쳐 주고 있다.

10장

왕이 궁을 버리고 떠나다:
아관파천, 열강의 이권 침탈이 시작되다

 1895년 가을, 일본 낭인들의 칼날에 국모 명성황후가 참혹하게 시해당하고, 연이어 강압적인 단발령이 시행되면서 조선의 민심은 분노와 슬픔으로 들끓었다. 전국 각지에서 "국모의 원수를 갚고, 머리카락을 지키겠다"며 의병이 봉기하여 일본군 및 친일 관리들과 충돌하는 등 나라는 극도의 혼란 상태에 빠져 있었다. 이러한 상황 속에서 국왕 고종은 그야말로 사면초가의 위태로운 처지에 놓였다. 자신을 지켜 주어야 할 궁궐 안에서 왕비가 살해당하는 끔찍한 일을 겪은 고종은 극심한 공포와 신변의 위협을 느꼈다. 궁궐은 일본군의 감시 아래 있었고, 을미사변 이후 들어선 김홍집-유길준 내각은 노골적인 친일 성향을 보이며 일본의 요구에 따라 움직이고 있었기에, 고종은 자신을 보호해 줄 세력이 궁궐 안에는 없다고 판단했다. 또한 전국적으로 확산되는 의병 운동은 정국을 더욱 불안정하게 만들었다. 어떻게든 일본의 영향력에서 벗어나 실추된 왕권을 회복하고 정국의 주도권을 되찾을 돌파구가 절실했다.

I. 문을 연 제국, 좌절된 꿈
(1876 ~ 1910)

이러한 절박한 상황에서 고종은 새로운 활로를 러시아에서 찾으려 했다. 마침 청일전쟁 이후 일본의 독주를 견제하려 했던 러시아는 삼국간섭을 통해 일본으로부터 랴오둥 반도를 반환시키는 등 동아시아에서 영향력을 키우고 있었고, 조선 내 친러시아파 관료들과 러시아 공사 베베르는 고종에게 러시아 공사관으로 피신할 것을 적극적으로 권유했다. 결국 고종은 1896년 2월 11일 새벽, 왕세자와 함께 궁녀들이 타는 가마에 숨어 비밀리에 경복궁을 빠져나와 바로 인근에 위치한 러시아 공사관으로 거처를 옮기는 초유의 결단을 내린다. 이것이 바로 아관파천, 즉 '러시아 공사관으로 임금의 가마를 옮긴 사건'이다. 한 나라의 군주가 외국의 공사관에 몸을 의탁한 이 사건은, 당시 조선이 처한 위태로운 상황과 극도로 추락한 국가의 위신을 상징적으로 보여 주는 비극적인 일이었다.

아관파천은 즉각적으로 조선 정치판에 격변을 몰고 왔다. 국왕이 러시아 공사관에서 국정을 보살피게 되자, 일본의 위세를 등에 업고 개혁을 강행하던 김홍집, 유길준 등 친일 내각은 하루아침에 설 자리를 잃었다. 분노한 군중들은 김홍집, 어윤중, 정병하 등 내각의 핵심 인물들을 길거리에서 살해하거나 처단했고, 내각은 완전히 붕괴되었다. 고종은 즉시 단발령 등 백성들의 원성이 자자했던 을미개혁 조치들을 대부분 철회하고, 의병 해산을 권고하는 조칙을 내렸다. 그리고 박정양을 총리대신으로 하는 새로운 친러시아 성향의 내각이 들어섰다. 이로써 을미사변 이후 절정에 달했던 일본의 영향력은 일시적으로 크게 위축되었고, 반대로 러시아의 정치적 입김은 급격히 강해졌다. 고종은 러시아 공사관에서 약 1년 동안 머물며 국정을 운영하게 된다.

그러나 아관파천은 조선에게 일본의 간섭에서 벗어나는 계기를 마련해 주었지만, 동시에 열강들의 이권 침탈이라는 더 심각한 문제를 야기하는 문을 활짝 열어젖히고 말았다. 국왕이 외국의 공사관에 의존하여 나라를 다스리는 불안정한 상황은 조선 조정의 취약성을 전 세계에 드러낸 셈이었다. 마치 주인을 잃은 집의 곳간을 노리는 것처럼, 러시아, 미국, 프랑스, 독일, 영국 등 서구 열강들은 이 기회를 틈타 조선의 각종 경제적 이권을 경쟁적으로 빼앗아 가기 시작했다. 고종과 친러 내각은 러시아의 보호에 의존하고 있었고, 국가 재정은 바닥난 상태였기에 열강들의 요구를 거절하기 어려운 입장이었다. 또한 일부 관리들은 이권 청탁 과정에서 개인적인 이익을 챙기기도 했다.

가장 많은 이권을 챙긴 나라는 단연 러시아였다. 고종을 보호해 주고 있다는 명분을 내세워 압록강과 두만강 유역의 삼림 벌채권, 경원·종성 지방의 광산 채굴권 등 막대한 자원 이권을 확보했다. 또한 재정 및 군사 고문을 파견하여 조선의 내정에 깊숙이 개입하려 했고, 한러은행설립을 추진했으며, 부산 앞바다의 절영도를 조차하여 석탄 저장 기지를 만들려다 독립협회와 다른 열강들의 반대로 무산되기도 했다. 미국은 이미 확보했던 운산 금광 채굴권을 본격적으로 개발하여 막대한 이익을 올렸고, 경인선 철도 부설권, 서울 시내의 전차·전등·수도 시설 부설권 등 사회 기간 시설과 관련된 중요한 이권들을 다수 확보했다. 프랑스는 경의선 철도 부설권을, 독일은 강원도 당현 금광 채굴권을, 영국은 은산 금광 채굴권 등을 얻어 갔다. 정치적으로 잠시 주춤했던 일본 역시 이 시기에 경부선 철도 부설권을 확보하고 어업권 등을 확장하며 경제적 침투를 계속했다.

이렇게 열강들에게 넘어간 이권들은 대부분 장기간에 걸쳐 운영권이 보장되었고, 세금이나 로열티는 극히 미미하거나 아예 면제되는 등 조선에게 매우 불리한 조건으로 계약되었다. 이는 국가의 귀중한 자원이 헐값에 해외로 유출되고 민족 자본의 성장을 가로막는 심각한 결과를 초래했다. 철도나 전차, 전등과 같은 근대 시설이 도입되기도 했지만, 이는 주로 열강 자신들의 경제적, 군사적 필요에 의해 건설되었고, 그 이익 또한 대부분 외국 자본에게 돌아갔다. 국토는 열강들의 이권 각축장이 되었고, 경제적 예속은 정치적 종속을 더욱 심화시키는 악순환으로 이어졌다. 이는 국가의 자주적인 발전 가능성을 스스로 갉아먹는 행위였으며, 홍익인간의 이상 실현에 필요한 물질적 토대를 허물어뜨리는 일이었다.

열강들의 노골적인 이권 침탈과 조정의 무능함에 대한 비판의 목소리도 높아졌다. 특히 아관파천 직후 서재필 등이 중심이 되어 창립한 독립협회는 러시아의 절영도 조차 요구 등에 강력히 반대하고, 국왕이 하루빨리 궁궐로 돌아와 자주적으로 국정을 운영할 것을 요구하는 등 활발한 활동을 벌였다. 이러한 국내외적인 압력과 함께, 러시아에 대한 일본과 영국의 견제가 심해지자 고종은 마침내 1897년 2월, 1년 만에 러시아 공사관을 나와 경운궁(현재의 덕수궁)으로 환궁했다.

아관파천은 을미사변이라는 국가적 치욕과 신변의 위협 속에서 고종이 선택한 극단적인 자기 보호 수단이자 정치적 탈출구였다. 이는 일시적으로 일본의 영향력을 약화시키고 국왕이 정국의 주도권을 일부 회복하는 계기가 되었지만, 동시에 국가의 자주성이 얼마나 취약한지를 만천하에 드러내는 사건이었다. 국왕이 외국의 공사관에 의존하는 상황은 곧바로 열강들의 이권 침탈 경쟁을 불러왔고, 조선은 정치적, 경제적으로 더욱 깊은 수렁에 빠져들게 되었다. 이 시기에 집중적으로 이루어진 이권 침탈은 조선의 경제적 예속을 심화시키고 자주적 근대화의 길을 더욱 험난하게 만들었다. 아관파천과 그 이후의 이권 침탈은 우리에게 국가의 힘이 약하고 지도력이 흔들릴 때 어떤 대가를 치르게 되는지를 뼈저리게 보여 주는 역사적 교훈이다. 비록 이후 고종이 대한제국을 선포하며 자주독립 국가로서의 위상을 되찾으려 노력했지만, 아관파천 시기에 입은 정치적, 경제적 상처는 너무나 깊었고, 이는 결국 국권 상실이라는 비극으로 이어지는 중요한 과정 중 하나가 되고 말았다. 평화롭고 자주적인 국가 발전의 길은 더욱 멀어져 갔던 것이다.

11장

다시 일어서는 나라:
대한제국 선포와 광무개혁, 황제의 마지막 노력

1897년 2월, 꼬박 1년간의 러시아 공사관 생활을 마치고 경운궁으로 환궁한 고종의 어깨는 무거웠다. 아관파천은 비록 일본의 직접적인 통제에서 벗어나 국왕의 안전을 확보하는 임시방편이 되었지만, 그 대가는 혹독했다. 한 나라의 군주가 외국의 공관에 의탁했다는 사실 자체가 국가의 위신을 땅에 떨어뜨렸고, 그 기간 동안 러시아를 비롯한 열강들의 이권 침탈은 극에 달해 조선의 경제적 예속은 더욱 심화되었다. 안팎으로 실추된 국격과 왕실의 권위를 회복하고, 격화되는 열강의 각축 속에서 어떻게든 나라의 자주독립을 지켜내야 한다는 절박한 과제가 고종 앞에 놓여 있었다. 또한, 서재필 등이 이끄는 독립협회가 '자주독립'과 '자강개혁'을 외치며 활발한 활동을 벌이는 등, 아래로부터의 변화 요구와 민족적 자각의 목소리도 높아지고 있었다. 이러한 시대적 요구와 절박한 현실 인식 속에서, 고종은 마침내 국가의 위상을 일신하고 강력한 개혁을 추진하기 위한 결단을 내린다.

1897년 10월 12일, 고종은 하늘에 제사를 지내는 제단인 환구단에 나아가 스스로 황제의 자리에 오르고, 나라 이름을 조선에서 '대한제국'으로 고쳤으며, '광무'라는 새로운 연호를 선포했다. 이는 단순한 명칭 변경이 아니었다. '황제' 칭호 사용과 환구단 제천 의식은 전통적으로 중국 황제만이 할 수 있었던 것으로, 이는 수백 년간 이어져 온 중국과의 사대 관계를 완전히 청산하고, 중국 및 일본과 대등한 독립적인 황제 국가임을 만방에 선포하는 상징적인 행위였다. 또한 국호를 삼한 시대의 역사를 계승한다는 의미를 담은 '대한'으로 정함으로써, 민족적 정통성과 유구한 역사를 강조하며 국민적 자긍심을 고취시키고자 했다. 대한제국의 선포는 아관파천으로 상처 입은 민족의 자존심을 회복하고, 자주독립 국가로서 새로운 출발을 다짐하는 비장한 선언이자, 이후 추진될 개혁 정책의 명분을 제공하는 중요한 정치적 행위였다.

　대한제국 선포 이후, 고종 황제는 '광무' 연간에 걸쳐 일련의 개혁 정책을 추진했는데, 이를 광무개혁이라고 부른다. 광무개혁의 기본 이념은 '구본신참', 즉 '옛것을 근본으로 삼고 새것을 참고한다'는 것이었다. 이는 갑신정변의 급진성이나 갑오·을미개혁의 일본식 모방과는 달리, 조선의 전통적인 제도와 가치를 유지하면서 서양의 발전된 기술과 제도를 선별적으로 받아들여 점진적인 개혁을 추구하겠다는 의지를 보여 준다. 이는 온건개화파의 '동도서기론'과 유사한 측면이 있지만, 황제권을 중심으로 국가의 역량을 강화하려는 목표가 더욱 뚜렷했다.

　정치적으로 광무개혁은 황제권의 절대적인 강화를 최우선 목표로 삼았다. 1899년 반포된 '대한국국제'는 대한제국이 황제가 무한한 군주권을 행사하는 전제 군주국임을 명확히 규정했다. 황제는 군 통수권, 입법권,

행정권, 사법권 등 모든 권력을 장악하고 신성불가침의 존재로 규정되었다. 이를 뒷받침하기 위해 황제 직속의 최고 군사 통수 기관인 원수부를 설치하여 군대를 황제가 직접 장악하려 했다. 이는 독립협회가 주장했던 의회 설립이나 입헌 군주제와 같은 민권 신장 요구와는 정면으로 배치되는 것이었으며, 시대의 흐름에 역행하는 전제 군주정의 강화라는 비판을 받기도 했다. 하지만 당시 고종과 보수적인 관료들은 강력한 황제권을 중심으로 국론을 통일하고 개혁을 추진하는 것이 국가의 안정과 발전을 위해 필수적이라고 여겼던 것으로 보인다.

광무개혁이 가장 큰 역점을 둔 분야는 경제, 특히 '식산흥업', 즉 생산을 늘리고 산업을 일으키는 것이었다. 이는 국가의 부강을 위해서는 경제적 자립이 필수적이라는 인식에 따른 것이었다. 가장 중요한 사업 중 하나는 양전 사업과 지계 발급 사업이었다. 양전 사업은 전국의 토지를 측량하여 토지 소유 관계를 명확히 파악하고 숨겨진 토지를 찾아내어 국가 재정 수입을 늘리려는 목적이었고, 이를 바탕으로 토지 소유자에게 근대적인 토지 소유권 증명서인 지계를 발급해 주었다. 이는 단순한 토지 대장 정리를 넘어, 백성들에게 토지에 대한 근대적인 사유재산권을 법적으로 보장해 주고, 외국인들의 불법적인 토지 침탈을 막으려는 중요한 의미를 지녔다. 비록 막대한 비용과 시간, 그리고 이후 러일전쟁 발발 등으로 인해 전국적으로 완수되지는 못했지만, 광무개혁의 가장 실질적이고 긍정적인 성과 중 하나로 평가받았다. 이와 함께 조정은 방직, 제지, 유리 공장 등 근대식 공장을 설립하고, 한성은행, 대한천일은행 등 민족계 은행 설립을 지원했으며, 각종 상공업 회사 설립을 장려하여 민족 자본 육성에도 힘썼다. 또한, 서울 시내에 전차와 전등을 가설하고, 경인선, 경부선 등 철도 건설과 전신, 전화 등 통신망 확충에도 노력했다. 이러한 노력들은 비록 외세의 영향력과 자본 부족이라는 한계 속에서 진행되었지만, 분명 대한제국 스스로 경제적 토대를 마련하고 근대적인 산업 국가로 나아가려는 적극적인 의지를 보여 주는 것이었다. 이는 국가의 부를 늘려 백성의 삶을 윤택하게 하려는, 즉 홍익인간의 이상을 경제 발전 속에서 찾으려 한 노력으로 볼 수 있다.

군사 및 교육 분야에서도 개혁이 추진되었다. 황제 직속의 시위대, 친위대를 증강하고 무관 학교를 설립하여 근대식 장교를 양성했으며, 외국에서 신식 무기를 도입하는 등 군사력 강화를 시도했다. 하지만 재정 부족과 열강, 특히 일본의 견제로 인해 큰 성과를 거두기는 어려웠다. 교육 분야에서는 상공학교, 의학교, 광무학교 등 실업 및 기술 교육 중심의 근대식 학교들을 설립하여 전문 인력을 양성하고, 해외 유학생 파견에도 힘썼다. 이는 장기적인 안목에서 국가 발전에 필요한 인재를 키우려는 노력이었다.

그러나 대한제국의 자강 노력과 광무개혁은 여러 가지 한계와 도전에 직면했다. 첫째, '구본신참'의 원칙과 황제권 강화에 집착한 나머지, 변화하는 시대가 요구하는 민권 신장이나 정치 체제의 근본적인 개혁에는 소극적이었다. 이는 독립협회 등 민간의 개혁 요구와 충돌하며 국론을 통합하지 못하는 결과를 낳기도 했다. 둘째, 개혁 추진에 필요한 막대한 재정을 확보하기 어려웠다. 부족한 재원은 외국 차관이나 이권 양도에 의존할 수밖에 없었고, 이는 오히려 경제적 예속을 심화시키는 모순을 낳았다. 셋째, 무엇보다 조선을 둘러싼 러시아와 일본의 치열한 경쟁과 간섭이 개혁의 발목을 잡았다. 대한제국은 양대 세력 사이에서 아슬아슬한 줄타기 외교를 펼쳤지만, 자주적인 정책 추진에는 명백한 한계가 있었다.

결국, 대한제국의 자주적 근대화 노력은 1904년, 한반도의 지배권을 놓고 벌어진 러일전쟁의 발발과 함께 사실상 좌절되고 만다. 이 전쟁에서 승리한 일본은 대한제국에 대한 독점적인 지배권을 확보하고, 이후 보호국화와 식민지화의 길을 거침없이 걸어가게 된다. 광무개혁은 러일전쟁 이후에도 형식적으로는 지속되었지만, 실질적으로는 일본 통감부의 통제 아래 그 성격이 변질될 수밖에 없었다.

대한제국 선포와 광무개혁은 을미사변과 아관파천이라는 국가적 치욕과 위기 속에서, 실추된 국격과 왕권을 회복하고 자주적인 부국강병을 이루려 했던 대한제국의 마지막 몸부림이었다. 이는 분명 외세의 간섭을 배제하고 우리 스스로의 힘으로 근대화를 이루려는 민족적 자각과 노력을 보여 주는 중요한 시도였다. 특히 지계 발급 사업과 식산흥업 정책은 국가의 경제적 토대를 강화하고 민생을 안정시키려는 실질적인 성과를 거두기도 했다. 하지만 강력한 황제권에 기반한 보수적이고 점진적인 개혁 방식은 시대의 변화 속도를 따라잡기 어려웠고, 만성적인 재정 부족과 무엇보다 압도적인 외세의 침략 야욕이라는 거대한 도전 앞에서 결국 그 꿈을 완전히 펼치지 못하고 좌절하고 말았다. 광무개혁의 실패는 우리에게 아무리 좋은 의지와 노력이 있더라도, 국제 정세에 대한 정확한 인식과 국론 통합, 그리고 자주적인 역량이 뒷받침되지 않으면 성공하기 어렵다는 교훈을 남겼다. 평화롭고 부강한 자주독립 국가를 향한 대한제국의 꿈은 러일전쟁의 포화 속에서 스러져갔고, 우리 민족은 더욱 깊은 고난의 시대를 맞이하게 되었다.

12장

"백성이 주인이오!":
독립협회와 만민공동회, 광장의 함성

아관파천(1896년 2월)으로 국왕이 외국 공사관에 머무르고 열강들의 이권 침탈이 극심해지는 등 국가의 자주성이 크게 흔들리던 위기의 순간, 조선 사회 내부에서는 이대로 주저앉을 수 없다는 자각과 함께 새로운 변화를 향한 열망이 꿈틀대고 있었다. 바로 이러한 시대적 요청에 부응하여 등장한 것이 독립협회였다. 1896년 7월, 갑신정변 실패 후 미국에 망명했다가 10여 년 만에 귀국한 서재필의 주도로, 개화파 지식인들과 일부 전현직 관료들이 참여하여 창립된 독립협회는 당시 조선 사회에 신선한 바람을 불어넣으며 짧지만 강렬한 족적을 남긴 중요한 사회정치 운동 단체였다. 그들의 목표는 명확했다. 첫째, 청나라 등 외세로부터의 완전한 '자주독립'을 이루고, 둘째, 백성들의 권리, 즉 '민권'을 신장시키며, 셋째, 교육과 산업 진흥을 통해 나라의 힘을 기르는 '자강'을 달성하는 것이었다. 이는 단순히 외세의 간섭을 배제하는 것을 넘어, 백성 스스로가 나라의 주인이 되어 모두가 함께 잘 사는 근대적인 국민 국가를 만들고자 했던, 즉 홍익인간의 이상을 근대 민주주의 속에서 실현하고자 했던 중요한 노력이었다.

독립협회 활동의 시작은 대중 계몽과 상징적인 사업에서 비롯되었다. 서재필은 협회 창립 전인 1896년 4월, 조정의 지원을 받아 최초의 민간 신문이자 최초의 한글 전용 신문(국문판과 영문판 동시 발행)인 『독립신문』을 창간했다.

쉬운 한글로 쓰인 독립신문은 국내외 소식을 전하고, 민주주의, 인권, 위생 등 새로운 사상과 지식을 소개했으며, 조정 정책을 비판하고 관리들의 부정부패를 고발하는 등 대중을 일깨우고 여론을 형성하는 데 결정적인 역할을 했다. 또한 독립협회는 중국 사신을 맞이하던 모욕적인 상징이었던 영은문을 헐고 그 자리에 프랑스 개선문을 본뜬 독립문을 국민 성금으로 건립했다. 중국 사신을 접대하던 건물인 모화관은 독립관으로 개칭하여 협회의 사무실이자 강연회와 토론회 장소로 활용했다. 이러한 상징적인 사업들은 백성들에게 '독립'의 의미를 시각적으로 보여 주고 민족적 자긍심과 주체 의식을 심어 주려는 노력이었다. 독립협회는 독립관에서 정기적으로 강연회와 토론회를 개최하여, 남녀노소 누구나 참여하여 국정 현안과 개혁 방안에 대해 자유롭게 의견을 나누는 장을 마련했다. 이는 조선 역사상 처음으로 시도된 공개적인 대중 토론 문화였으며, 민주주의 의식을 함양하는 중요한 교육의 장이 되었다.

독립협회의 활동은 단순한 계몽 운동에 그치지 않고, 국가의 이권과 주권을 지키기 위한 적극적인 정치 운동으로 발전했다. 당시 러시아는 아관파천을 계기로 조선에 대한 영향력을 급속히 확대하며 군사 교관과 재정 고문을 파견하고, 부산 절영도 조차를 요구하는 등 노골적으로 이권을 침탈하려 했다. 독립협회는 이러한 러시아의 침략적 행보에 정면으로 맞섰다. 그들은 독립신문과 토론회를 통해 러시아의 요구가 부당함을 알리고 반대 여론을 형성했으며, 조정에 강력하게 항의하여 마침내 러시아의 군사 및 재정 고문 철수와 절영도 조차 요구 철회를 이끌어내는 성과를 거두었다. 또한, 국왕 고종이 계속 러시아 공사관에 머무는 것은 국가의 위신을 떨어뜨리고 외세 의존을 심화시킨다고 비판하며, 하루빨리 궁궐로 돌아와 자주적으로 국정을 운영할 것을 강력하게 촉구했다. 이러한 독립협회의 활동은 외세의 부당한 간섭에 맞서 국가의 주권을 지키려는 용기 있는 행동이었으며, 백성들에게 우리도 힘을 합치면 외세의 압력을 막아낼 수 있다는 자신감을 심어 주었다.

독립협회 활동의 절정은 만민공동회의 개최였다. 1898년에 들어서면서 독립협회는 자신들의 주장을 관철시키고 조정에 압력을 가하기 위해 서울 종로 거리에 수많은 군중을 모아 대규모 집회를 열기 시작했다. '만민', 즉 모든 백성이 함께 참여한다는 의미의 이 집회에는 관리, 지식인, 학생뿐만 아니라 상인, 노동자, 심지어 천민 출신까지 각계각층의 사람들이 참여하여 자신들의 목소리를 냈다. 이는 조선 역사상 유례가 없는 일로, 소수의 엘리트가 아닌 평범한 백성들이 직접 정치 문제에 참여하여 토론하고 집단적인 의사를 표현한 최초의 대중 정치 집회였다. 만민공동회에서는 탐관오리 규탄, 외국 세력의 이권 침탈 반대, 재정 개혁 요구, 언론·출판·집회·결사의 자유 보장, 그리고 국민의 정치 참여 보장을 위한 의회인 중추원 설립 등 다양한 개혁 요구들이 쏟아져 나왔다. 그들의 외침은 더 이상 봉건 왕조의 수동적인 백성이 아니라, 국가의 주인으로서 권리를 행사하겠다는 강력한 의지의 표현이었다.

만민공동회의 열기는 점점 더 고조되어, 1898년 10월에는 조정 대신들까지 참여하는 관민공동회가 개최되기에 이른다. 이 자리에서 독립협회와 조정 대표들은 협의를 통해 소위 '헌의 6조'라는 개혁안을 결의하고 고종 황제에게 건의했다. 헌의 6조의 내용은 (1) 외국인에게 의지하지 말고 관민이 합심하여 전제 황권을 공고히 할 것, (2) 외국과의 이권 계약은 각부 대신과 중추원 의장이 합동 날인하여 시행할 것, (3) 국가 재정은 탁지부에서 전관하고 예산을 공표할 것, (4) 중대 범죄는 공판하되 피고의 인권을 존중할 것, (5) 칙임관은 황제가 조정에 자문하여 과반수의 찬성을 얻어 임명할 것, (6) 장정을 실천할 것 등이었다. 이는 외세의 간섭 배제, 국가 재정 투명화, 인권 존중, 그리고 특히 고위 관리 임명과 법규 제정에 국민의 대표가 참여하도록 하는 등, 전제 군주제를 실질적으로 입헌 군주제에 가깝게 바꾸려는 중요한 진전이었다. 고종 황제 역시 처음에는 이를 수락하고 중추원 관제 개편을 약속하는 등, 독립협회의 활동은 마침내 정치 제도 개혁이라는 결실을 맺는 듯 보였다.

하지만 독립협회와 만민공동회의 활동이 절정에 달했을 때, 위기를 느낀 수구파들의 반격이 시작되었다. 조병식 등 수구파 대신들은 독립협회가 황제를 몰아내고 박정양을 대통령으로 하는 공화정을 수립하려 한다는 익명서를 조작하여 고종에게 보고하는 등 모략을 꾸몄다. 독립협회의 급진적인 개혁 요구와 민권 신장 주장에 불안감을 느끼고 있던 고종 황제는 이러한 모함에 넘어가 태도를 바꾸었다. 조정은 독립협회 간부들을 체포하라는 명령을 내리고, 어용 단체인 황국협회를 동원하여 만민공동회를 폭력적으로 탄압하기 시작했다. 황국협회는 주로 보부상들로 조직되었는데, 이들은 조정의 사주를 받아 만민공동회 집회장을 습격하고 독립협회 회원들을 무차별적으로 폭행했다. 한성 시내는 순식간에 유혈 충돌의 장으로 변했고, 조정은 군대를 동원하여 시위를 진압하고 독립협회 지도부 대부분을 체포했다. 결국 1898년 12월, 독립협회는 조정에 의해 강제로 해산당했고, 운동의 상징적 지도자였던 서재필은 다시 미국으로 추방당하는 등, 짧지만 빛났던 민권 운동의 시대는 막을 내리고 말았다.

독립협회와 만민공동회는 비록 2년 남짓한 짧은 기간 동안 활동하다가 좌절했지만, 우리 역사에 남긴 발자취는 매우 깊고 선명하다. 이들은 우리 역사상 최초로 '독립'과 '민권'의 중요성을 일깨우고, 민주주의 사상을 널리 보급했으며, 신문 발간, 토론회 개최, 대중 집회 등 근대적인 방식의 사회 정치 운동을 개척했다. 특히 만민공동회는 신분과 계층을 넘어선 백성들이 정치의 주체로 참여하여 자신들의 목소리를 내고 세상을 바꾸려 했던 놀라운 경험이었다. 이는 홍익인간의 이상이 더 이상 위로부터 주어지는 것이 아니라, 아래로부터의 참여와 연대를 통해 실현될 수 있음을 보여 준 소중한 사례이다. 또한 외세의 이권 침탈에 맞서 싸우며 국가의 자주성을 지키려 했던 그들의 노력은 민족 운동의 중요한 전통으로 자리 잡았다. 물론 주로 한성 중심의 도시 운동이었고, 때로는 이상주의에 치우쳐 현실 정치 세력과의 타협에 미숙했다는 한계도 지적된다. 하지만 봉건적 질곡과 외세 침탈이라는 암울한 시대 상황 속에서, 자주독립과 민권 신장이라는 빛나는 이상을 향해 나아갔던 독립협회와 만민공동회의 도전과 노력은 이후 3·1 운동을 비롯한 수많은 민족 운동에 깊은 영감을 주었으며, 오늘날 우리가 누리는 자유와 민주주의의 소중한 밑거름이 되었다. 그들의 실패는 권력의 탄압과 내부 갈등 속에서 개혁이 얼마나 어려운지를 보여주는 좌절의 역사이기도 하지만, 동시에 더 나은 세상을 향한 백성들의 열망은 결코 억누를 수 없다는 희망의 증거이기도 하다.

13장

제국의 야욕, 한반도를 삼키다:
러일전쟁과 일본의 독점 지배

대한제국이 선포되고 광무개혁이 추진되던 19세기 말~20세기 초, 한반도를 둘러싼 국제 정세는 폭풍 전야와 같은 긴장감이 감돌고 있었다. 청일전쟁(1894-1895)에서 승리하여 조선에 대한 청나라의 영향력을 완전히 제거한 일본은 이제 한반도와 만주로의 팽창을 노골화하고 있었다. 하지만 삼국간섭으로 일본의 랴오둥 반도 점유를 저지했던 러시아 역시 부동항 확보를 위해 만주와 한반도로 남하 정책을 강력하게 추진하면서, 이제 한반도의 패권을 둘러싼 새로운 강대국, 즉 러시아와 일본의 충돌은 피할 수 없는 상황으로 치닫고 있었다. 대한제국은 이 두 거대한 세력 사이에서 위태로운 중립을 표방하며 어떻게든 국가의 독립을 유지하려 발버둥 쳤지만, 국력이 미약했던 대한제국의 목소리는 그들의 야욕 앞에서 힘을 발휘하지 못했다. 광무개혁을 통한 자강 노력이 진행 중이었지만, 제국주의 열강의 거대한 힘의 논리 앞에서 그 속도는 너무 더뎠고 시간은 대한제국의 편이 아니었다.

러시아는 아관파천을 계기로 조선 내에서 상당한 영향력을 확보하고 군사 및 재정 고문을 파견했으며, 만주 지역에도 의화단 운동 진압을 명분으로 대규모 군대를 주둔시키는 등 동아시아에서 세력을 확장해 나갔다. 또한 압록강 하구의 용암포에 군사 기지를 건설하려는 시도를 하는 등 한반도에 대한 영향력 확대를 멈추지 않았다. 이는 일본에게 심각한 위협으로 받아들여졌다. 일본은 한반도가 러시아의 손에 넘어갈 경우 자국의 안보가 위태로워지고 대륙 팽창의 길이 막힌다고 판단했다. 특히 일본은 청일전쟁 승리의 과실이었던 랴오둥 반도를 삼국간섭으로 빼앗겼던 치욕을 잊지 않고 있었고, 러시아에 대한 적개심은 날로 커져 갔다. 일본은 1902년, 러시아의 남하를 견제하려는 영국과 영일동맹을 체결하여 외교적인 우위를 확보하는 한편, 군비 확장에 박차를 가하며 러시아와의 전쟁을 준비하고 있었다. 양국은 한반도와 만주에서의 세력 범위를 놓고 여러 차례 협상을 벌였지만, 서로의 요구가 엇갈리면서 결국 협상은 결렬되었다. 러시아는 일본의 군사력을 과소평가했고, 일본은 더 이상 시간을 끌 수 없다고 판단했다.

마침내 1904년 2월 8일 밤, 일본 연합함대는 선전포고도 없이 러시아의 태평양 함대 기지가 있는 중국 뤼순항을 기습 공격했다. 동시에 일본 해군은 인천 앞바다에 정박 중이던 러시아 군함 바랴크호와 코리츠호를 공격하여 침몰하게 만들었다. 이는 청일전쟁 때와 마찬가지로 일본의 전형적인 기습 공격으로 시작된 러일전쟁이었다. 전쟁이 발발하자 대한제국 조정은 국외중립을 선언했지만, 일본은 이를 완전히 무시했다. 일본군은 즉각 인천과 남포 등지에 상륙하여 수도 한성으로 진격했고, 궁궐을 포위한 채 대한제국 조정을 위협하여 1904년 2월 23일, 소위 '한일의정서'라는 것을 강제로 체결하게 했다. 이 의정서의 핵심 내용은 대한제국이 일본의 군사 행동에 필요한 모든 편의를 제공하고, 일본 정부는 대한제국의 독립과 영토 보전을 보증하며 행정 개선에 관한 충고를 한다는 것이었다. 하지만 이는 사실상 대한제국의 중립을 무력화시키고, 일본의 군사적 점령과 내정 간섭을 합법화하는 문서였다. 대한제국은 이제 전쟁 당사국이 아님에도 불구하고 일본의 전쟁 수행을 위한 병참 기지로 전락하고 만 것이다.

전쟁은 주로 만주 지역을 중심으로 격렬하게 전개되었다. 일본군은 압록강 도하 전투를 시작으로 랴오양 전투, 사허 전투, 헤이거우타이 전투 등에서 막대한 희생을 치르면서도 러시아군을 계속 밀어붙였다. 특히 1905년 2월부터 3월까지 벌어진 봉천(현재의 선양) 전투는 20세기 초 최대 규모의 육상 전투로, 양측 합쳐 60만 명이 넘는 병력이 격돌한 끝에 일본군이 신승을 거두며 전쟁의 승기를 굳혔다. 한편, 일본군은 1년 가까이 뤼순항을 포위 공격한 끝에 엄청난 인명 손실을 감수하며 마침내 함락시켰다. 전쟁의 향방을 최종적으로 결정지은 것은 해상이었다. 러시아는 발트 함대를 지구 반 바퀴를 돌아 동해로 파견했지만, 1905년 5월 대한해협에서 기다리고 있던 도고 헤이하치로(東鄕平八郞) 제독이 이끄는 일본 연합함대에게 일방적인 섬멸을 당하고 만다. 이것이 바로 세계 해전사에서도 유명한 쓰시마 해전이다. 이 해전의 완벽한 승리로 러시아는 전쟁 수행 능력을 완전히 상실했고, 더 이상 전쟁을 지속할 수 없게 되었다.

전쟁의 장기화와 막대한 인명 및 재정 손실, 그리고 국내적으로 '피의 일요일' 사건(1905년 1월) 이후 혁명의 기운이 고조되면서 러시아는 강화를 원하게 되었다. 일본 역시 전쟁에서 승리했지만 국가 재정이 파탄 지경에 이르렀기에 전쟁을 끝내기를 원했다. 이러한 양국의 상황 속에서 미국의 시어도어 루스벨트 대통령의 중재로 1905년 8월부터 미국 포츠머스에서 강화 회담이 열렸고, 마침내 9월 5일 포츠머스 조약이 체결되었다. 이 조약에서 러시아는 "일본이 대한제국에서 정치상, 군사상 및 경제상 탁월한 이익을 가지는 것을 승인하고, 일본 제국 정부가 대한제국에서 필요하다고 인정하는 지도, 보호 및 감리 조치를 취하는 데 이를 저지하거나 간섭하지 않을 것을 약정한다"고 명시했다. 이는 국제 사회가 대한제국에 대한 일본의 독점적인 지배권을 공식적으로 인정한 것이나 다름없었으며, 대한제국의 운명에 사형 선고를 내린 것이나 마찬가지였다. 이 외에도 러시아는 일본에 사할린 섬 남부를 할양하고, 랴오둥 반도 남단의 조차권과 남만주 철도 권익 등을 양도했다.

  포츠머스 조약 체결 이전부터 일본은 이미 대한제국에 대한 지배권을 국제적으로 승인받기 위한 외교 작업을 착실히 진행하고 있었다. 1905년 7월에는 미국 육군 장관 태프트와 일본 총리 가쓰라 사이에 가쓰라-태프트 밀약이 이루어졌는데, 이는 미국이 일본의 대한제국 지배를 인정하는 대신 일본은 미국의 필리핀 지배를 인정한다는 비밀 협약이었다. 또한 8월에는 제2차 영일동맹을 갱신하여 영국으로부터도 대한제국에 대한 일본의 지도, 보호 및 감리권을 인정받았다. 이처럼 미국과 영국이라는 당시 최강대국들의 묵인과 지지 속에서, 일본은 이제 아무런 거리낌 없이 대한제국을 집어삼킬 수 있게 된 것이다. 대한제국은 국제 사회에서 철저히 외면당했고, 스스로의 운명을 결정할 수 있는 모든 힘과 기회를 박탈당했다.

  러일전쟁은 한반도와 만주의 지배권을 둘러싼 제국주의 열강 간의 충돌이었으며, 그 가장 큰 희생양은 바로 대한제국이었다. 전쟁의 승리로 일본은 동아시아의 새로운 패권 국가로 부상했고, 러시아는 동아시아에서 영향력을 상실했다. 대한제국에게 이 전쟁은 국권 상실의 결정적인 계기가 되었다. 전쟁 과정에서 체결된 한일의정서로 이미 군사적, 정치적으로 일본에 예속되었던 대한제국은, 포츠머스 조약을 통해 국제적으로 일본의 독점적인 지배권을 인정받게 되면서 사실상 독립 국가로서의 생명을 다하게 되었다. 일본은 이 전쟁의 결과를 바탕으로 불과 두 달 뒤인 1905년 11월, 강압적으로 을사늑약을 체결하여 대한제국의 외교권을 빼앗고 통감부를 설치하게 된다. 러일전쟁은 광무개혁을 통해 마지막 불꽃을 태우던 대한제국의 자강 노력을 완전히 좌절시켰고, 이후 보호국화와 식민지화라는 치욕적인 고난의 길로 우리 민족을 끌고 들어간 비극적인 사건이었다. 이는 힘의 논리가 지배하는 냉혹한 국제 현실 속에서 약소국의 평화와 자주가 얼마나 쉽게 짓밟힐 수 있는지를 보여 주는 뼈아픈 역사적 교훈으로 남아 있다.

14장

외교권 없는 나라:
을사늑약, 통곡의 날

 러일전쟁의 포성이 멎고 포츠머스 조약이 체결되면서 대한제국의 운명은 사실상 결정되었다. 러시아마저 일본의 대한제국에 대한 '탁월한 이익'과 '지도, 보호 및 감리 조치'를 인정하면서, 국제 사회는 대한제국의 운명을 일본의 손에 넘겨 버린 것이나 다름없었다. 미국(가쓰라-태프트 밀약), 영국(제2차 영일동맹) 등 주요 열강들의 암묵적인 동의까지 얻어낸 일본은 이제 아무런 국제적 견제 없이 대한제국을 자신들의 보호국으로 만들려는 마지막 단계를 실행에 옮기기 시작했다. 그들의 목표는 대한제국의 외교권을 박탈하여 국제 사회로부터 완전히 고립시키고, 실질적인 통치 기구를 설치하여 내정까지 장악하는 것이었다. 이를 위해 일본은 초대 총리이자 메이지 유신의 원로였던 이토 히로부미를 특명전권대사로 파견하여 대한제국 조정을 압박하고 강제로 조약을 체결하려 했다.

 1905년 11월 9일, 이토 히로부미는 일본 천황의 친서를 가지고 군함에 호위받으며 대한제국의 수도 한성에 도착했다. 그의 방문 목적은 명백했다. 대한제국의 외교권을 일본에게 넘기고, 일본인 통감이 내정을 감독하는 '보호 조약'을 체결하는 것이었다. 이토는 먼저 고종 황제를 여러 차례 만나 회유와 압력을 병행하며 조약 체결의 필요성을 강변했다. 그는 "동양의 평화를 위해", "대한제국의 안전과 발전을 위해" 일본의 보호가 필수적이라고 주장했지만, 이는 대한제국의 주권을 빼앗으려는 침략자의 논리에 불과했다. 고종 황제는 국가의 주권을 넘길 수 없다며 그의 요구를 단호히 거부했다.

고종 황제의 동의를 얻는 데 실패하자, 이토 히로부미는 이제 대한제국 조정의 대신들을 압박하는 쪽으로 방향을 틀었다. 11월 15일부터 그는 대신들을 개별적으로 만나거나 집단으로 불러 조약 체결을 종용했다. 그리고 11월 17일 밤, 마침내 일본의 강압적인 조약 체결 시도가 극에 달하게 된다. 이토 히로부미는 주한 일본 공사 하야시 곤스케와 일본군 사령관 하세가와 요시미치 등과 함께 일본군 헌병 및 병력을 동원하여 고종 황제가 머물던 경운궁을 삼엄하게 포위했다. 그리고 궁궐 내의 회의 장소인 수옥헌에서 대한제국 대신 회의가 열리도록 강요했다. 회의에는 참정대신 한규설, 외부대신 박제순을 비롯하여 내부대신 이지용, 군부대신 이근택, 학부대신 이완용, 농상공부대신 권중현, 법부대신 이하영, 탁지부대신 민영기 등이 참석했다.

이토 히로부미는 회의장에 직접 들어와 대신들 앞에 조약안을 내놓고 찬성을 강요했다. 조약안의 핵심 내용은 대한제국의 외교권을 일본 정부가 완전히 장악하고, 이를 감독하기 위해 황제 밑에 일본인 통감을 둔다는 것이었다. 이는 사실상 나라의 주권을 송두리째 넘기라는 요구였다. 참정대신 한규설과 탁지부대신 민영기는 격렬하게 반대 의사를 표명했다. 특히 한규설은 "조약 체결은 불가하며, 차라리 죽음을 달라"고 외치며 버텼다. 고종 황제 역시 조약 체결을 끝까지 윤허하지 않았다. 하지만 이토 히로부미는 포기하지 않았다. 그는 반대하는 대신들을 다른 방에 감금하거나 위협하고, 나머지 대신들을 한 명씩 회유하거나 협박하며 찬성 의사를 받아내려 했다. 깊은 밤이 되도록 격론과 협박이 오가는 과정에서, 결국 외부대신 박제순을 비롯하여 이완용, 이지용, 이근택, 권중현 다섯 명의 대신이 일본의 강압에 굴복하여 조약 체결에 찬성하거나 동의하는 듯한 태도를 보였다. 이토 히로부미와 하야시 곤스케는 이것을 근거로 조약안이 가결되었다고 일방적으로 선포하고, 외부대신 박제순에게 조약문 서명을 강요했다. 또한, 고종 황제의 최종 승인이나 위임 없이, 외부의 관인을 강제로 빼앗아 조약문에 날인한 것으로 알려져 있다. 이처럼 1905년 11월 17일 밤, 군사적 위협과 강압 속에서, 국가 원수의 비준 없이, 일부 대신들의 강요된 동의만으로 체결된 이 조약은 국제법상으로도 명백히 효력이 없는 '강제로 맺어진 조약', 즉 '늑약'이었다. 그래서 우리는 이를 을사늑약 또는 제2차 한일 협약이라고 부른다.

   을사늑약의 주요 내용은 대한제국의 주권을 근본적으로 침해하는 것들이었다. 제1조는 일본 정부가 대한제국의 외국과의 관계 및 사무를 감리, 지휘하며, 일본의 외교 대표자 및 영사가 외국에 있는 대한제국 신민 및 이익을 보호한다고 규정하여, 대한제국의 외교권을 완전히 박탈했다. 제2조는 일본 정부가 대한제국과 타국 간에 현존하는 조약의 실행을 완수하고, 대한제국 조정은 이후 일본 정부의 중개를 거치지 않고서는 국제적 성질을 가진 어떤 조약이나 약속도 하지 않을 것을 약속하게 했다. 제3조는 일본 정부가 그 대표자로서 대한제국 황제 폐하 밑에 1명의 통감을 두되, 통감은 외교에 관한 사항을 관리하기 위해 서울에 주재하며 황제를 친히 만날 권리를 가진다고 규정했다. 또한 각 개항장 및 기타 필요한 지역에 이사관을 둘 수 있는 권한도 명시했다. 이는 단순한 외교 감독을 넘어 사실상 대한제국의 내정을 감시하고 간섭할 수 있는 길을 열어 놓은 것이었다. 제4조는 일본과 대한제국 간의 기존 조약 및 협정 중 본 협약에 저촉되지 않는 것은 계속 효력을 가진다고 했고, 제5조는 일본 정부가 대한제국 황실의 안녕과 존엄 유지를 보증한다고 명시했지만, 이는 실질적인 주권 상실 앞에서는 공허한 약속에 불과했다.

을사늑약 체결 소식이 알려지자 대한제국 전체는 엄청난 충격과 분노에 휩싸였다. 이는 더 이상 외교적으로 독립된 국가가 아니라 일본의 보호국으로 전락했음을 의미했기 때문이다. 이로써 광무 황제가 대한제국을 선포하며 되찾고자 했던 국가의 자주와 존엄은 물거품이 되고 말았다. 일본은 늑약 체결 직후 즉각적으로 대한제국의 해외 공관들을 철수시키고, 서울에 통감부를 설치했다. 그리고 늑약 체결을 주도했던 이토 히로부미가 초대 통감으로 부임하여 대한제국의 실질적인 통치자로 군림하게 된다.

통감부는 외교뿐만 아니라 재정, 군사, 경찰, 교육 등 내정 전반에 걸쳐 막강한 영향력을 행사하며 대한제국의 국정을 완전히 장악해 나갔다.

하지만 우리 민족은 이 치욕적인 늑약을 결코 받아들이지 않았다. 늑약 체결 소식이 전해지자 전국 각지에서 격렬한 저항 운동이 불타올랐다. 고종 황제는 조약이 자신의 뜻과 상관없이 강제로 체결된 것임을 국제 사회에 알리기 위해 비밀리에 특사를 파견하려 노력했고, 조약의 부당함을 호소하는 친서를 각국 정상에게 보내기도 했다. 조약 체결에 끝까지 반대했던 참정대신 한규설은 자결을 시도했고, 전직 의정대신이었던 조병세와 전 군부대신 민영환 등 고위 관료들은 늑약 체결을 개탄하고 동포들의 각성을 촉구하는 유서를 남기고 스스로 목숨을 끊어 불의에 항거했다. 언론계에서도 항거의 목소리가 터져 나왔다. 황성신문의 주필 장지연은 1905년 11월 20일자 신문에 '시일야방성대곡', 즉 "이날, 목 놓아 통곡하노라"라는 제목의 유명한 논설을 실어, 늑약의 불법성과 을사오적의 매국 행위를 통렬히 규탄했다. 이 논설은 즉각 신문 발행 정지와 장지연의 투옥을 불러왔지만, 전국 방방곡곡에 알려져 민족의 울분과 저항 의지를 더욱 고취시켰다.

백성들은 을사오적의 집을 습격하여 불태우고 그들을 처단하려 했으며, 전국 각지에서는 늑약 폐기와 국권 회복을 외치는 항일 의병이 다시 한번 거세게 봉기했다. 민종식, 최익현, 신돌석 등 다양한 신분과 계층의 사람들이 의병 부대를 이끌고 일본군과 친일 세력에 맞서 싸웠다.

을사늑약은 러일전쟁 승리 이후 일본 제국주의가 대한제국의 주권을 완전히 박탈하고 보호국으로 만들기 위해 군사적 위협과 외교적 강압을 동원하여 강제로 체결한 불법적이고 무효인 조약이다. 이 늑약으로 대한제국은 외교권을 상실하고 통감부의 설치로 내정 간섭까지 받게 되면서, 사실상 식민지로 전락하는 길을 걷게 되었다. 이는 우리 민족의 자존심에 씻을 수 없는 상처를 남겼고, 자주독립 국가를 향한 모든 노력을 수포로 돌리는 결정적인 좌절이었다. 독립적인 국가 발전의 길은 완전히 차단되었고, 민족 전체는 끝없는 고난의 시대로 접어들었다. 하지만 을사늑약은 동시에 우리 민족의 불굴의 저항 정신을 다시 한번 일깨우는 계기가 되었다. 황제부터 유생, 관리, 언론인, 그리고 이름 없는 백성에 이르기까지 각계각층에서 다양한 방식으로 늑약의 부당함에 맞서 싸웠다. 특히 을사의병의 봉기는 이후 항일 무장 투쟁의 중요한 밑거름이 되었다. 이처럼 을사늑약은 우리에게 제국주의 침략의 잔혹성과 국제 사회의 냉혹함을 보여 주는 동시에, 그 어떤 절망적인 상황 속에서도 결코 굴하지 않고 국권 회복을 위해 투쟁했던 우리 선조들의 뜨거운 애국심과 용기를 증명하는 역사의 한 페이지로 남아 있다.

15장

황제의 눈물, 군인의 총칼:
고종 강제 퇴위와 대한제국 군대 해산

　1905년 을사늑약으로 외교권을 박탈당하고 일본의 보호국으로 전락한 대한제국의 운명은 바람 앞의 등불과 같았다. 초대 통감으로 부임한 이토 히로부미는 강력한 권한을 휘두르며 대한제국의 내정 곳곳에 일본의 영향력을 심었고, 나라는 실질적으로 일본의 통제하에 놓여 있었다. 하지만 이러한 절망적인 상황 속에서도 국권을 되찾으려는 마지막 몸부림은 계속되고 있었다. 그 중심에는 비록 실권은 빼앗겼지만 여전히 대한제국의 상징적 존재였던 고종 황제가 있었다. 그는 을사늑약이 자신의 승인 없이 강제로 체결된 불법적인 조약임을 국제 사회에 알리고, 열강의 도움을 받아 국권을 회복할 마지막 기회를 엿보고 있었다. 마침 1907년 6월, 네덜란드 헤이그에서 제2회 만국 평화 회의가 열린다는 소식이 전해졌다. 이 회의는 세계 평화와 국가 간 분쟁의 평화적 해결을 논의하는 자리였기에, 고종은 이곳이야말로 대한제국의 억울한 사정을 호소하고 을사늑약의 무효를 선언할 수 있는 마지막 기회라고 판단했다.

고종 황제는 극비리에 세 명의 특사를 임명하여 헤이그로 파견했다. 전 의정부 참찬 이상설, 전 평리원 검사 이준, 그리고 전 주러시아 공사관 서기관으로 외국어에 능통했던 이위종이 바로 그들이었다. 그들은 고종 황제의 위임장과 을사늑약이 무효임을 주장하는 친서를 품고, 일본 통감부의 삼엄한 감시를 피해 멀고 험난한 여정을 거쳐 마침내 1907년 6월 말 헤이그에 도착했다. 그들의 임무는 만국 평화 회의에 공식 대표로 참석하여 일본의 침략 행위를 규탄하고, 을사늑약이 대한제국의 주권을 침해한 불법적인 조약임을 만천하에 알려 국제 사회의 지원을 얻어내는 것이었다. 하지만 현실은 냉혹했다. 이미 일본과 동맹 관계를 맺고 있거나 일본의 대한제국 지배를 묵인하고 있던 영국, 미국, 러시아, 프랑스 등 주요 열강들은 대한제국 대표단의 회의 참석을 철저히 외면하고 방해했다. 의장국이었던 러시아조차 일본과의 관계를 의식하여 소극적인 태도를 보였다. 특사들은 회의장 밖에서 각국 대표단과 언론인들을 만나 대한제국의 입장을 알리려 필사적으로 노력했지만, 그들의 호소는 '국제 정치의 현실'이라는 높은 벽 앞에서 메아리 없는 외침이 되고 말았다. 결국 회의 참석은 좌절되었고, 울분을 참지 못한 이준 열사는 현지에서 순국하는 비극적인 결말을 맞이했다.

헤이그 특사 사건은 비록 소기의 목적을 달성하지는 못했지만, 대한제국의 자주독립 의지를 세계에 알리고 일본 침략의 부당함을 폭로하려 했던 마지막 외교적 노력이었다는 점에서 중요한 의미를 지닌다. 이는 국가가 힘을 잃었을 때 국제 사회에서 정의를 기대하기 어렵다는 냉혹한 현실을 보여 주는 동시에, 절망적인 상황 속에서도 포기하지 않았던 우리 민족의 자주 정신을 보여 주는 가슴 아픈 사례이다.

헤이그 특사 파견 소식은 즉각 일본에 알려졌고, 이는 일본에게 고종 황제를 제거할 절호의 빌미를 제공했다. 일본은 대한제국이 보호 조약을 위반하고 자신들의 통치에 정면으로 도전했다고 격분했다. 통감 이토 히로부미는 즉시 본국으로 돌아가 대책을 논의한 뒤, 1907년 7월 다시 한성으로 돌아와 고종 황제의 책임을 추궁하며 퇴위를 강요했다. 이토는 친일 내각의 총리대신이었던 이완용 등 을사오적을 앞세워 고종 황제를 압박했다. 일본군 헌병들이 궁궐을 에워싸고 위협적인 분위기를 조성하는 가운데, 이완용 등 친일 대신들은 "헤이그 특사 파견으로 인해 국가가 위태롭게 되었으니 황제께서 책임을 지고 물러나셔야 한다"며 고종의 퇴위를 종용했다. 고종 황제는 완강히 버텼지만, 이미 실권을 모두 빼앗긴 상태에서 일본의 군사적 위협과 친일파 대신들의 압박을 이겨낼 수는 없었다. 결국 1907년 7월 19일 밤, 고종 황제는 강제로 황위에서 물러나 태황제가 되고, 아들인 순종이 새로운 황제로 즉위하게 된다. 이는 명백한 강제 퇴위였으며, 이로써 40년 넘게 파란만장한 조선과 대한제국의 역사를 이끌었던 군주이자, 끊임없이 일본의 침략에 저항하려 했던 마지막 보루가 무력하게 제거되고 만 것이다. 순종 황제는 이름뿐인 군주였고, 모든 실권은 통감부와 친일 내각이 장악하게 되었다.

고종 황제를 강제로 몰아낸 일본은 여기서 멈추지 않았다. 그들은 대한제국이 가지고 있던 마지막 저항 가능성, 즉 국가 군대마저 해체시켜 버리기로 결정했다. 대한제국 군대는 비록 규모가 작고 무장이 빈약했지만, 여전히 국가 주권의 상징이자 잠재적인 항일 무력 저항의 핵심이 될 수 있었기 때문이다. 일본은 헤이그 특사 사건을 빌미로 군비 축소와 국정 안정을 명분 삼아 군대 해산을 추진했다. 고종 퇴위 직후인 1907년 7

월 24일, 일본은 이완용 내각과 '정미 7조약'을 체결하여, 대한제국 조정 각 부처에 일본인 차관을 두어 내정을 직접 장악하는 '차관 정치'를 실시하게 된다. 그리고 이 조약의 부수적인 비밀 각서를 통해 사법권과 경찰권까지 장악하고, 군대 해산을 명문화했다. 마침내 1907년 8월 1일, 순종 황제의 이름으로 대한제국 군대 해산 조칙이 발표되었다. 이는 사실상 일본 통감부의 명령에 따른 것이었다.

군대 해산 소식은 군인들에게 엄청난 충격과 분노를 안겨 주었다. 해산 당일, 서울의 훈련원에서 열린 해산식에서 시위대 제1연대 제1대대장 박승환 참령은 "군인으로서 나라를 지키지 못하고, 신하로서 충성을 다하지 못하였으니, 만 번 죽어도 아깝지 않다"는 유서를 남기고 권총으로 자결하여 군대 해산에 항거했다. 그의 비장한 죽음은 즉각 동료 군인들의 봉기를 촉발했다. 박승환의 부대원들을 중심으로 한 대한제국 군인들은 무기고를 부수고 뛰쳐나와 남대문 일대에서 일본군과 격렬한 시가전을 벌였다. 비록 수적으로나 화력 면에서 절대적인 열세였지만, 그들은 나라의 마지막 자존심을 지키기 위해 용감하게 싸웠다. 하지만 기관총까지 동원한 일본군의 압도적인 화력 앞에 결국 진압되고 말았다. 서울뿐만 아니라 원주, 강화 등 지방의 진위대에서도 군대 해산에 불복한 군인들이 봉기하여 일본군과 교전을 벌였지만, 역시 무력의 차이를 극복하지 못하고 해산당했다.

고종 황제의 강제 퇴위와 대한제국 군대 해산은 일본 제국주의가 대한제국을 완전히 식민지화하기 위한 마지막 장애물을 제거하는 과정이었다. 황제라는 국가 주권의 상징을 무력화시키고, 국가의 공식적인 무력 집단마저 해체시킴으로써, 대한제국은 이제 이름만 남은 빈껍데기 신세로 전락하고 말았다. 이는 우리 민족에게 더할 나위 없는 치욕과 좌절이었으며, 자주독립 국가 건설이라는 꿈이 완전히 짓밟히는 순간이었다. 평화로운 발전의 길은 완전히 막혔고, 민족 전체는 식민지배라는 더욱 깊은 고난의 터널로 들어서게 되었다.

하지만 절망 속에서도 저항의 불씨는 꺼지지 않았다. 오히려 군대 해산은 새로운 항일 투쟁의 도화선이 되었다. 강제로 해산된 수많은 군인들은 그냥 집으로 돌아가지 않았다. 그들은 자신들이 가지고 있던 무기와 군사적 경험을 가지고 전국 각지에서 활동하던 의병 부대에 대거 합류했다. 이로 인해 을사늑약 이후 계속되어 온 의병 운동은 1907년을 기점으로 더욱 조직화되고 전투력이 강화된 정미의병으로 발전하게 된다. 정미의병은 이전의 의병 활동과는 달리 전국적인 규모로 확산되었고, 일본군과 치열한 전투를 벌이며 항일 무장 투쟁의 새로운 국면을 열었다. 이처럼 고종 퇴위와 군대 해산은 대한제국의 공식적인 저항 능력을 파괴했지만, 역설적으로 민간 차원의 항일 투쟁을 더욱 격렬하게 만드는 결과를 낳았다. 이는 어떠한 탄압 속에서도 굴하지 않고 국권 회복을 위해 싸우려는 우리 민족의 끈질긴 생명력과 저항 정신을 보여 주는 증거이다. 비록 나라는 빼앗기고 군대는 해산되었지만, 독립을 향한 열망은 결코 사라지지 않고 더욱 거센 불길로 타오를 준비를 하고 있었던 것이다.

16장

들불처럼 번진 저항:
전국으로 확산된 항일 의병 전쟁

1907년, 일제의 강압에 의해 고종 황제가 강제로 퇴위당하고 대한제국의 마지막 보루였던 군대마저 해산되자, 우리 민족의 분노와 저항 의지는 마침내 임계점을 넘어 전국적인 규모의 항일 무장 투쟁으로 폭발하게 된다. 을미사변과 단발령에 맞서 일어났던 을미의병과 을사늑약 체결에 항거했던 을사의병이 주로 유생들을 중심으로 한 국지적인 저항의 성격이 강했다면, 1907년 이후 본격화된 정미의병은 그 양상과 규모 면에서 이전과는 확연히 달랐다. 이는 더 이상 산발적인 봉기가 아닌, 실질적인 '항일 의병 전쟁'이라 부를 수 있을 만큼 격렬하고 광범위하게 전개되었으며, 일제의 침략에 맞서 국권을 회복하려는 우리 민족의 처절하고도 숭고한 투쟁이었다.

정미의병이 이전 의병 운동과 가장 크게 달랐던 점은 바로 해산된 대한제국 군인들의 대거 합류였다. 강제로 군복을 벗어야 했던 군인들은 일제의 총칼 앞에서 무력하게 스러져간 동료들의 원한과 나라를 지키지 못했다는 자책감, 그리고 무엇보다 일제에 대한 적개심에 불타올랐다. 그들은 고향으로 돌아가는 대신, 자신들이 가지고 있던 신식 무기와 군사 훈련 경험을 가지고 전국 각지의 의병 부대에 합류하거나 스스로 의병 부대를 조직했다. 이들의 참여는 의병 부대의 조직력과 전투력을 비약적으로 향상시키는 결정적인 계기가 되었다. 이전 의병들이 주로 재래식 무기에 의존하고 유격 전술에 능했다면, 정미의병은 신식 소총으로 무장하고 근대적인 군사 전술을 구사하는 등 훨씬 더 강력한 군사 집단으로 발전할 수 있었다.

이러한 군사적 역량 강화는 의병 활동의 전국적인 확산을 가능하게 했다. 이전 의병 활동이 특정 지역에 집중되는 경향이 있었다면, 정미의병은 함경도, 평안도 등 북부 지방을 포함하여 그야말로 전국 팔도에서 동시다발적으로 봉기했다. 또한 참여 계층 역시 훨씬 더 다양해졌다. 물론 여전히 유인석, 이강년, 허위 등 위정척사 사상을 가진 유생 출신 의병장들이 중요한 역할을 했지만, 해산 군인 출신, 평민 출신, 심지어 천민 출신 의병장까지 등장하며 의병 운동의 사회적 기반이 크게 확대되었다. 농민, 포수, 광부, 어민, 상인 등 각계각층의 백성들이 "나라를 구해야 한다"는 절박한 마음으로 의병 부대에 자원하여 총을 들었다. 이는 정미의병이 단순히 특정 계층의 이념 투쟁이 아니라, 일본 제국주의의 침략이라는 거대한 도전 앞에서 민족 전체가 떨쳐 일어난 범국민적 항쟁이었음을 보여 준다.

전국 각지에서 봉기한 의병 부대들은 주로 산악 지대를 거점으로 삼아 유격전을 펼쳤다. 그들은 신출귀몰하게 이동하며 일본군 수비대, 헌병 주재소, 경찰서 등 일제의 통치 기관을 습격하고, 철도, 통신선 등 군사 시설을 파괴하여 일본군의 병참선을 교란했다. 또한, 을사오적과 같은 친일 매국노나 일제에 협력하는 관리들을 처단하여 민족의 응징을 보여 주기도 했다. 비록 무기와 보급은 항상 부족했고, 훈련 수준도 일본 정규군에 비할 바는 못 되었지만, 지형을 이용한 매복과 기습 공격, 그리고 무엇보다 죽음을 두려워하지 않는 용맹함과 애국심으로 일본군에게 적지 않은 타격을 주었다.

정미의병 활동이 절정에 달했던 1908년 초, 전국 각지의 의병 부대들은 놀라운 시도를 감행했다. 바로 흩어져 싸우던 의병 부대들의 역량을 하나로 모아 일제의 심장부인 수도 한성을 탈환하려는 연합 작전을 계획한 것이다. 1907년 말, 원주 등지에서 결성된 '13도 창의군'이 바로 그 구체적인 결과물이었다. 전국의 의병 부대 대표들이 모여 이인영을 총대장으로, 허위를 군사장으로 추대하고, 약 1만 명에 달하는 연합 의병 부대를 편성하여 서울로 진격할 계획을 세웠다. 1908년 1월, 각지에서 출발한 의병 부대들은 추운 날씨와 일본군의 방해를 뚫고 서울 동대문 밖 30리 지점까지 집결하는 데 성공했다. 이는 의병 전쟁 역사상 가장 큰 규모의 조직적인 군사 작전 시도였으며, 국권 회복을 위한 의병들의 염원이 얼마나 뜨거웠는지를 보여 주는 상징적인 사건이었다.

하지만 안타깝게도 서울 진공 작전은 여러 가지 이유로 실패로 돌아가고 말았다. 총대장이었던 이인영이 작전 직전 부친의 사망 소식을 듣고 '효'를 다하기 위해 지휘권을 내려놓고 귀향해 버리면서 지휘 체계에 혼란이 생겼고, 각 부대 간의 효과적인 연락과 협조가 이루어지지 못했으며, 무기와 탄약, 식량 등 보급도 턱없이 부족했다. 결정적으로 작전 계획이 사전에 일본군에게 누설되었고, 일본군은 이미 서울 주변에 강력한 방어선을 구축하고 기다리고 있었다. 결국 의병 부대들은 제대로 된 공격 한 번 해 보지 못하고 일본군의 반격에 밀려 뿔뿔이 흩어질 수밖에 없었다. 서울 진공 작전의 실패는 의병들에게 큰 좌절감을 안겨 주었다.

서울 진공 작전 시도를 계기로 의병 활동의 위협을 실감한 일본은 이전과는 비교할 수 없을 정도로 대대적이고 잔혹한 의병 탄압 작전에 나섰다. 특히 1909년부터 본격화된 소위 '남한 대토벌 작전'은 그 잔인함이 극에 달했다. 일본군은 수만 명의 정규군을 동원하여 의병의 근거지가 될 만한 산악 지역과 마을들을 샅샅이 수색하고 초토화시키는 작전을 펼쳤다. 그들은 의병을 숨겨 주거나 협력했다는 의심만 받아도 마을 전체를 불태우고 주민들을 남녀노소 가리지 않고 학살했다. 수많은 의병 지도자들이 체포되어 처형당하거나 전투 중에 전사했고, 의병 활동의 기반이었던 백성들의 삶은 완전히 파괴되었다. 이러한 무자비한 탄압 속에서 국내에서의 의병 활동은 1910년 국권 피탈 전후로 급격히 위축될 수밖에 없었다.

하지만 의병 전쟁의 불씨가 완전히 꺼진 것은 아니었다. 국내에서의 활동이 어려워지자, 수많은 의병 지도자들과 병사들은 압록강과 두만강을 건너 만주와 연해주 등 국외로 활동 무대를 옮겨 독립 전쟁을 계속 이어 나갔다. 이들은 훗날 독립군 기지를 건설하고 무장 독립 투쟁을 전개하는 핵심 세력이 되었으며, 이는 의병 전쟁의 정신이 면면히 이어져 결국 광복을 맞이하는 데 중요한 밑거름이 되었음을 의미했다.

정미의병으로 대표되는 항일 의병 전쟁의 전국적 확산은 일본 제국주의의 침략과 국권 침탈이라는 극한의 상황 속에서 우리 민족이 보여 준 최후의 그리고 최고의 저항이었다. 비록 근대 무기로 무장한 일본 정규군에 비해 모든 면에서 열세였고, 결국 국내에서의 무장 투쟁은 실패로 돌아갔지만, 그 과정에서 보여준 민족의 자주독립 의지와 불굴의 투쟁 정신은 무엇과도 바꿀 수 없는 소중한 역사적 자산이다. 다양한 계층의 사람들이 자발적으로 참여하여 나라를 구하기 위해 목숨을 바쳤던 이 숭고한 희생은, 비록 평화로운 방법은 아니었을지라도, 빼앗긴 나라를 되찾고 모든 백성이 인간답게 사는 세상을 회복하려는 절절한 염원의 발현이었다. 의병 전쟁의 패배는 곧바로 국권 상실이라는 비극으로 이어지는 좌절을 의미했지만, 그 불씨는 결코 꺼지지 않고 국외 독립운동으로 계승되어 마침내 광복을 이루는 원동력이 되었다. 항일 의병 전쟁은 우리에게 불의에 맞서 싸우는 용기와 희생의 가치를 가르쳐 주며, 오늘날 우리가 누리는 자유와 평화가 결코 쉽게 얻어진 것이 아님을 되새기게 한다.

17장

"배워야 산다!":
실력으로 나라를 구하려 한 애국 계몽 운동

러일전쟁 이후 일본의 군사적, 정치적 압박이 극에 달하고 을사늑약으로 외교권마저 박탈당하는 등 국가의 운명이 풍전등화와 같은 상황 속에서, 우리 민족 내부에서는 위기를 극복하고 국권을 회복하기 위한 다양한 방식의 노력이 전개되었다. 전국 각지에서 의병들이 총칼을 들고 일본군과 직접 맞서 싸우는 무장 투쟁을 벌였다면, 다른 한편에서는 당장의 무력 항쟁보다는 장기적인 관점에서 민족의 실력을 키워야 한다는 자각 아래, 교육·언론·산업 등 여러 분야에서 근대화를 통해 민족의 역량을 강화하고 독립의 기반을 닦으려는 움직임이 활발하게 일어났다. 이를 애국 계몽 운동이라고 부른다. 이 운동은 서구의 계몽사상과 사회진화론 등의 영향을 받아, 국가의 생존과 발전은 국민 개개인의 지적, 도덕적, 경제적 역량 강화에 달려있다고 보았다. 따라서 무지를 깨우치고, 실력을 길러, 빼앗긴 나라를 되찾고 모든 백성이 인간답게 사는 문명 국가를 건설하는 것을 목표로 삼았다. 이는 절망적인 현실 속에서도 희망을 잃지 않고 미래를 준비하려 했던 우리 민족의 또 다른 강인한 정신의 발현이었다.

애국 계몽 운동가들이 가장 중요하게 생각했던 분야는 바로 교육이었다. 그들은 백성들이 깨어나야 나라가 바로 설 수 있다고 믿었으며, 신교육을 통해 근대적인 지식과 기술을 습득하고 민족의식과 애국심을 고취하는 것이 무엇보다 시급하다고 생각했다. 이러한 열망은 전국적인 사립학교 설립 운동으로 나타났다. 비록 정부가 세운 관립 학교도 있었지만, 일본 통감부의 간섭으로 민족 교육에 한계가 있었기에, 많은 민족 지도자들과 유지들은 사재를 털거나 기부를 받아 직접 학교를 세우는 데 앞장섰다. 서울에는 보성학교, 양정의숙, 숙명여학교, 휘문의숙 등이 세워졌고, 지방에서도 평안북도 정주의 이승훈이 오산학교를, 평양의 안창호가 대성학교를 설립하는 등 수많은 근대식 사립학교들이 문을 열었다. 이 학교들에서는 기존의 유교 경전 중심 교육에서 벗어나 국어, 역사, 지리, 수학, 과학, 외국어 등 새로운 학문을 가르쳤으며, 특히 국사 교육을 통해 민족적 자긍심과 항일 의식을 심어 주는 데 힘썼다. 또한, 교육의 확산을 위해 지역별로 학회가 조직되었다. 서북 지방의 서우학회, 중부 지방의 기호흥학회, 호남 지방의 호남학회, 영남 지방의 교남학회 등은 월보를 간행하고 강연회를 개최하며 계몽사상을 전파하고, 각 지역의 학교 설립과 운영을 지원하는 등 교육 구국 운동의 중요한 거점 역할을 수행했다.

교육과 함께 백성을 계몽하고 민족의 목소리를 대변하는 데 결정적인 역할을 한 것은 언론과 출판 활동이었다. 독립협회가 발행했던 『독립신문』의 뒤를 이어, 이 시기에는 여러 민족 신문들이 창간되어 애국 계몽 운동의 확산에 크게 기여했다. 그중 가장 대표적인 신문은 양기탁과 영국인 베델이 함께 발행한 대한매일신보였다.

영국인 베델이 발행인이었기에 일본 통감부의 사전 검열에서 비교적 자유로울 수 있었던 이 신문은 일제의 침략 행위와 친일파의 매국 행위를 날카롭게 비판하고, 의병 활동 소식을 적극적으로 보도하며 민족의 항일 의식을 고취하는 데 앞장섰다. 또한 순 한글판, 국한문 혼용판, 영문판을 함께 발행하여 다양한 독자층에게 다가갔다. 장지연의 유명한 논설 '시일야방성대곡'을 실었던 『황성신문』은 주로 유생층을 대상으로 국한문 혼용으로 발행되었고, 『제국신문』은 순 한글판으로 발행되어 부녀자들과 하층민들을 주요 독자로 삼았다. 이러한 신문들은 단순한 정보 전달 매체를 넘어, 민족의 현실을 진단하고 나아갈 길을 제시하는 계몽의 도구이자 항일 투쟁의 중요한 무기였다. 신문 외에도 최남선이 창간한 청소년 잡지 『소년』을 비롯하여 각종 잡지와 서적이 간행되었고, 외국 서적의 번역, 위인 전기 발간, 신교육 교과서 편찬 등도 활발하게 이루어져 새로운 지식과 사상을 보급하고 민족 역량을 키우는 데 기여했다.

애국 계몽 운동가들은 교육과 언론을 통한 정신적 각성뿐만 아니라, 산업 진흥을 통한 경제적 자립이 국권 회복의 필수적인 토대라고 생각했다. 일본 자본의 침투가 심화되면서 민족 경제가 파탄 지경에 이르는 현실을 목격했기 때문이다. 그들은 "나라 빚을 갚지 못하면 국권을 지킬 수 없다"고 주장하며, 민족 기업 육성, 국산품 애용, 근검절약 등을 강조했다. 이러한 경제적 자립 노력의 정점은 1907년에 전국적으로 들불처럼 번져나간 국채보상운동이었다. 일본은 대한제국에 강제로 막대한 빚을 지게 하여 경제적으로 예속시키려 했는데, 이에 맞서 대구의 서상돈, 김광제 등이 중심이 되어 "나라 빚 1,300만 원을 우리 백성의 힘으로 갚아 경제적 독립을 이루자"고 호소하며 모금 운동을 시작했다. 이 운동은 신분, 계층, 성별, 종교를 초월하여 전국 각계각층의 뜨거운 호응을 얻었다. 남성들은 담배와 술을 끊어 돈을 모았고, 여성들은 비녀와 가락지 등 패물을 기부했으며, 학생들도 용돈을 아껴 성금을 내는 등 온 국민이 자발적으로 참여하는 감동적인 장면이 연출되었다. 이는 우리 역사상 최초의 전국적인 민간 주도 경제 자립 운동이자, 국권 회복을 위한 민족적 역량을 보여 준 쾌거였다. 하지만 일제 통감부는 이 운동이 항일 민족 운동으로 발전할 것을 우려하여, 주도 인물인 양기탁에게 공금 횡령 누명을 씌워 구속하고 언론을 통제하는 등 갖은 방법으로 탄압하여 결국 운동을 좌절시키고 말았다. 비록 성공하지는 못했지만, 국채보상운동은 어려운 시기에도 좌절하지 않고 함께 힘을 모아 위기를 극복하려 했던 우리 민족의 높은 공동체 의식과 뜨거운 애국심을 보여 준 소중한 경험이었다.

이러한 교육, 언론, 산업 진흥 활동을 이끌었던 대표적인 애국 계몽 단체로는 대한자강회와 신민회 등이 있다. 대한자강회는 헌정연구회의 후신으로, 교육 진흥과 산업 개발을 통한 실력 양성을 목표로 전국에 지회를 설치하고 월보를 간행하며 활발한 계몽 활동을 펼쳤다. 하지만 고종 황제의 강제 퇴위에 반대하는 운동을 벌이다가 통감부의 탄압으로 1년여 만에 강제 해산당했다. 그 뒤를 이어 1907년 안창호, 양기탁, 이동휘, 이승훈 등이 중심이 되어 비밀리에 결성된 신민회는 다른 계몽 단체들과는 차별되는 특징을 가졌다. 신민회는 대성학교, 오산학교 등 학교 설립과 자기 회사, 태극서관 운영 등 교육·문화·산업 활동을 통해 실력 양성을 추구하는 한편, 장기적으로는 독립 전쟁을 통해 국권을 회복해야 한다는 목표 아래 국외에 독립운동 기지를 건설하고 무관 학교를 설립할 계획까지 가지고 있었다. 즉, 계몽 운동과 무장 투쟁 준비를 병행했던 것이다. 하지만 신민회 역시 일제의 감시를 피하지 못했고, 1911년 소위 '105인 사건'(데라우치 총독 암살 미수 사건을 조작하여 민족 지도자들을 대거 체포한 사건)을 계기로 조직이 와해되고 만다.

애국 계몽 운동은 이처럼 다양한 분야에서 국권 회복을 위한 실력 양성을 목표로 전개되었지만, 여러 가지 한계 또한 가지고 있었다. 우선, 무력 투쟁을 주장했던 의병 운동 노선과의 갈등이나 이견이 존재했으며, 일부에서는 실력 양성을 지나치게 강조한 나머지 일제의 '보호' 아래서 점진적인 자치를 얻자는 타협적인 주장으로 나아가는 경향도 나타났다. 또한 활동이 주로 도시의 지식인, 학생, 상공인층을 중심으로 이루어져 농촌 지역까지 폭넓게 확산되는 데는 한계가 있었다. 무엇보다 일제 통감부의 집요하고 체계적인 탄압이 가장 큰 장애물이었다. 일제는 신문지법, 보안법, 출판법 등을 제정하여 언론, 출판, 집회, 결사의 자유를 억압하고, 애국적인 내용을 담은 교과서를 금지했으며, 계몽 단체들을 강제로 해산시키고 지도자들을 투옥했다. 1910년 국권 피탈 이후에는 이러한 탄압이 더욱 노골화되어 국내에서의 합법적인 계몽 운동은 사실상 불가능해졌다.

애국 계몽 운동은 일제의 국권 침탈이라는 엄혹한 도전 앞에서, 무력 투쟁과는 다른 방식으로 민족의 실력을 길러 위기를 극복하고 장차 독립을 되찾으려 했던 숭고한 노력이었다. 교육을 통해 민족의식을 일깨우고, 언론을 통해 진실을 알리고 여론을 형성하며, 산업을 일으켜 경제적 자립을 이루려 했던 그들의 활동은 비록 단기적으로 국권 회복이라는 목표를 달성하지는 못했지만, 우리 민족의 내적 역량을 강화하고 근대 의식을 함양하는 데 크게 기여했다. 이는 폭력적인 방법이 아닌, 교육과 문화, 경제 발전을 통해 모든 구성원이 함께 발전하는 사회를 만들고자 했던 평화적이고 건설적인 저항의 한 형태였다. 일제의 탄압이라는 시련 속에서 많은 좌절을 겪었음에도 불구하고, 애국 계몽 운동이 뿌린 씨앗은 결코 헛되지 않았다. 이 시기에 길러진 민족 지도자들과 높아진 민족의식은 이후 3·1 운동을 비롯한 다양한 형태의 독립운동으로 계승되어 마침내 광복을 맞이하는 중요한 밑거름이 되었다. 애국 계몽 운동은 우리에게 위기 상황 속에서도 미래를 준비하는 지혜와 실천의 중요성을 가르쳐 주며, 교육과 문화의 힘이 민족의 운명을 개척하는 데 얼마나 중요한 역할을 하는지를 보여 주는 역사적 교훈이다.

18장

하얼빈에 울린 세 발의 총성:
안중근, 이토 히로부미를 처단하다

　1909년 가을, 대한제국의 운명은 그야말로 백척간두에 서 있었다. 을사늑약으로 외교권이 박탈되고, 고종 황제가 강제 퇴위 당했으며, 국가의 마지막 보루였던 군대마저 해산된 이후, 일본 제국주의의 통치와 수탈은 날이 갈수록 노골화되고 있었다. 초대 통감 이토 히로부미는 막후에서 대한제국을 실질적으로 지배하며 식민지화를 착착 진행시키고 있었고, 국내외에서 벌어지는 의병들의 처절한 항쟁은 일제의 무자비한 탄압 앞에 스러져가고 있었다. 이러한 절망적인 상황 속에서, 많은 애국지사들은 국내에서의 활동에 한계를 느끼고 만주와 연해주 등 국외로 망명하여 독립운동의 새로운 활로를 모색하고 있었다. 그들 중 한 사람이 바로 안중근 의사였다. 황해도 해주 출신으로 본래 교육을 통한 계몽 운동에 힘썼던 그는, 국운이 기울어가는 것을 더 이상 지켜볼 수 없어 무장 투쟁 노선으로 전환하여 연해주에서 의병 활동에 참여했다. 그는 동지들과 함께 손가락을 잘라 피로써 조국 독립의 의지를 맹세하는 '단지동맹'을 결성하는 등, 조국을 위해 목숨을 바칠 각오를 다지고 있었다.

안중근 의사에게, 그리고 당시 수많은 조선인들에게 일본 침략의 원흉이자 모든 고통의 근원은 바로 이토 히로부미였다. 메이지 유신의 주역이자 네 차례나 일본 총리를 역임했으며, 대한제국의 초대 통감으로서 을사늑약 체결, 고종 퇴위 등 모든 침략 정책을 진두지휘했던 인물. 비록 1909년 6월 통감 자리에서 물러났지만, 여전히 일본 정계의 최고 원로로서 막강한 영향력을 행사하고 있었다. 1909년 10월, 이토 히로부미가 러시아의 재무대신 코콥초프와 회담하기 위해 만주 하얼빈을 방문한다는 소식이 전해졌다. 이는 아마도 만주와 한반도 문제에 대한 러시아와의 최종적인 조율을 통해 일본의 지배권을 더욱 공고히 하려는 목적이었을 것이다. 안중근 의사와 그의 동지들은 이 소식을 듣고, 이토 히로부미야말로 우리 민족의 고통을 끝내기 위해 반드시 처단해야 할 대상이라고 판단했다. 조국의 독립과 동양의 평화를 위해서는 침략의 원흉을 제거하는 것이 가장 시급하고 효과적인 방법이라고 믿었던 것이다.

안중근 의사는 동지인 우덕순, 조도선, 유동하 등과 함께 거사를 치밀하게 계획했다. 그들은 이토가 하얼빈역뿐만 아니라 그 전 역인 채가구역에도 잠시 정차할 가능성이 있다고 보고, 두 곳에서 동시에 거사를 준비하기로 했다. 안중근 의사가 하얼빈역을, 우덕순과 조도선이 채가구역을 맡기로 했다. 그리고 마침내 운명의 날, 1909년 10월 26일 아침이 밝았다. 이토 히로부미가 탄 특별 열차가 하얼빈역 플랫폼에 도착하자, 러시아 군대의 사열과 환영 행사가 진행되었다. 러시아 재무대신 코콥초프와 함께 의장대를 사열하던 이토 히로부미가 러시아 군대 행렬 앞을 지나가는 순간, 환영 인파 속에 숨어 기회를 엿보던 안중근 의사가 앞으로 뛰쳐나오며 품 속에서 브라우닝 권총을 꺼내 들었다.

그는 조금도 주저하지 않고 이토 히로부미를 향해 세 발의 총탄을 명중시켰다. 그리고 혹시 이토가 아닐 경우를 대비하여 주변의 일본인 수행원들을 향해서도 네 발을 더 발사했다. 총상을 입은 이토 히로부미는 열차 안으로 옮겨졌으나 곧 숨을 거두었다. 거사를 성공시킨 안중근 의사는 그 자리에서 러시아 헌병들에게 체포되면서도, 침착하게 러시아어로 "코레아 우라! (대한 만세!)"를 세 번 외쳤다. 그의 외침은 일제의 심장을 꿰뚫는 총성과 함께, 대한의 독립 의지가 죽지 않았음을 전 세계에 알리는 우렁찬 포효였다.

사건이 발생한 하얼빈역은 당시 러시아의 영향권 아래 있었지만, 일본은 강력한 외교적 압력을 행사하여 안중근 의사와 관련자들의 신병을 자신들의 관할인 뤼순 감옥의 일본 관동도독부 지방법원으로 넘겨받았다. 이는 처음부터 공정한 재판을 기대할 수 없음을 의미했다. 그러나 안중근 의사는 죽음을 두려워하지 않고, 오히려 이 재판정을 일본 제국주의의 죄악을 만천하에 고발하고 자신의 거사가 정당한 의거임을 밝히는 투쟁의 장으로 삼았다. 그는 자신을 단순한 암살범이 아닌, 대한의군 참모중장의 자격으로 조국의 독립 전쟁을 수행하던 중 적장 이토 히로부미를 사살한 것이라고 당당히 밝혔다. 그리고 이토 히로부미를 처단한 이유로 15가지 죄악을 명확하게 제시했다. 그 죄목들은 명성황후 시해 주도, 을사늑약 강제 체결, 고종 황제 강제 폐위, 대한제국 군대 강제 해산, 한국인의 권리 박탈, 한국의 철도·광산·산림·천택 강탈, 제일은행권 강제 사용, 한국의 교육 방해, 한국인의 외국 유학 금지, 교과서 압수 및 소각, 한국인이 일본인의 보호를 받고자 한다고 세계에 거짓 선전, 한국과 일본

사이에 분쟁이 끊이지 않는데 한국이 태평무사한 것처럼 천황을 속임, 동양 평화를 파괴함, 일본 천황의 아버지인 고메이 천황 살해 등, 일본 제국주의 침략의 핵심적인 죄악들을 망라하는 것이었다. 이는 개인적인 원한이 아닌, 민족의 이름으로, 그리고 동양 평화의 이름으로 침략자를 처단한 것임을 명백히 한 것이다.

안중근 의사의 투쟁은 법정 투쟁에만 그치지 않았다. 그는 옥중에서도 조국의 미래와 동양의 평화를 깊이 고뇌하며 '동양평화론'이라는 저술을 집필했다. 비록 미완성으로 끝났지만, 이 글에서 그는 한·중·일 삼국이 서로의 독립과 주권을 존중하며, 공동 은행 설립과 공동 화폐 사용, 공동 군대 창설 등을 통해 서양 제국주의 세력의 침략에 함께 맞서고 진정한 동양 평화를 구축해야 한다는 원대한 구상을 제시했다. 이는 일본이 내세웠던 '대동아 공영권'과 같은 침략 이데올로기와는 근본적으로 다른, 상호 존중과 평등에 기반한 평화 사상이었다. 이는 홍익인간의 정신이 단순히 한민족을 넘어 동아시아 전체, 나아가 인류 전체의 평화와 공영으로 확장될 수 있음을 보여 주는 신구적인 비전이있다.

하지만 일본 제국주의 법정은 그의 정당한 외침과 평화 사상에 귀 기울이지 않았다. 1910년 2월 14일, 안중근 의사에게 사형이 선고되었다. 그는 항소를 포기하고 대신 '동양평화론' 집필을 마칠 시간적 여유를 달라고 요청했지만 이마저 거부당했다. 그는 어머니 조마리아 여사가 보내온 수의를 입고, "내가 죽은 뒤에 나의 뼈를 하얼빈 공원 곁에 묻어 두었다가 우리 국권이 회복되거든 고국으로 반장(返葬)해 다오. 나는 천국에 가서도 또한 마땅히 우리나라의 회복을 위해 힘쓸 것이다"라는 유언을 남겼다. 그리고 마침내 1910년 3월 26일 오전 10시, 뤼순 감옥 형무소에서 교수형으로 순국했다. 그의 나이 불과 31세였다. 일제는 그의 유언조차 무시하고 유해를 비밀리에 매장했으며, 그의 유해는 오늘날까지도 찾지 못하고 있다.

안중근 의사의 하얼빈 의거는 비록 조국의 즉각적인 독립을 가져오지는 못했지만, 그 파장과 역사적 의미는 실로 지대했다. 그의 용기 있는 행동은 일제 침략의 상징적 인물인 이토 히로부미를 제거함으로써 전 세계에 일본 침략의 부당함을 알리고 한국인의 독립 의지가 살아 있음을 보여 준 쾌거였다. 또한, 일제의 폭압 통치 아래 신음하던 우리 민족에게는 큰 용기와 희망을 안겨 주었고, 이후 만주와 연해주 등지에서 활발하게 전개되는 독립 전쟁의 기폭제 역할을 했다. 그의 재판 과정에서의 당당한 태도와 논리 정연한 주장은 제국주의 침략 논리를 정면으로 반박하고 정의와 평화의 가치를 웅변했으며, 미완의 '동양평화론'은 시대를 앞서간 평화사상가로서의 면모를 보여 준다. 물론 일본은 안중근 의사의 의거를 빌미로 한국 통치를 더욱 강화하고 결국 그해 8월 대한제국을 강제 병탄했지만, 안중근 의사의 의거는 단순한 '테러'가 아닌, 나라의 독립과 동양의 평화를 위한 숭고한 희생이자 정의로운 투쟁으로 우리 역사에 깊이 새겨졌다. 그는 오늘날까지도 우리 민족의 가슴 속에 불멸의 영웅으로 살아 숨쉬며, 불의에 맞서는 용기와 평화를 향한 신념의 상징으로 빛나고 있다.

19장

나라를 빼앗긴 날:
1910년 경술국치, 암흑의 시작

1907년 고종 황제의 강제 퇴위와 대한제국 군대 해산은 일본 제국주의에게 있어 대한제국 합병을 위한 마지막 걸림돌을 제거한 것이나 다름없었다. 이제 이름뿐인 황제 순종과 일본인 차관들이 실권을 장악한 내각만이 남아 있을 뿐, 대한제국은 스스로를 지킬 힘도, 국제 사회에 호소할 외교적 통로도 모두 잃어버린 상태였다. 비록 전국적으로 정미의병의 항일 투쟁이 거세게 타오르고 있었지만, 일본은 압도적인 군사력을 동원하여 이를 무자비하게 탄압하면서 식민지화를 위한 마지막 수순을 밟아 나가고 있었다. 안중근 의사가 1909년 10월 하얼빈에서 침략의 원흉 이토 히로부미를 처단하는 쾌거를 이루었지만, 이는 오히려 일본 내 강경파들에게 즉각적인 병합을 실행할 빌미를 제공하는 역설적인 결과를 낳기도 했다. 일본은 '미개한' 조선 민족은 스스로 통치할 능력이 없으며, '보호'를 넘어 완전한 '합병'을 통해 강력하게 통제해야 한다는 논리를 내세웠다.

일본은 대한제국의 주권을 하나씩 체계적으로 잠식해 들어갔다. 1909

년 7월에는 '기유각서'를 통해 대한제국의 사법권과 감옥 사무를 일본에게 넘기도록 강요하여 사법 주권을 박탈했다. 경찰권 역시 점진적으로 일본 헌병과 경찰에게 넘어가면서 대한제국 조정은 사실상 행정 능력마저 거의 상실하게 되었다. 이러한 과정에서 일본은 일진회와 같은 친일 단체를 적극적으로 이용했다. 송병준, 이용구 등이 이끌었던 일진회는 노골적으로 '한일 합방'을 주장하며 대중 선전 활동을 벌이고 합방 청원서를 제출하는 등, 마치 조선인들 스스로가 일본과의 합병을 원하는 것처럼 여론을 조작하는 데 앞장섰다. 일본은 이를 이용하여 자신들의 침략 행위를 정당화하고 국제 사회의 비난을 피하려 했지만, 대다수 조선 백성들은 일진회를 매국 집단으로 규탄하며 격렬하게 반발했다.

1910년 5월, 일본은 대한제국 병합을 최종적으로 마무리하기 위해 육군대신이었던 강경파 데라우치 마사타케를 제3대 통감으로 임명하여 한성에 파견했다. 그의 부임은 곧 대한제국의 종말이 임박했음을 의미하는 것이었다. 데라우치는 막강한 군사력을 배경으로 삼엄한 공포 분위기를 조성하는 한편, 총리대신 이완용을 비롯한 친일 내각을 겁박하고 회유하며 병합 조약 체결을 강요했다. 이미 을사늑약과 정미 7조약 체결 과정에서 민족 반역자로 낙인찍힌 이완용 내각은 일본의 요구에 적극적으로 협조하며 병합 절차를 진행했다. 형식적인 내각 회의가 몇 차례 열렸지만, 이는 일본 통감부의 각본에 따라 진행되는 요식행위에 불과했다. 조약의 세부 내용을 둘러싼 약간의 논의가 있었던 것처럼 포장되었지만, 대한제국 측에게는 어떠한 실질적인 협상권이나 거부권도 주어지지 않았다. 당시 황제였던 순종은 병합에 명백히 반대 의사를 표명했거나 혹은 침묵으로 일관했던 것으로 알려져 있지만, 그의 의사는 철저히 무시되었다.

마침내 1910년 8월 22일, 삼엄한 경비 속에서 대한제국 총리대신 이완용과 일본 제국 통감 데라우치 마사타케 사이에 '한일 병합 조약'이 최종적으로 조인되었다. 이 조약의 제1조는 "한국 황제 폐하는 한국 전체에 관한 일체 통치권을 완전하고도 영구히 일본 황제 폐하에게 양여한다"고 규정했다. 제2조는 "일본 황제 폐하는 전 조항에 게재한 양여를 수락하고 또한 완전히 한국을 일본 제국에 병합하는 것을 승락한다"고 되어 있었다. 이 두 조항만으로도 대한제국이라는 독립 국가가 역사 속으로 완전히 사라지고 일본의 식민지로 전락했음을 명백히 보여준다. 이후 조항들은 대한제국 황실의 지위와 재산을 보장하고, '충실한' 한국인들에게 작위나 은사금을 주며, 병합에 순응하는 한국인의 생명과 재산을 보호한다는 등, 식민 통치를 위한 부수적인 내용들을 담고 있을 뿐이었다. 이 조약은 이후 8월 29일에 공포되었는데, 이 날이 바로 우리 민족에게 씻을 수 없는 치욕을 안겨 준 날이다.

한일 병합 조약은 체결 과정과 내용 모든 면에서 국제법적으로 명백히 불법적이고 원천 무효인 조약이나. 첫째, 조약 체결 과정에서 일본은 군대를 동원하여 궁궐을 포위하고 대신들을 위협하는 등 명백한 강압과 강박을 사용했다. 둘째, 국가의 주권을 양도하는 중대한 조약임에도 불구하고 국가 원수인 순종 황제의 자발적이고 최종적인 승인 절차가 없었다. 황제의 옥새가 찍혔다고는 하나, 이는 황제의 명시적인 위임 없이 이완용 등 친일파들이 임의로 사용했거나 강압에 의해 날인되었을 가능성이 매우 높다. 셋째, 조약의 명칭과 공포 방식 등에서도 절차적인 하자가 발견된다. 이러한 이유로 오늘날 대한민국 조정은 한일 병합 조약이 체결 시점부터 법적으로 무효였음을 공식적인 입장으로 삼고 있다. 즉, 우리의 국권은 자발적으로 넘겨진 것이 아니라 명백히 불법적으로 강탈당한 것이다.

경술국치 소식이 전해지자 온 나라는 깊은 침묵과 통탄에 잠겼다. 일본 헌병과 경찰의 삼엄한 감시 아래 공개적인 저항은 어려웠지만, 백성들의 가슴 속에는 망국의 한과 함께 일제에 대한 적개심이 깊이 새겨졌다. 일부 관리들과 유생들은 망국의 책임을 통감하며 자결로써 항거의 뜻을 표하기도 했다. 그리고 국내외의 수많은 애국지사들은 이제 빼앗긴 나라를 되찾기 위한 본격적인 독립운동에 투신할 것을 결의했다. 국권 피탈은 끝이 아니라, 새로운 시작, 즉 35년간 이어질 끈질긴 독립 투쟁의 시작을 알리는 신호탄이었다.

국권 피탈 직후, 일본은 대한제국이라는 이름마저 지우고 '조선'이라는 이름으로 격하시킨 뒤, 통감부를 조선총독부로 바꾸고 데라우치 마사타케를 초대 총독으로 임명했다. 조선 총독은 일본 천황에게 직속되어 입법, 사법, 행정, 군사 등 모든 권력을 장악한 식민 통치의 최고 책임자였으며, 주로 일본 육군이나 해군 대장 출신이 임명되어 강력한 무단 통치를 예고했다. 이제 우리 민족은 정치적 자유를 완전히 박탈당한 채, 일제의 체계적이고 가혹한 경제적 수탈과 민족 문화를 말살하려는 동화 정책 아래 놓이게 되었다.

1910년 한일 병합 조약 체결과 경술국치는 일본 제국주의가 수십 년간 치밀하게 추진해 온 한반도 침략 정책의 최종적인 결과물이었다. 외교권 박탈, 황제 강제 퇴위, 군대 해산 등 단계적인 국권 침탈 과정을 거쳐, 마침내 대한제국은 지도상에서 그 존재를 완전히 지워 버리게 되었다. 이는 우리 민족사에서 가장 치욕스럽고 비극적인 사건으로, 독립적인 국가 발전의 가능성을 완전히 앗아가고 민족 전체를 끝없는 고난과 시련 속으로 몰아넣은 결정적인 좌절이었다. 평화는 폭력으로 대체되었고, 주권은 강탈당했다. 하지만 이 국권 상실의 비극은 역설적으로 우리 민족의 독립 의지와 저항 정신을 더욱 강하게 단련시키는 계기가 되었다. 망국의 슬픔 속에서 피어난 독립을 향한 열망은 이후 국내외에서 끈질기게 타올랐으며, 마침내 광복을 맞이하는 원동력이 되었다. 경술국치는 우리에게 뼈아픈 상처로 남아 있지만, 동시에 나라의 소중함과 자주독립의 가치를 일깨우고, 어떠한 역경 속에서도 희망을 잃지 않고 미래를 개척해 나가야 한다는 교훈을 깊이 새겨 주고 있다.

II

빼앗긴 들에도 봄은 오는가
(1910 ~ 1945)

20장

칼과 총으로 다스리다:
1910년대 무단통치, 땅마저 빼앗기다

1910년 8월 29일, 대한제국은 역사 속으로 사라지고 우리 민족은 일본 제국주의의 식민 통치라는 암흑기에 접어들었다. 국권을 강탈한 일제는 식민 통치의 기반을 다지고 조선 민족의 저항 의지를 뿌리 뽑기 위해, 첫 10년 동안 극도로 폭압적인 무단 통치를 실시했다. 이는 말 그대로 '무력에 의한 통치'로, 조선인을 인간 이하로 취급하며 오직 힘과 공포로 억누르려 했던 잔혹한 식민 지배 방식이었다. 이와 동시에, 조선의 경제를 일본 제국주의의 필요에 맞게 재편하고 자원을 수탈하기 위한 체계적인 작업도 진행되었는데, 그 대표적인 사례가 바로 악명 높은 토지조사사업이다. 이 시기는 우리 민족에게 정치적 자유의 완전한 박탈과 경제적 파탄이라는 이중의 고통을 안겨 주었으며, 인간의 존엄성마저 짓밟히는 참담한 시련의 시대였다.

무단 통치의 정점에는 조선 총독이 있었다. 일본 천황에게 직속되어 입법, 사법, 행정, 군사 등 모든 권력을 한 손에 쥔 총독은 주로 일본 육군이나 해군 대장 출신이 임명되어, 조선을 군사적으로 통제하고 관리하는 식민 통치의 최고 책임자였다. 초대 총독 데라우치 마사타케를 비롯한 이 시기 총독들은 조선인을 힘으로 억누르고 일본에 완전히 동화시키는 것을 목표로 삼았다. 이러한 총독의 절대 권력을 뒷받침하고 실제로 폭압 통치를 집행한 핵심 기구는 바로 헌병 경찰 제도였다. 이는 군대 내의 경찰인 헌병이 일반 민간인에 대한 경찰 업무까지 담당하게 한 야만적인 제도로, 전국 곳곳에 배치된 헌병들은 막강한 권한을 휘둘렀다. 그들은 영장 없이도 조선인을 체포하고 구금할 수 있었으며, 즉결 처분권을 가지고 재판 없이 벌금이나 태형을 가할 수도 있었다. 특히 태형령은 곤장으로 사람의 신체를 때리는 비인도적인 형벌로, 오직 조선인에게만 적용되어 민족 차별의 상징이자 공포 정치의 수단으로 악용되었다. 길거리에서 아무 이유 없이 헌병에게 뺨을 맞거나 끌려가 태형을 당하는 일이 비일비재했으며, 이러한 폭력과 감시는 조선 사회 전체를 숨 막히는 공포 분위기로 몰아넣었다.

일제는 조선인의 민족의식을 말살하고 저항의 싹을 자르기 위해 모든 종류의 정치적, 사회적 자유를 철저히 억압했다. 모든 정치 활동은 금지되었고, 애국 계몽 운동 시기에 민족의 목소리를 대변했던 『대한매일신보』, 『황성신문』 등 대부분의 민족 신문은 강제로 폐간되었다. 오직 조선 총독부의 기관지인 『매일신보』만이 일본의 정책을 선전하는 역할을 했다. 집회와 결사의 자유 역시 완전히 박탈되어, 한국인이 단체를 조직하거나 모임을 갖는 것은 사실상 불가능했다. 교사들까지 제복을 입고 칼을 차고 수업에 들어왔으며, 교육 내용은 철저히 통제되어 일본어 사용이 강요되고 일본 역사와 천황 숭배 사상이 주입되었다. 조선의 역사와 문화는 왜곡되거나 축소되었고, 민족 교육을 통해 독립 의지를 키우려는 시도는 철저히 탄압받았다. 이처럼 1910년대의 무단 통치는 조선인을 일본 천황의 '충량한 신민'으로 만들고, 어떠한 저항도 불가능하게 하려는 폭압적인 시스템이었다.

이러한 정치적 억압과 함께, 일제는 조선의 경제를 자신들의 필요에 맞게 재편하고 자원을 수탈하기 위한 작업에 본격적으로 착수했다. 그 핵심 사업이 바로 1910년부터 1918년까지 진행된 토지조사사업이었다. 일제가 내세운 명분은 토지 소유 관계를 명확히 하여 근대적인 토지 제도를 확립하고 공정한 세금 부과 기반을 마련한다는 것이었다. 하지만 그 실제 목적은 달랐다. 일본은 복잡하고 까다로운 신고 절차를 통해 조선 농민들의 토지를 합법적으로 빼앗고, 이를 일본인이나 친일 지주들에게 넘겨 식민지 지주제를 강화하려 했다. 당시 조선의 토지 소유는 문서보다는 오랫동안 이어져 온 관습적인 권리나 마을 공동 소유, 문중 소유 형태가 많았는데, 일제는 이러한 전통적인 소유 형태를 인정하지 않고 오직 '기한부 신고주의' 원칙을 내세웠다. 즉, 정해진 짧은 기간 안에 복잡한 서류를 갖추어 토지 소유권을 신고해야만 인정해 주겠다는 것이었다. 근대적인 법률 지식이나 행정 절차에 익숙하지 않았던 대다수 농민들, 특히 글을 모르거나 정보에서 소외된 농민들은 기한 내에 제대로 신고하지 못하는 경우가 허다했다. 또한, 소유권 관계가 불분명하거나 오랫동안 황무지 상태로 방치되었던 토지, 그리고 대한제국 황실 소유지나 관청 경비 조달용 토지 등도 총독부 소유로 넘어갔다.

토지조사사업의 결과는 참혹했다. 신고되지 않거나 소유권이 불분명하다는 이유로 막대한 양의 농지와 임야가 조선총독부 소유로 편입되었다. 총독부는 이렇게 확보한 토지를 '동양척식주식회사'와 같은 국책 회사를 통해 일본인 이주민들에게 헐값으로 불하하거나, 일본인 지주들에게 소작을 주었다. 하루아침에 자신의 땅을 빼앗기고 소작농으로 전락한 조선 농민들은 살인적인 소작료에 시달려야 했고, 그마저도 여의치 않으면 고향을 등지고 도시의 빈민이 되거나, 혹은 살길을 찾아 만주나 연해주, 일본 등지로 떠도는 유랑민이 될 수밖에 없었다. 이 사업으로 인해 조선의 전통적인 농촌 공동체는 파괴되었고, 식민지 지주제는 더욱 강화되어 농업 생산 구조가 일본의 식량 공급 기지로 재편되는 기초가 마련되었다. 이는 단순한 토지 정리를 넘어, 조선 민족의 삶의 뿌리를 뒤흔들고 경제적 예속을 심화시킨 명백한 경제적 수탈이었다.

토지뿐만 아니라 조선의 다른 자원들도 일제의 수탈 대상이 되었다. 회사령은 조선에서 회사를 설립할 때 반드시 조선 총독의 허가를 받도록 규정하여, 민족 자본의 성장을 억제하고 일본 기업의 조선 진출을 용이하게 만들었다. 이로 인해 조선인이 세운 기업은 거의 성장하지 못했고, 경제의 주요 부문은 일본 자본에 의해 장악되었다. 또한, 삼림령, 어업령, 광업령 등을 통해 전국의 산림과 바다, 지하 자원에 대한 권리도 일본인이나 일본 기업에게 헐값으로 넘어갔다. 철도, 도로, 항만 등 사회 기반 시설 건설도 활발히 이루어졌지만, 이는 대부분 조선의 자원을 일본으로 실어 나르거나 일본군의 이동을 위한 군사적 목적으로 건설되어, 실질적으로 조선인의 삶 개선보다는 일제의 식민 통치와 수탈을 효율화하는 데 기여했다.

이처럼 1910년대는 숨 막히는 무단 통치의 공포와 가혹한 경제적 수탈이 동시에 진행된 시기였다. 일제의 폭압 아래 의병 활동 등 공개적인 저항은 크게 위축될 수밖에 없었다. 하지만 겉으로 드러나는 저항이 줄어들었을 뿐, 우리 민족의 가슴 속에는 일제에 대한 분노와 독립을 향한 열망이 용암처럼 들끓고 있었다. 비밀리에 조직된 독립운동 단체들이 국내외에서 조심스럽게 활동을 이어 갔고, 교육받은 지식인들과 학생들을 중심으로 민족의식이 꾸준히 성장하고 있었다. 무단 통치와 경제 수탈이라는 극한의 시련은 오히려 우리 민족의 저항 정신을 더욱 강하게 단련시키는 계기가 되었으며, 쌓이고 쌓인 울분과 고통은 마침내 1919년, 전 민족이 떨쳐 일어난 3·1 운동이라는 거대한 함성으로 폭발하게 된다. 1910년대는 비록 우리 역사상 가장 어두운 시기 중 하나였지만, 그 암흑 속에서도 민족의 생명력은 끈질기게 이어지고 있었으며, 더 밝은 미래를 향한 씨앗이 조용히 뿌려지고 있었던 것이다.

21장

"대한 독립 만세!":
1919년, 전국을 뒤덮은 3·1운동의 함성

    1910년대, 숨 막히는 일제의 무단 통치 아래 신음하던 우리 민족에게 변화의 기운이 감지되기 시작한 것은 제1차 세계 대전이 끝날 무렵이었다. 전쟁의 참화를 겪은 세계는 새로운 평화 질서를 모색하고 있었고, 특히 미국의 우드로 윌슨 대통령이 제창한 '민족 자결주의' 원칙은 식민지배 아래 고통받던 약소민족들에게 한 줄기 희망의 빛처럼 다가왔다. 비록 이 원칙이 주로 패전국의 식민지에 적용될 것이라는 현실적인 한계가 있었지만, "각 민족은 스스로의 정치적 운명을 결정할 권리가 있다"는 이념은 일본 제국주의의 강압 통치 아래 있던 우리 민족에게 독립을 향한 열망을 크게 고취시켰다. 이러한 국제적인 분위기 속에서, 1919년 1월, 일본에 의해 강제로 퇴위당했던 고종 황제가 갑작스럽게 승하하는 사건이 발생했다. 그의 죽음을 둘러싸고 일제에 의한 독살설이 퍼지면서 민족의 슬픔은 곧 일제에 대한 깊은 분노로 바뀌었고, 3월 3일로 예정된 고종의 국장일을 앞두고 전국 각지에서 백성들이 서울로 모여들면서 거족적인 독립운동을 펼칠 수 있는 절호의 기회가 무르익고 있었다. 이는 10년간 억눌려 왔던 민족의 울분과 독립 의지가 마침내 폭발할 준비를 하고 있음을 예고하는 것이었다.

이러한 국내외적 분위기 속에서 독립운동의 구체적인 계획은 종교계와 학생들을 중심으로 비밀리에 추진되었다. 천도교의 손병희, 기독교의 이승훈, 불교의 한용운 등 각 종교계의 지도자들은 민족 대표로서 거사에 참여하기로 뜻을 모았다. 동시에, 일본 도쿄 유학생들이 2월 8일 먼저 '2.8 독립 선언'을 발표하여 독립 의지를 천명했고, 국내의 학생들도 별도의 만세 시위 계획을 추진하며 운동의 불씨를 지폈다. 민족 대표들은 최남선이 초안을 작성하고 한용운 등이 수정한 '독립선언서'를 비밀리에 인쇄하여 전국 각지에 배포할 준비를 마쳤다.

이 선언서는 "오등은 자에 아 조선의 독립국임과 조선인의 자주민임을 선언하노라"로 시작하여, 우리의 독립이 정당한 권리이자 세계사의 대세임을 천명하고, 일본의 침략 행위를 비판하며, 최후의 일인까지 최후의 일각까지 민족의 정당한 의사를 쾌히 발표하되, 모든 행동은 질서를 존중하며 정정당당하고 평화적인 방법으로 진행할 것을 다짐했다. 이는 폭력이 아닌, 정의와 인도, 그리고 평화에 호소하여 독립을 쟁취하겠다는 높은 도덕적 이상을 담고 있었다. 마침내 33명의 민족 대표가 선언서에 서명했다.

거사일은 고종 황제의 국장 인파가 서울에 가장 많이 모일 것으로 예상되는 3월 1일로 정해졌다. 원래 계획은 민족 대표들이 수많은 학생과 시민이 모인 서울 종로의 파고다 공원에서 독립선언서를 낭독하고 만세 시위를 시작하는 것이었다. 그러나 거사 당일, 민족 대표들은 대규모 시위가 자칫 폭력 사태로 번질 것을 우려하여 장소를 태화관이라는 요릿집으로 변경하고, 그곳에서 자신들끼리 독립선언서를 낭독한 뒤 자진하여 일본 경찰에 체포되었다. 이는 비폭력 저항의 의지를 보여 주기 위한 계획된 행동이었다. 하지만 같은 시각, 탑골 공원에는 이미 수많은 학생과 시민들이 모여 민족 대표들을 기다리고 있었다. 약속된 시간이 지나도 대표들이 나타나지 않자, 한 학생이 팔각정 단상에 올라가 준비해 온 독립선언서를 낭독하기 시작했다. 선언서 낭독이 끝나자, 그곳에 모인 수천의 군중들은 약속이나 한 듯 일제히 "대한 독립 만세!"를 목 놓아 외치기 시작했다. 그 함성은 순식간에 서울 시내 전역으로 퍼져 나갔고, 남녀노소, 학생, 상인, 노동자 할 것 없이 수많은 사람들이 거리로 쏟아져 나와 태극기를 흔들며 만세를 불렀다. 일제의 총칼 아래 숨죽여 지내던 민족의 독립 의지가 마침내 거대한 함성이 되어 폭발한 역사적인 순간이었다.

  3월 1일 서울에서 시작된 만세의 함성은 들불처럼 전국 각지로 빠르게 퍼져 나갔다. 평양, 의주, 원산 등 북쪽 도시들을 시작으로, 개성, 인천, 수원 등 중부 지역, 그리고 대구, 부산, 광주, 전주 등 남부 지역까지, 도시와 농촌을 가리지 않고 약 2~3개월에 걸쳐 전국 방방곡곡에서 만세 시위가 끊이지 않고 이어졌다. 참여 계층 또한 매우 다양했다. 학생과 지식인들이 초기 확산에 중요한 역할을 했지만, 곧이어 상인들은 철시 투쟁으로, 노동자들은 파업으로, 농민들은 장날을 이용하여 시위에 동참했다. 심지어 기생들까지 만세 행렬에 참여하는 등, 그야말로 신분과 계층, 성별과 나이를 초월한 전 민족적인 항쟁이었다. 시위 방식은 대부분 독립선언서의 정신에 따라 평화적인 비폭력 시위의 형태를 띠었다. 참가자들은 손에 태극기를 들고 거리를 행진하며 "대한 독립 만세"를 외쳤고, 때로는 학교 동맹 휴학, 상점 철시, 공장 파업 등의 방식으로 일제에 저항했다.

그러나 평화적인 시위에 대한 일제의 대응은 상상을 초월할 정도로 잔혹하고 야만적이었다. 당시 조선 총독 하세가와 요시미치는 즉각 헌병과 경찰, 심지어 정규군까지 동원하여 시위 군중을 무력으로 진압하라는 명령을 내렸다. 일제 군경은 비무장 상태의 평화 시위대를 향해 무차별적으로 총격을 가했고, 닥치는 대로 사람들을 체포하여 고문하고 투옥했다. 특히 경기도 화성 제암리에서는 마을 주민 수십 명을 교회 안에 가두고 불을 질러 집단 학살하는 천인공노할 만행을 저질렀으며, 수원, 천안, 정주, 남원 등 전국 각지에서 수많은 학살과 방화, 고문이 자행되었다. 정확한 통계는 알기 어렵지만, 3.1 운동 과정에서 약 7,500여 명이 사망하고, 1만 6천여 명이 부상당했으며, 4만 7천여 명이 체포되어 투옥된 것으로 추산된다. 이는 독립을 향한 우리 민족의 열망이 얼마나 컸는지, 그리고 그 과정에서 치러야 했던 희생이 얼마나 엄청났는지를 보여 주는 가슴 아픈 기록이다.

3.1 운동은 비록 당장의 독립을 쟁취하지는 못했지만, 한국 독립운동사에서 가장 중요한 분수령이 된 사건으로 평가받는다. 첫째, 이 운동은 전 민족이 하나 되어 독립 의지를 전 세계에 명확히 보여 준 최초의 대규모 항쟁이었다. 이를 통해 우리 민족의 저력과 독립 역량을 과시했으며, 일제의 무단 통치가 결코 성공할 수 없음을 증명했다. 둘째, 3.1 운동의 거대한 저항에 충격을 받은 일제는 더 이상 힘으로만 조선을 다스릴 수 없음을 깨닫고, 기존의 무단 통치에서 소위 '문화 통치'로 식민 통치 방식을 변경하게 된다. 이는 물론 민족을 분열시키고 친일파를 양성하려는 교활한 기만책이었지만, 어쨌든 통치 방식의 변화를 이끌어냈다는 점에서 의

미가 있다. 셋째, 3.1 운동은 국내외 각지에서 분산되어 있던 독립운동 세력을 하나로 통합시키는 결정적인 계기를 마련해 주었다. 운동의 열기 속에서 독립운동의 구심점 역할을 할 통일된 지도부의 필요성이 절감되었고, 이는 마침내 1919년 4월 중국 상하이에서 대한민국 임시정부 수립으로 이어졌다. 넷째, 3.1 운동은 중국의 5.4 운동을 비롯하여 인도, 이집트 등 다른 아시아, 아프리카 약소민족들의 민족 해방 운동에도 큰 영향과 용기를 주었다.

　3.1 운동은 일제 강점기라는 암흑 속에서 우리 민족 전체가 떨쳐 일어나 자유와 독립, 그리고 평화를 향한 불굴의 의지를 보여준 위대한 민족적 저항이었다. 비록 엄청난 희생을 치르고 즉각적인 독립이라는 목표를 달성하지는 못했지만, 이 운동은 우리 민족에게 자신감과 단결력을 심어 주었고, 독립운동의 방향을 새롭게 설정하는 결정적인 전환점이 되었다. 비폭력 평화 시위라는 저항 방식은 이후에도 우리 민족 운동의 중요한 전통으로 이어졌다. 3.1 운동은 홍익인간의 정신이 단순히 개인적인 차원을 넘어, 민족 전체가 주체적으로 나서서 정의롭고 평화로운 세상을 만들어가려는 염원으로 승화될 수 있음을 보여 준 감동적인 역사이다. 1919년 봄, 전국 방방곡곡에서 울려 퍼졌던 "대한 독립 만세!"의 함성은 꺼지지 않는 횃불이 되어 이후 독립운동의 길을 밝혔으며, 오늘날 대한민국 민주주의의 초석이 되었다.

22장

상하이에 세운 우리 정부:
대한민국 임시정부, 꺼지지 않는 독립의 불씨

    1919년 3월 1일, 일제의 폭압적인 무단 통치 아래 신음하던 우리 민족이 전국 방방곡곡에서 "대한 독립 만세!"를 외치며 떨쳐 일어난 3.1 운동은 비록 당장의 독립을 가져오지는 못했지만, 독립운동의 새로운 지평을 열었다. 이 거족적인 운동을 통해 우리 민족은 독립을 향한 강력한 의지와 역량을 선 세계에 보여 주었고, 동시에 분산되어 있던 독립운동 세력을 하나로 묶어 체계적으로 이끌어 갈 구심점, 즉 통일된 정부 조직의 필요성을 절감하게 되었다. 이러한 열망 속에서 3.1 운동 직후, 국내외 여러 지역에서 임시정부 수립 움직임이 나타났다. 국내에서는 한성에서 13도 대표들이 모여 선포한 '한성 정부'가 있었고, 러시아령 연해주에서는 '대한국민의회'가, 그리고 중국 상하이에서는 신한청년당을 중심으로 한 인사들이 '임시의정원'을 구성하고 정부 수립을 추진하고 있었다. 이처럼 여러 곳에서 정부 수립 움직임이 나타난 것은 독립을 향한 열기가 얼마나 뜨거웠는지를 보여 주는 동시에, 자칫 독립운동 세력이 분열될 수도 있다는 우려를 낳기도 했다.

　이에 각지의 대표들은 통합의 필요성에 공감하고 논의를 거듭한 끝에, 국제적인 활동이 비교적 자유롭고 지리적으로 국내와 가까운 중국 상하이를 근거지로 하여 단일한 임시정부를 수립하기로 합의했다. 마침내 1919년 4월 11일(혹은 13일), 상하이의 프랑스 조계에서 대한민국 임시의정원이 제1회 회의를 열고, 국호를 '대한민국'으로 정했으며, 정치 체제는 왕정을 폐지하고 국민이 주인이 되는 민주 공화제를 채택하는 역사적인 결정을 내렸다. 이는 수천 년간 이어져 온 군주제를 종식시키고 우리 역사상 최초로 민주 공화제를 표방했다는 점에서 매우 중요한 의미를 갖는다. 또한, 임시 헌법을 제정하고 초대 국무총리에 이동휘, 내무총장에 안창호, 외무총장에 김규식 등을 선임했으며, 미국에 있던 이승만을 초대 대통령으로 선출했다. 이로써 대한민국 임시정부는 3.1 운동의 정신과 한성 정부의 법통을 계승하며, 일제 강점기 동안 국내외 동포들의 독립 염원을 한데 모으고 독립운동을 이끌어 갈 최고 중추 기관으로서의 역사적인 첫발을 내딛게 된 것이다.

　상하이에 자리 잡은 임정은 비록 망명 정부로서 수많은 어려움에 직면했지만, 조국의 독립을 쟁취하기 위해 다방면에 걸쳐 끈질긴 활동을 전개했다. 가장 중요한 활동 중 하나는 외교 활동을 통해 국제 사회에 우리의 독립 의지를 알리고 지지와 승인을 얻어내는 것이었다. 임정은 파리 강화 회의에 김규식을 대표로 파견하여 독립 청원서를 제출하려 했고, 미국 워싱턴에 구미위원부를 설치하여 이승만을 중심으로 외교 활동을 펼쳤다. 또한, 중국 국민당 정부와의 관계를 유지하며 지원을 얻어내려 노력했고, 국제 연맹 등 여러 국제 회의에 대표를 파견하여 한국 문제를 제기하려 했다. 하지만 당시 제국주의 열강들은 자국의 이익을 우선시하며 일본과의 관계를 고려했기에, 임정을 정식 정부로 승인하거나 실질적인 지원을 제공하는 데 매우 소극적이었다. 이러한 외교적 한계 속에서도 임정은 꾸준히 독립의 당위성을 선전하고 일제의 만행을 폭로하는 활동을 지속하며, 우리 민족이 독립을 포기하지 않았음을 세계에 알리는 역할을 수행했다.

임정 활동의 또 다른 중요한 축은 독립군 양성과 무장 투쟁 지원이었다. 초기에는 만주와 연해주 등지에서 활동하던 여러 독립군 부대들과 연계하여 활동 자금을 지원하거나 정보를 교환하는 역할을 했다. 하지만 점차 독립운동 세력을 통일하고 자체적인 군사력을 확보할 필요성을 느끼게 되었고, 특히 1930년대 이후 일제의 중국 침략이 본격화되면서 중국 국민당 정부와의 군사 협력이 중요해졌다. 마침내 1940년, 임정은 전시 체제로 돌입한 중국 충칭에서 지청천을 총사령관으로, 이범석을 참모장으로 하는 한국광복군을 창설했다. 광복군은 임정의 정규군으로서, 중국 국민당 군대와 협력하여 항일 전선에 참여했으며, 정보 수집, 심리전, 후방 교란 등의 활동을 벌였다. 제2차 세계 대전 말기에는 미국 전략사무국(OSS)과 협력하여 국내 진공 작전을 계획하고 특수 훈련을 받기도 했다. 비록 일본의 예상보다 빠른 항복으로 인해 국내 진공 작전이 실행되지는 못했지만, 광복군의 존재와 활동은 우리 민족 스스로의 힘으로 독립을 쟁취하려는 의지를 보여 주는 상징적인 것이었다. 또한, 임정은 김구 주석의 지도 아래 한인애국단을 조직하여 이봉창 의사의 도쿄 의거, 윤봉길 의사의 상하이 홍커우 공원 의거 등 의열 투쟁을 지원하기도 했다. 특히 윤봉길 의거는 침체되었던 임정의 위상을 크게 높이고 중국 국민당 정부의 전폭적인 지원을 이끌어내는 결정적인 계기가 되었다.

이처럼 임정은 외교와 무장 투쟁을 병행하며 독립운동을 이끌었지만, 그 과정은 결코 순탄하지 않았다. 망명 정부라는 태생적 한계로 인해 만성적인 재정 부족에 시달렸고, 국제 사회의 냉대와 무관심 속에서 외교적 성과를 거두기도 어려웠다. 무엇보다 임정 내부의 이념과 노선 갈등, 파벌 다툼은 독립운동의 역량을 하나로 모으는 데 큰 장애물이 되었다. 초기부터 이승만의 외교 독립론과 이동휘 등 사회주의 계열의 무장 투쟁론이 대립했으며, 1923년 국민대표회의는 오히려 임정의 분열을 심화시키는 결과를 낳기도 했다. 또한, 일제의 탄압과 감시는 끊임없이 임정을 위협했다. 일본은 임정 요인들에 대한 암살과 테러를 시도했고, 첩자를 침투시켜 내부를 교란했다. 특히 윤봉길 의거 이후 일제의 탄압이 심해지면서, 임정은 상하이를 떠나 항저우, 난징, 창사, 광저우, 류저우, 치장 등 중국 각지를 떠돌아다니며 고난의 피난 생활을 계속해야 했고, 마침내 1940년에야 전시 수도였던 충칭에 정착할 수 있었다. 이러한 극심한 어려움 속에서도 임정 요인들은 좌절하지 않고 정부 조직과 임시의정원을 유지하며 법률을 제정하고, 임시정부의 이름으로 독립 공채를 발행했으며, 교민 자녀들을 위한 교육 활동을 펼치는 등 망명 정부로서의 명맥을 꿋꿋이 이어 갔다. 이는 어떠한 시련 속에서도 국가의 정통성과 독립 의지를 지키려는 눈물겨운 노력이었다.

1945년 8월 15일, 마침내 일본이 연합국에 무조건 항복하면서 우리 민족은 꿈에 그리던 광복을 맞이했다. 하지만 광복의 기쁨도 잠시, 임정의 앞날은 순탄치 않았다. 미국을 비롯한 연합국은 끝내 임정을 한반도의 정식 정부로 승인하지 않았고, 임정 요인들은 정부 자격이 아닌 개인 자격으로 귀국해야 하는 상황에 처했다. 해방 후 한반도는 미소 양군에 의해 분할 점령되었고, 임정이 꿈꿨던 통일된 자주독립 국가 건설은 또 다른 시련에 부딪히게 된다.

대한민국 임시정부는 일제 강점기 27년 동안 꺼지지 않는 민족 독립의 상징이자 구심점 역할을 수행한 역사적인 조직이다. 비록 망명 정부로서 수많은 시련과 내부 갈등이라는 한계를 안고 있었고, 국제 사회로부터 정식 승인을 받지 못하는 등 외교적으로도 큰 어려움을 겪었지만, 임정은 우리 역사상 최초의 민주 공화제 정부로서 독립운동의 정통성을 유지하고, 외교 활동과 무장 투쟁 등 다방면에서 국권 회복을 위한 노력을 기울였다. 임정의 존재 자체가 일제의 식민 통치가 불법임을 알리고 우리 민족의 독립 의지가 살아 있음을 보여 주는 강력한 증거였으며, 암흑기 속에서 고통받던 국내외 동포들에게는 큰 희망과 정신적 지주가 되었다. 비록 해방 공간에서 임정이 기대했던 역할을 다하지 못했다는 비판도 있지만, 극한의 고난 속에서도 민족의 독립과 민주 공화국 건설이라는 이상을 포기하지 않았던 임정의 숭고한 정신과 활동은 오늘날 대한민국의 정통성과 역사적 뿌리를 이루는 중요한 자산으로 평가받고 있다. 임시정부의 역사는 우리에게 독립과 평화를 향한 길이 얼마나 험난한지를 보여 주는 동시에, 그 어떤 역경 속에서도 포기하지 않는 의지와 연대의 중요성을 일깨워 주고 있다.

23장

교활한 채찍, 문화통치의 실상:
1920년대, 우리 민족을 갈라놓다

3.1 운동이라는 거대한 민족적 함성은 일제 강점기의 어둠을 뒤흔드는 강력한 섬광이었다. 헌병 경찰의 총칼 아래 숨죽여 지내던 조선 민족이 남녀노소, 종교와 계층을 초월하여 하나 되어 "대한 독립 만세"를 외쳤던 이 비폭력 평화 시위는, 비록 당장의 독립을 가져오지는 못했지만 일본 제국주의에게는 엄청난 충격과 당혹감을 안겨 주었다. 10년간의 가혹한 무단 통치가 조선인의 독립 의지를 꺾기는커녕 오히려 더욱 강력한 저항을 불러왔다는 사실이 명백히 증명되었기 때문이다. 또한, 시위 진압 과정에서 벌어진 제암리 학살 사건 등 일제의 잔혹한 만행이 국제 사회에 알려지면서 일본의 통치 방식에 대한 비판 여론이 높아진 것도 부담으로 작용했다. 이에 일본은 더 이상 기존의 강압적인 방식만으로는 조선을 효과적으로 통치하기 어렵다고 판단하고, 식민 통치 정책의 전면적인 수정을 모색하게 된다. 이렇게 해서 1919년 8월, 새로운 조선 총독으로 해군 대장 출신의 사이토 마코토가 부임하면서 시작된 것이 바로 1920년대

의 '문화 통치'이다. 이는 표면적으로는 무단 통치의 강압성을 완화하고 조선의 문화와 관습을 존중하는 유화적인 통치를 표방했지만, 그 실상은 조선 민족의 저항 의지를 무마시키고 민족 운동을 분열시켜 장기적으로는 더욱 교묘하고 효과적으로 식민 통치를 유지하려는 기만적인 술책에 불과했다.

일제는 '문화 통치'의 간판 아래 몇 가지 유화적인 조치를 내놓았다. 가장 먼저, 조선인들의 극심한 반감을 샀던 헌병 경찰 제도를 폐지하고 보통 경찰 제도로 전환했다. 또한 이전까지 금지되었던 한국어 신문의 발행을 일부 허용하여, 1920년에 『조선일보』와 『동아일보』가 창간될 수 있었다. 언론, 출판, 집회, 결사의 자유도 제한적으로나마 허용하는 듯한 태도를 보였고, 교육 기회를 확대하겠다며 보통학교 수를 늘리고 일부 전문학교 설립을 허가하기도 했다. 심지어 조선 총독 자리에 문관도 임명될 수 있도록 제도를 바꾸고, 조선인을 관리로 등용하거나 지방 자치 제도에 참여시키는 등 외형상으로는 조선인의 정치 참여 길을 열어 주는 듯한 모습까지 보였다. 이러한 조치들은 마치 일제가 조선인의 요구를 수용하고 통치 방식을 개선하는 것처럼 보이게 만들었다.

하지만 이러한 변화들은 대부분 겉모습뿐인 허울 좋은 선전에 지나지 않았다. 헌병 경찰이 보통 경찰로 바뀌었지만, 실제로는 경찰의 수와 장비, 예산은 이전보다 훨씬 더 크게 증가했다. 경찰들은 더욱 치밀하고 교묘한 방식으로 민족 운동가들을 감시하고 탄압했으며, 독립운동 관련자들에 대한 고문과 탄압은 여전히 잔혹하게 자행되었다. 신문 발행이 허용되었지만, 엄격한 사전 검열 제도가 시행되어 조금이라도 일제에 비판적인 기사는 삭제되거나 압수당하기 일쑤였고, 수시로 정간이나 폐간 처분을 받았다. 집회와 결사의 자유 역시 사회주의 운동이나 민족 운동과 관련된 것은 철저히 금지되었으며, 허용된 단체들도 항상 일제의 감시와 통제 아래 놓여 있었다. 문관 총독 임명 규정은 생겼지만 해방될 때까지 단 한 명의 문관 총독도 임명되지 않았고, 조선인 관리 등용이나 지방 자치 참여 역시 극히 제한적이었으며 실질적인 권한은 거의 없는 형식적인 수준에 머물렀다. 교육 기회가 일부 확대된 것은 사실이지만, 여전히 일본인에 비해 차별적인 교육 환경이었고, 교육 내용은 조선인을 일본 제국의 충량한 신민으로 만들기 위한 동화 교육과 식민지 실용 교육에 초점이 맞춰져 있었다. 이처럼 '문화 통치'는 겉으로는 유화적인 제스처를 취하면서도, 실제로는 더욱 교묘하고 체계적인 방식으로 민족의 저항을 억누르고 식민 통치를 강화하려는 이중적인 통치 방식이었다.

'문화 통치'의 가장 교활하고 악랄한 측면은 바로 민족 분열 정책에 있었다. 일제는 조선 민족 전체가 하나로 뭉쳐 저항하는 것을 가장 두려워했기 때문에, 다양한 방법을 동원하여 민족 내부의 갈등을 조장하고 분열을 획책했다. 그 핵심 전략은 바로 친일파를 적극적으로 양성하는 것이었다. 일제는 조선 사회의 지주, 자본가, 지식인, 전직 관료 등 상류층과 엘리트 계층을 회유하고 매수하기 위해 노력했다. 그들에게 각종 관직이나 자문 기구의 직책을 제안하고, 경제적인 특혜를 제공하며, 일본 귀족 작위를 수여하는 등 다양한 당근을 제시했다. 이렇게 길러진 친일 세력은 일제의 식민 통치를 정당화하고 협력하는 앞잡이 노릇을 했으며, 민족 운동 내부를 교란하고 정보를 제공하는 역할을 하기도 했다. 또한, 이들은 자신들의 기득권을 유지하기 위해 민족 전체의 이익보다는 일제의 정책에 순응하는 모습을 보이면서, 결과적으로 민족의 단결을 저해하고 독립운동의 역량을 약화시키는 결과를 초래했다.

또한 일제는 당시 성장하고 있던 민족주의 운동과 사회주의 운동 사이의 이념적 갈등을 교묘하게 이용하여 양측이 서로 반목하고 대립하도록 부추겼다. 일제는 민족독립 운동 전선이 하나로 통일되는 것을 막으려 했다. 지역감정을 조장하거나 종교 간의 갈등을 유발하려는 시도도 있었다.

이처럼 1920년대 '문화 통치'는 우리 민족에게 이전과는 다른 종류의 시련을 안겨 주었다. 무단 통치 시기의 노골적인 폭력 대신, 회유와 기만, 분열 공작이라는 더욱 교활한 방식으로 우리의 자주성을 옭아매려 했다. 이는 단기적인 저항을 무마시키는 데는 어느 정도 성공했을지 모르지만, 장기적으로는 민족 내부에 깊은 불신과 갈등의 씨앗을 뿌리고, 친일 세력이라는 뼈아픈 상처를 남겼다. 하지만 이러한 일제의 기만적인 통치와 분열 책동 속에서도 우리 민족의 저항은 멈추지 않았다. 오히려 '문화 통치' 하에서 제한적으로나마 허용된 공간을 활용하여 새로운 방식의 민족 운동이 전개되었다. 실력 양성 운동, 학생 운동, 농민 운동, 노동 운동, 사회주의 운동 등 다양한 형태의 저항들이 꾸준히 이어졌다. 이는 우리 민족이 주어진 환경에 적응하면서도 결코 독립의 꿈을 포기하지 않았음을 보여 주는 증거이다.

1920년대 '문화 통치'는 3.1 운동이라는 거대한 도전에 직면한 일제가 식민 통치의 효율성과 지속성을 높이기 위해 채택한 고도의 기만적인 통치 술책이었다. 겉으로는 유화적인 제스처를 취했지만, 실제로는 경찰력 강화, 교묘한 감시와 통제, 그리고 적극적인 친일파 양성과 민족 분열 공작을 통해 식민 지배 체제를 더욱 공고히 하려 했다. 이는 우리 민족에게 새로운 형태의 고난을 안겨 주었으며, 민족 내부의 분열과 갈등을 심화시키는 좌절의 역사이기도 했다. 하지만 이 시기는 동시에 우리 민족 운동이 일제의 변화된 통치 방식에 맞서 다양한 형태로 발전하고 적응해 나가는 과정이기도 했다. '문화 통치'라는 가면 뒤에 숨겨진 일제의 칼날을 직시하며, 우리 민족은 교육, 문화, 경제, 사회 운동 등 각자의 자리에서 끈질기게 저항의 불씨를 지펴 나갔고, 이는 더욱 성숙하고 다변화된 독립 운동으로 발전하는 밑거름이 되었다. 이 시기의 역사는 우리에게 독립과 자유를 향한 길이 얼마나 복잡하고 어려운지를 보여 주는 동시에, 어떠한 교묘한 통치 술책 속에서도 진실을 간파하고 끊임없이 저항하며 미래를 준비하는 지혜와 용기가 필요함을 일깨워 주고 있다.

24장

실력인가, 혁명인가:
독립을 향한 두 가지 노선, 실력 양성 운동과 사회주의

1920년대 기존의 폭압적인 무단 통치에서 벗어나 이른바 '문화통치'라는 교묘한 식민 통치 방식이 등장하게 된다. 비록 그 본질은 민족을 분열시키고 친일 세력을 양성하여 통제를 강화하려는 기만책이었지만, 표면적으로는 언론, 출판, 집회, 결사의 자유를 제한적이나마 허용하는 등 약간의 숨통을 틔워 주었다. 이러한 변화된 환경 속에서, 국내의 민족 운동은 새로운 국면을 맞이하게 된다. 만주나 연해주 등 국외에서 독립 전쟁 준비나 외교 활동이 계속되는 한편, 국내에서는 제한된 공간 속에서나마 민족의 역량을 키우고 독립의 기반을 닦으려는 다양한 노력들이 전개되었다. 특히 이 시기 국내 민족 운동은 크게 두 가지 흐름으로 나뉘어 발전했는데, 하나는 교육과 산업의 진흥을 통해 장기적으로 실력을 키워 독립을 준비하자는 '실력 양성 운동'이었고, 다른 하나는 러시아 혁명의 영향을 받아 사회주의 사상을 바탕으로 민족 해방과 동시에 계급 해방을 추구했던 '사회주의 운동'이었다. 이 두 흐름은 때로는 서로 경쟁하고 비판하면서도, 때로는 '일제 타도'라는 공동의 목표 아래 협력하며 1920년대 민족 운동의 역동적인 풍경을 만들어갔다.

실력 양성 운동은 기본적으로 애국 계몽 운동의 정신을 계승한 노선이었다. 이들은 당장의 무력 투쟁이나 급진적인 혁명보다는, 우선 우리 민족이 일본에 뒤처진 교육, 산업, 문화 등 다방면에서 실력을 키우는 것이 급선무라고 생각했다. 실력이 부족했기에 나라를 빼앗겼다고 진단하고, 따라서 실력을 충분히 길러야만 언젠가 독립을 쟁취하고 유지할 수 있다고 믿었던 것이다. 주로 민족주의 성향의 지식인, 교육자, 자본가 등이 이 운동을 이끌었다. 이들이 추진했던 대표적인 활동으로는 '물산 장려 운동'이 있다. 1920년 평양에서 조만식 등이 중심이 되어 시작된 이 운동은 "조선 사람 조선 것으로!", "내 살림 내 것으로!"라는 구호 아래 전국적으로 확산되었다.

이는 일본 상품의 범람으로 조선의 민족 산업이 고사 위기에 처한 상황에서, 국산품을 애용하고 민족 기업을 육성하여 경제적 자립을 이루자는 운동이었다. 사람들이 국산 옷감인 토산품을 입고, 민족 기업이 만든 물건을 사며, 민족 자본으로 회사를 설립하려는 노력이 이어졌다. 또 다른 중요한 활동은 '민립 대학 설립 운동'이다. 당시 조선에는 제대로 된 고등 교육 기관이 부족했고, 일본이 세운 학교에서는 민족 교육을 기대하기 어려웠기에, 이상재 등을 중심으로 "우리 민족의 힘으로 민족 교육의 전당인 대학을 설립하자"는 운동이 1920년대 초반부터 전개되었다. '한민족 1천만이 한 사람 1원씩'이라는 구호 아래 전국적인 모금 운동이 벌어졌으나, 일제의 집요한 방해와 탄압, 그리고 연이은 자연재해 등으로 인해 결국 좌절되고 말았다. 이 외에도 문맹 퇴치 운동, 농촌 계몽 운동을 통해 백성들을 교육하고 계몽하려는 노력도 꾸준히 전개되었다. 이러한 실력 양성 운동은 비록 점진적이고 온건하다는 비판도 있었지만, 장기적인 안목에서 민족의 역량을 키우고 자강 의지를 다지려 했다는 점에서 중요한 의미를 지닌다.

한편, 제1차 세계 대전 이후 전 세계적으로 확산된 사회주의 사상은 1920년대 조선에도 큰 영향을 미쳤다. 특히 러시아 혁명의 성공은 식민지 지배와 봉건적 착취라는 이중의 억압에 시달리던 조선의 지식인, 학생, 그리고 새롭게 형성되던 노동자, 빈농 계층에게 매우 매력적인 대안으로 다가왔다. 사회주의 운동가들은 단순히 일본 제국주의로부터의 민족 해방뿐만 아니라, 자본가와 지주 계급으로부터 노동자와 농민을 해방시키는 계급 혁명을 동시에 추구했다. 그들은 민족 문제의 근본 원인이 제국주의와 자본주의 체제 자체에 있다고 보았으며, 따라서 민족 해방과 사회 혁명은 분리될 수 없는 과제라고 생각했다. 이러한 사회주의 사상은 당시 청년, 학생, 지식인들 사이에서 빠르게 확산되었고, 이를 바탕으로 노동 운동과 농민 운동이 조직적으로 전개되기 시작했다. 전국 각지에서 노동 조합들이 결성되어 열악한 노동 조건 개선과 임금 인상을 요구하며 파업 투쟁을 벌였고, 농민 조합들은 높은 소작료에 항의하고 소작권을 요구하며 지주들과 격렬한 소작 쟁의를 벌였다. 특히 1923년부터 1년 넘게 지속된 암태도 소작 쟁의는 섬 전체 주민들이 단결하여 지주의 횡포에 맞서 싸워 소작료 인하를 관철시킨 농민 운동의 대표적인 성공 사례로 꼽힌다. 또한, 사회주의 사상을 연구하고 전파하기 위한 비밀 학습 그룹들이 만들어졌고, 1925년에는 박헌영 등을 중심으로 조선 공산당이 창립되기도 했다. 비록 조선 공산당은 내부 분열과 일제의 가혹한 탄압으로 여러 차례 해체와 재건을 반복했지만, 사회주의 운동은 1920년대 독립 운동의 한 축으로 자리 잡았다.

이처럼 1920년대 국내 민족 운동은 민족주의적 실력 양성론과 사회주의적 계급 해방론이라는 두 개의 큰 흐름으로 나뉘어 전개되었다. 두 흐름은 대한 독립 목표는 같았지만, 추구하는 사회상, 운동의 주체, 그리고 운동 방식 등에서 뚜렷한 차이를 보였다. 이로 인해 양측은 종종 서로를 비판하며 갈등을 빚기도 했다. 사회주의자들은 실력 양성 운동이 결국 민족 내부의 부르주아 계급에게만 이익을 줄 뿐이며, 일제와 타협하는 개량주의에 불과하다고 비판했다. 반대로 민족주의자들은 사회주의자들이 계급 투쟁을 우선시하여 민족의 단결을 해치고, 비현실적인 혁명 노선으로 불필요한 희생만 초래한다고 비판했다.

하지만 이러한 갈등 속에서도 '일제 타도'라는 공동의 목표 아래 두 세력이 힘을 합치려는 노력 또한 꾸준히 시도되었다. 특히 1920년대 중반 이후, 민족주의 진영 내에서도 비타협적인 노선을 견지하는 세력과 사회주의 진영 내에서도 민족 문제 해결의 중요성을 인정하는 세력 사이에서 '민족 협동 전선' 또는 '민족 유일당 운동'의 필요성이 제기되었다. 그 가장 중요한 결실이 바로 1927년 2월에 창립된 신간회이다.

신간회는 '정치적·경제적 각성 촉진', '민족적 단결 공고', '기회주의 일체 부인'이라는 3대 강령 아래, 민족주의 우파와 사회주의 좌파가 합작하여 결성한 당시 최대 규모의 합법적 항일 사회 운동 단체였다. 신간회는 전국 각지에 지회를 설치하고 강연회 개최, 노동 운동 및 농민 운동 지원, 청년 및 학생 운동 지도 등 다양한 활동을 펼쳤으며, 특히 1929년 광주 학생 항일 운동이 일어나자 진상 조사단을 파견하고 전국적인 대회 개최를 시도하는 등 운동 확산에 결정적인 역할을 했다. 이는 분열되었던 민족 역량을 하나로 모아 일제에 맞서려 했던 의미 있는 시도였으며, 민족 운동의 저변을 크게 확대하는 성과를 거두었다.

그러나 안타깝게도 신간회 역시 내부적인 한계와 외부적인 탄압으로 인해 오래 지속되지는 못했다. 창립 초기부터 존재했던 민족주의 진영과 사회주의 진영 간의 이념 및 노선 갈등이 점차 심화되었고, 지도부 선출 문제 등을 둘러싼 내부 분열도 끊이지 않았다. 또한, 사회주의 운동의 국제적 지도 기관이었던 코민테른의 정책 변화(민족주의자와의 협력 노선 폐기)와 일제의 교묘한 탄압 및 방해 공작도 신간회 활동을 위축시키는 요인이 되었다. 결국 신간회는 1931년 5월, 내부 좌파 세력의 주도로 해소 결의를 함으로써 4년여의 활동을 마감하게 된다. 신간회의 해소는 민족 협동 전선 운동의 좌절을 의미했지만, 그 경험과 교훈은 이후 독립운동 세력의 통합 노력에 중요한 참고가 되었다. 이는 홍익인간이라는 보편적 이상을 실현하는 길은 전 민족적 열망을 담을 수 있는 공통의 비전이 필요함을 보여주었다.

25장

독립군의 신화, 승리와 시련:
봉오동과 청산리의 위대한 승리, 그리고 자유시 참변

1919년 3.1 운동의 거대한 함성은 비록 당장의 독립을 가져오지는 못했지만, 우리 민족의 가슴 속에 꺼지지 않는 독립의 열망을 다시 한번 확인시켜 주었다. 일제의 가혹한 탄압을 피해, 그리고 더욱 적극적인 독립 투쟁을 위해 수많은 애국지사들과 청년들이 압록강과 두만강을 건너 만주와 러시아령 연해주로 향했다. 이들은 척박한 타국 땅에서 조국의 독립을 되찾기 위한 기지를 건설하고, 군대를 조직하여 훈련하며 무장 투쟁을 준비하기 시작했다. 특히 북간도 지역은 많은 한인 동포들이 거주하고 있었고, 지형적으로도 항일 투쟁에 유리하여 독립군 부대들의 주요 활동 무대가 되었다. 바로 이곳에서 1920년, 우리 독립운동사상 가장 빛나는 승리의 기록들이 쓰여지게 된다.

1920년 6월, 홍범도 장군이 이끄는 대한독립군을 비롯하여 최진동의 군무도독부, 안무의 국민회군 등 여러 독립군 연합 부대는 두만강을 건너 함경북도 종성군 강양동으로 진격하여 일본군 초소를 격파하는 등 활발한 국내 진공 작전을 펼치고 있었다. 이에 분노한 일본군은 월강추격대대를 편성하여 독립군의 근거지를 소탕하기 위해 두만강을 건너 추격해 왔다. 홍범도 장군은 일본군을 유리한 지형으로 유인하여 격멸할 계획을 세웠다. 그는 일본군을 봉오동이라는 깊은 골짜기로 끌어들인 뒤, 미리 매복하고 있던 독립군 연합 부대와 함께 삼면에서 맹렬한 기습 공격을 퍼부었다. 지형에 익숙하고 사기가 충천했던 독립군은 월등한 화력을 가진 일본군을 상대로 4시간여의 치열한 전투 끝에 150여 명을 사살하고 수많은 부상자를 내는 등 압도적인 승리를 거두었다. 이것이 바로 봉오동 전투이다. 이 전투는 3.1 운동 이후 독립군 부대가 거둔 최초의 대규모 승리로, 우리 민족에게는 큰 용기와 희망을 안겨 주었고, 일본군에게는 만주 지역 독립군의 존재와 전투력을 무시할 수 없다는 경각심을 심어 주었다.

봉오동 전투의 패배로 자존심을 구기고 독립군의 기세에 위협을 느낀 일본은 대대적인 보복 작전을 계획했다. 1920년 가을, 일본은 정규군 1만 5천여 명 이상으로 구성된 대규모 '간도 출병' 부대를 편성하여, 북간도 지역의 모든 독립군 기지를 완전히 소탕하고 한인 사회를 초토화시키려 했다. 이에 맞서 북간도 지역의 주요 독립군 부대였던 김좌진 장군이 이끄는 북로군정서군과 봉오동 전투 이후 이곳으로 이동해 온 홍범도 장군의 대한독립군 연합 부대는 힘을 합쳐 결사항전의 태세를 갖추었다.

1920년 10월 21일부터 26일까지 6일 동안, 독립군 연합 부대는 청산리 일대의 백운평, 천수평, 완루구, 어랑촌 등 여러 골짜기에서 압도적인 병력과 화력을 가진 일본군 토벌대를 상대로 치열한 전투를 벌였다. 독립군은 뛰어난 지휘관들의 전략과 지형지물을 활용한 매복 및 기습 공격, 그리고 무엇보다 죽음을 두려워하지 않는 용맹함으로 일본군에게 막대한 피해를 입혔다. 일본군 사상자는 1,000명 이상에 달한 반면, 독립군의 피해는 상대적으로 매우 적었다. 이것이 바로 우리 독립 전쟁사상 가장 빛나는 금자탑으로 불리는 청산리 대첩이다.

청산리 대첩은 봉오동 전투와 더불어 우리 민족의 항일 투쟁 의지와 역량을 만천하에 과시한 위대한 승리였으며, 식민 통치 아래 고통받던 동포들에게는 가슴 벅찬 감격과 자긍심을 안겨 주었다.

하지만 이 위대한 승리의 뒤에는 참혹한 비극이 기다리고 있었다. 청산리에서의 연이은 패전 소식에 격분한 일본군은 전투에서 입은 피해를 만회하고 독립군의 근거지를 뿌리 뽑기 위해, 전투와는 아무런 상관없는 간도 지역의 한인 동포들을 대상으로 무차별적인 학살과 방화를 자행했다. 1920년 10월부터 약 3~4개월간 이어진 이른바 '간도 참변' 또는 '경신 참변' 동안, 일본군은 독립군을 도왔다는 구실로 수많은 한인 마을을 불태우고 재산을 약탈했으며, 남녀노소를 가리지 않고 수천 명의 무고한 양민들을 잔인하게 학살했다. 이는 독립군과 한인 사회의 연계를 끊고 공포 분위기를 조성하여 항일 의지를 꺾으려는 일본 제국주의의 비인도적인 만행이었다.

간도 참변으로 인해 만주에서의 활동 기반을 상당 부분 상실하고 일본군의 대대적인 토벌 작전을 피해, 김좌진과 홍범도가 이끌던 부대를 포함한 수많은 독립군 부대들은 새로운 활로를 찾아 러시아령 연해주 지역으로 이동하기 시작했다. 당시 러시아는 혁명 이후 내전 상태였고, 연해주 지역에서는 볼셰비키 혁명 정부의 적군과 러시아 잔존 세력, 그리고 일본을 포함한 외국 간섭군들이 뒤엉켜 싸우는 혼란한 상황이었다. 독립군 부대들은 이 혼란 속에서 볼셰비키 적군과 협력하여 항일 투쟁을 계속하고, 흩어진 부대들을 통합하여 강력한 단일 군단을 조직하려는 희망을 품고 있었다. 특히 극동 공화국 정부는 독립군 부대들에게 무기와 군수품 지원을 약속하며 아무르주의 '자유시'로 집결할 것을 제안했다. 이에 여러 독립군 부대 수천 명이 자유시 일대로 모여들었다.

그러나 자유시에 집결한 독립군 부대들의 앞날은 희망보다는 분열과 비극으로 얼룩졌다. 수많은 독립군 부대들이 모였지만, 지휘 체계를 하나로 통합하는 과정에서 주도권을 둘러싼 파벌 간의 갈등이 심각하게 불거졌다. 크게는 김좌진, 이범석 등이 중심이 된 상하이 임시정부 계열과, 이동휘 등 사회주의 사상을 받아들인 이르쿠츠크파 고려공산당 계열, 그리고 상하이파 고려공산당 계열 등으로 나뉘어 서로 반목했다. 여기에 소련 공산당과 코민테른의 개입이 상황을 더욱 악화시켰다. 소련 측은 자신들의 통제 하에 독립군 부대들을 재편하려 했으며, 특히 자신들에게 협조적인 이르쿠츠크파 고려공산당 계열에게 지휘권을 넘겨주려 했다. 이를 위해 소련 적군은 자유시에 집결한 모든 독립군 부대들에게 무장을 해제하고 소련 적군 휘하로 편입될 것을 강요했다. 하지만 상하이 임정 계열과 다수 민족주의 성향의 부대들은 소련의 일방적인 요구와 특정 파벌 중심의 지휘권 장악 시도에 강력히 반발하며 무장 해제를 거부했다.

결국 이러한 갈등은 1921년 6월 28일, 끔찍한 유혈 사태로 폭발하고 만다. 소련 적군 제29연대와 이르쿠츠크파 고려공산당 계열의 군대가 무장 해제를 거부하는 독립군 부대를 포위하고 무차별 공격을 감행했다. 비무장 상태였거나 제대로 저항할 준비가 되어 있지 않았던 독립군들은 속수무책으로 쓰러져갔다. 수백 명의 독립군 병사들이 이 동족상잔과 같은 전투 과정에서 목숨을 잃거나, 강물에 빠져 익사했으며, 수천 명이 포로가 되어 강제 무장 해제를 당하고 시베리아 등지로 끌려가 강제 노동에 시달리기도 했다. 이것이 바로 우리 독립운동사에서 가장 비극적인 사건 중 하나인 '자유시 참변'이다.

자유시 참변은 이제 막 봉오동과 청산리에서 빛나는 승리를 거두고 새로운 도약을 꿈꾸던 우리 독립군 세력에게는 치명적인 타격이었다. 수많은 정예 병력을 잃었을 뿐만 아니라, 이 사건으로 인해 민족주의 진영과 사회주의 진영 사이의 불신과 반목의 골은 더욱 깊어져 이후 독립운동 전선의 통일에 큰 장애 요인이 되었다. 살아남은 독립군 부대들은 뿔뿔이 흩어져 다시 만주 등지로 돌아오거나 시베리아를 유랑하며 힘겨운 재기의 과정을 밟아야 했다.

1920년대 초반 국외 독립 전쟁은 봉오동과 청산리에서의 눈부신 승리를 통해 우리 민족의 불굴의 투쟁 의지와 잠재력을 보여 주었지만, 동시에 간도 참변이라는 일제의 잔혹한 보복과 자유시 참변이라는 동족상잔 및 국제 정치의 냉혹함이라는 극과 극의 경험을 압축적으로 보여 준다. 이는 독립을 향한 길이 얼마나 험난하고 예측 불가능한 도전과 시련으로 가득 차 있는지를 증명했다. 특히 자유시 참변은 외부의 적뿐만 아니라 내부의 분열과 믿었던 소련의 배신이라는 좌절까지 겹치면서 우리 독립운동사에 씻을 수 없는 상처를 남겼다. 이 시기의 영광과 비극은 우리에게 승리의 기쁨과 함께 희생의 고귀함, 그리고 독립 국가를 향한 공통의 비전에 기초한 단결의 중요성과 국제 관계의 냉엄함이라는 값비싼 교훈을 동시에 안겨 주었다. 비록 큰 타격을 입었지만, 이러한 고난 속에서도 독립을 향한 우리 민족의 염원과 투쟁은 결코 멈추지 않았으며, 이후 더욱 끈질기고 다양한 방식으로 전개되어 마침내 광복을 맞이하는 밑거름이 되었다.

26장

다시 터져 나온 만세:
6·10 만세운동과 광주 학생 항일 운동

1919년 3.1 운동의 거대한 함성 이후, 일제는 조선 민족의 거센 저항에 놀라 노골적인 무력 통치에서 벗어나 이른바 '문화 통치'라는 교묘한 기만 술책으로 통치 방식을 전환했다. 겉으로는 언론, 출판, 집회의 자유를 일부 허용하고 조선의 문화를 존중하는 듯 보였지만, 실제로는 경찰력을 더욱 강화하고 친일 세력을 양성하며 민족을 분열시켜 식민 통치를 더욱 공고히 하려는 의도였다. 하지만 이러한 일제의 기만적인 통치 아래에서도 우리 민족의 독립을 향한 열망과 저항 의지는 결코 꺾이지 않았다. 특히, 식민지 차별 교육 속에서 민족의식을 키워 나가던 학생들은 1920년대 국내 항일 운동의 새로운 주역으로 떠올랐다. 바로 6·10 만세 운동과 광주 학생 항일 운동은 이 시기 학생들의 뜨거운 애국심과 용기를 보여 주는 대표적인 항일 민족 운동이었다.

먼저 6·10 만세 운동은 3.1 운동과 유사한 배경 속에서 기획되었다. 1926년 4월, 대한제국의 마지막 황제였던 순종이 세상을 떠나자, 온 민족은 또다시 망국의 슬픔에 잠겼다. 그의 장례일인 6월 10일에는 전국 각지에서 수많은 사람들이 국장을 보기 위해 서울로 모여들 것으로 예상되었다. 이는 3.1 운동 때 고종 황제의 장례일을 계기로 전국적인 만세 시위가 일어났던 것처럼, 다시 한번 민족의 울분을 터뜨리고 독립 의지를 표출할 수 있는 좋은 기회였다. 이러한 분위기 속에서 당시 국내에서 활동하던 사회주의 계열과 천도교 구파 등 민족주의 계열의 학생 단체들은 각각 비밀리에 만세 시위를 준비했다. 비록 양측의 공조가 긴밀하게 이루어지지는 못했지만, 그들은 격문과 전단을 미리 준비하고 국장 행렬이 지나는 길목에 학생들을 배치하여 거사를 계획했다. 그들의 목표는 순종의 죽음을 애도하는 것을 넘어, 다시 한번 "대한 독립 만세"를 외쳐 일제의 간담을 서늘하게 하고 침체된 민족 운동에 활력을 불어넣는 것이었다.

마침내 1926년 6월 10일, 순종 황제의 장례 행렬이 엄숙하게 지나가던 순간, 계획대로 학생들이 움직이기 시작했다. 돈화문 근처, 종로 일대 등 행렬이 지나는 주요 지점에서 학생들은 품속에 숨겨두었던 격문을 뿌리고, "조선 독립 만세!", "일본 제국주의 타도!" 등의 구호를 외치며 시위를 벌였다. 갑작스러운 만세 소리에 주변의 시민들도 일부 동조하며 호응했지만, 이미 3.1 운동의 경험으로 철저한 경계 태세를 갖추고 있던 일제 경찰과 군대는 즉각 강경 진압에 나섰다. 시위는 순식간에 진압되었고, 주동 학생들을 포함하여 수백 명이 체포되었다. 비록 3.1 운동처럼 전국적으로 확산되지는 못하고 서울 중심의 시위에 그쳤지만, 6·10 만세 운동은 일제의 감시와 탄압이 기만적인 '문화 통치' 시기에도 우리 민족의 독립 의지가 결코 죽지 않았음을 보여준 중요한 사건이었다. 특히 학생들이 민족 운동의 주체 세력으로 성장했음을 보여 주었고, 비록 제한적이었지만 민족주의 진영과 사회주의 진영이 공동의 목표 아래 연대할 수 있다는 가능성을 보여 주었다는 점에서 의미가 있다. 이 사건 이후 일제는 학생 운동과 사회주의 운동에 대한 감시와 탄압을 더욱 강화하게 된다.

6·10 만세 운동 이후 잠시 숨을 고르던 학생 운동은 3년 뒤인 1929년 가을, 광주에서 시작되어 전국적인 항일 운동으로 폭발하게 된다. 이것이 바로 광주 학생 항일 운동이다. 이 운동의 직접적인 발단은 사소한 사건처럼 보이지만, 그 배경에는 식민지 조선 학생들이 겪어야 했던 뿌리 깊은 민족 차별과 울분이 자리 잡고 있었다. 당시 조선의 학교들은 일본인 학생과 조선인 학생이 함께 다니는 경우가 많았는데, 일본인 교사들은 노골적으로 조선인 학생들을 차별하고 무시했으며, 일본인 학생들 역시 조선인 학생들을 괴롭히는 일이 빈번했다. 교육 과정 자체도 일본 역사와 문화를 강요하고 조선의 역사와 문화를 폄하하는 등 식민지 동화 교육에 초점이 맞춰져 있었다. 이러한 차별과 억압 속에서 조선 학생들의 불만은 점점 쌓여가고 있었다.

그러던 1929년 10월 30일, 나주역에서 광주행 통학 열차 안에서 사건이 발생했다. 일본인 남학생들이 광주중학교에 다니던 조선인 여학생 박기옥 등의 댕기 머리를 잡아당기며 희롱하는 일이 벌어졌다. 이를 목격한 박기옥의 사촌 동생이자 광주고등보통학교 학생이었던 박준채가 항의하며 일본 학생들과 싸움이 붙었다. 이 소식이 알려지자 광주역에 도착했을 때는 이미 양교 학생들 간의 패싸움으로 번져 있었다. 그런데 출동한 일본 경찰은 일본인 학생들의 잘못은 묻지 않고 일방적으로 조선인 학생들만 체포하고 폭행하는 등 극도로 편파적인 처리를 했다. 이 사건은 그동안 쌓여 왔던 조선 학생들의 울분을 폭발시키는 기폭제가 되었다.

마침내 11월 3일, 이날은 일본의 메이지 천황 탄생 기념일이자 일요일이었음에도 불구하고 조선 학생들은 기념식 참석을 강요당했다. 기념식이 끝난 후, 광주고등보통학교 학생들은 거리로 뛰쳐나와 "조선 독립 만세!", "식민지 노예 교육 철폐하라!", "일본인 학생을 처벌하라!" 등을 외치며 대규모 시위를 벌였다. 광주농업학교 등 다른 학교 학생들도 합세하여 시위 규모는 더욱 커졌고, 시위대는 일본 경찰 및 일본인 학생들과 격렬하게 충돌했다. 일제는 군대까지 동원하여 시위를 잔혹하게 진압하고 수백 명의 학생들을 체포했지만, 광주 학생들의 용감한 투쟁 소식은 비밀리에 활동하던 학생 조직망과 언론 보도를 통해 전국으로 빠르게 퍼져 나갔다.

광주 학생들의 투쟁 소식은 전국 각지 학생들의 가슴에 불을 지폈다. 서울, 평양, 대구, 부산 등 전국의 주요 도시는 물론 중소 도시와 농촌 지역의 학교들까지 동맹 휴학과 시위가 연이어 발생했다. 학생들은 광주 학생들의 투쟁을 지지하고, 식민지 차별 교육 철폐와 조선인 본위의 교육 실시, 언론·출판·집회·결사의 자유 보장 등을 요구하며 거리로 나섰다. 이 운동은 국내를 넘어 만주와 일본에 있는 조선인 유학생들에게까지 확산되어, 1929년 11월부터 이듬해 봄까지 약 5개월 동안 전국적으로 200여 개 학교, 6만여 명의 학생들이 참여하는 3.1 운동 이후 최대 규모의 민족 운동으로 발전했다. 특히 당시 민족 협동 전선 단체였던 신간회는 광주에 진상 조사단을 파견하여 사건의 진실을 알리고, 서울에서 대규모 군중 대회를 개최하여 운동을 전국적으로 확산시키려 노력하는 등 중요한 역할을 했다. 비록 일제의 방해로 군중 대회는 무산되었고 신간회는 이 사건을 계기로 해체 위기에 몰리게 되지만, 그들의 지원은 운동의 확산에 큰 힘이 되었다.

일제는 광주 학생 항일 운동이 걷잡을 수 없이 확산되자 또다시 무자비한 탄압을 자행했다. 수천 명의 학생들이 체포되어 투옥되거나 퇴학, 정학 처분을 받았고, 많은 학교들이 무기한 휴교에 들어갔다. 하지만 이러한 탄압 속에서도 학생들의 저항은 쉽게 꺾이지 않았다. 6·10 만세 운동과 광주 학생 항일 운동은 모두 학생들이 주도하여 일제의 식민 통치와 민족 차별에 정면으로 맞선 용감한 투쟁이었다. 비록 당장의 목표를 완전히 달성하지는 못했지만, 이 운동들은 1920년대 '문화 통치'의 허구성을 폭로하고 전 민족적인 항일 의식을 다시 한번 드높이는 중요한 계기가 되었다. 특히 광주 학생 항일 운동은 3.1 운동 이후 침체되었던 민족 운동에 새로운 활력을 불어넣고, 학생층이 민족 독립 운동의 중요한 동력임을 다시 한번 확인시켜 주었다. 또한, 이념과 지역을 넘어선 전국적인 연대 투쟁의 가능성을 보여주었다는 점에서도 큰 의미가 있다. 이처럼 1920년대 학생들의 뜨거운 외침과 투쟁은 일제 강점기 암흑 속에서도 독립과 자유, 그리고 홍익인간 이상국가 실현을 위한 불굴의 정신이 살아 숨 쉬고 있었음을 증명하며, 이후 독립운동의 역사에 빛나는 한 페이지를 장식하게 된다.

27장

"우리는 하나다":
신간회, 민족의 힘을 하나로 모으다

 1920년대 중반, 일제의 이른바 '문화 통치' 아래 국내 민족 운동은 실력 양성 운동을 추구하는 민족주의 진영과 계급 해방을 동시에 외치는 사회주의 진영으로 나뉘어 각자의 길을 걷고 있었다. 이러한 분열은 제한된 공간 속에서나마 독립을 향한 열망을 키워 가던 우리 민족에게 큰 고민거리였다. 민족주의 진영 내에서도 일제와 타협하여 자치권이라도 얻자는 '자치론'이 고개를 들면서, 이에 반대하는 비타협적 민족주의자들은 위기감을 느꼈다. 사회주의 진영 역시 1925년 조선 공산당 창당 이후 일제의 극심한 탄압과 내부 분파 갈등으로 어려움을 겪고 있었다. 이러한 상황 속에서, 이념과 노선의 차이를 넘어 우선 '일제 타도'라는 공동의 목표 아래 힘을 합쳐야 한다는 민족 협동 전선 또는 민족 유일당 운동의 필요성이 양 진영 내부에서 조심스럽게 제기되기 시작했다. 분열된 힘으로는 강력한 일제에 효과적으로 맞설 수 없으며, 시급한 민족적 과제를 해결하기 위해서는 사상과 계파를 초월한 범민족적 통일 조직이 절실하다는 공감대가 형성된 것이다. 특히 사회주의 진영의 일부가 1926년 "민족주의 세력과의 협력을 통해 당면 투쟁을 전개해야 한다"는 내용의 '정우회 선언'을 발표하면서 통일 전선 논의는 급물살을 타게 된다.

이러한 민족적 염원과 시대적 요구 속에서 마침내 1927년 2월, 서울에서 신간회가 창립되었다. 신간회는 민족주의 진영의 원로 독립운동가 이상재를 초대 회장으로 추대하고, 안재홍, 권동진 등 비타협적 민족주의자들과 홍명희, 허헌 등 사회주의자들이 함께 참여하여 결성된, 명실상부한 민족 협동 전선 조직이었다. 그 이름 '신간회'는 '새로운 줄기'라는 뜻으로, 민족 운동의 새로운 구심점이 되겠다는 의지를 담고 있었다. 신간회는 창립 강령으로 "우리는 정치적·경제적 각성을 촉진한다", "우리는 단결을 공고히 한다", "우리는 기회주의를 일체 부인한다"는 세 가지를 내걸었다. 이는 민중 계몽과 민족 단결을 통해 실력을 키우되, 일제와 타협하려는 자치론 등 기회주의 노선을 철저히 배격하고 비타협적인 항일 노선을 견지하겠다는 의지를 분명히 한 것이었다. 신간회의 창립은 당시 사상과 노선의 차이로 분열되어 있던 국내 민족 운동 세력이 '반세국주의'와 '민족 해방'이라는 공동의 기치 아래 하나로 뭉쳤다는 점에서 그 자체로 엄청난 역사적 의미를 지니는 사건이었다.

신간회는 창립 이후 놀라운 속도로 조직을 확대해 나갔다. 서울의 중앙 본부를 중심으로 전국 각지에 140여 개의 지회가 결성되었고, 회원 수는 한때 수만 명에 달했다. 이는 당시 국내 최대 규모의 합법적인 항일 사회 운동 단체로 성장했음을 의미했다. 또한, 여성 운동 단체인 근우회가 신간회의 자매 단체로 창립되어 여성들의 민족 운동 참여를 이끌었다. 신간회는 강연회, 토론회, 야학 운영 등을 통해 민중 계몽과 민족의식 고취에 힘썼으며, 조선인 본위의 교육 실시, 언론·출판·집회·결사의 자유 보장 등 민족적 권리를 옹호하는 활동을 전개했다. 또한, 전국 각지에서 벌어지는 노동 운동, 농민 운동, 청년 운동, 형평 운동 등 다양한 사회 운동을 적극적으로 지원하고 연대했다. 특히 1929년 11월, 광주 학생 항일 운동이 일어나자 신간회는 즉각 진상 조사단을 파견하여 일제의 만행과 차별 교육의 실태를 폭로하고, 사건의 전국적 확산을 위해 서울에서 대규모 군중 대회 개최를 시도했다. 비록 일제의 방해와 탄압으로 군중 대회는 무산되었지만, 신간회의 이러한 노력은 광주 학생 항일 운동이 3.1 운동 이후 최대 규모의 항일 운동으로 발전하는 데 결정적인 기여를 했다. 이처럼 신간회는 단순한 단체를 넘어, 1920년대 후반 국내 민족 운동의 구심점으로서 민족의 역량을 결집하고 항일 투쟁을 이끌어 가는 중요한 역할을 수행했다.

하지만 서로 다른 이념과 노선을 가진 세력들이 하나의 조직 안에서 함께 활동하는 것은 결코 쉬운 일이 아니었다. 신간회 내부에서는 처음부터 민족주의 진영과 사회주의 진영 간의 주도권 다툼과 노선 갈등이 잠재되어 있었다. 민족주의자들은 민족 개량과 실력 양성을 우선시하는 경향이 있었던 반면, 사회주의자들은 계급 투쟁과 혁명적 노선을 강조하면서 종종 의견 충돌을 빚었다. 지도부 구성 문제나 활동 방향을 둘러싼 내부 분열도 끊이지 않았다. 여기에 일제의 교묘한 탄압과 이간질 공작도 신간회 활동을 위축시키는 중요한 요인이었다. 일제는 신간회의 활동을 철저히 감시하고 제한했으며, 특히 광주 학생 항일 운동 지원을 계기로 지도부를 대거 검거하고 활동을 강력하게 통제했다. 또한, 1928년 이후 코민테른의 정책 변화도 신간회 해소에 영향을 미쳤다. 코민테른은 기존의 민족주의자와의 협력 노선을 폐기하고, 독자적인 공산주의 혁명 노선을 추구하라는 지침을 내렸는데, 이는 신간회 내 사회주의자들, 특히 젊고 급진적인 그룹에게 큰 영향을 주어 '신간회 해소론'을 주장하게 만드는 배경이 되었다.

결국 신간회 내부에서는 '해소론', 즉 신간회를 해체하고 각자의 노선에 따라 더욱 선명한 투쟁을 전개해야 한다는 주장이 힘을 얻기 시작했다. 해소론자들은 신간회가 합법적인 틀 안에서 활동하다 보니 개량주의적인 성격에서 벗어나지 못하고 있으며, 민족주의자와의 협력 때문에 계급 투쟁에 소극적이라고 비판했다. 이러한 내부 갈등 속에서 1931년 5월, 전체 대회가 열렸고 치열한 논쟁 끝에 해소 결의안이 통과되면서 신간회는 창립 4년여 만에 스스로 문을 닫게 되었다. 신간회의 해소는 민족 협동 전선 운동의 중단을 의미했으며, 이후 국내 민족 운동은 다시 민족주의 진영과 사회주의 진영으로 나뉘어 각자의 길을 걷게 되는 중요한 계기가 되었다. 이는 민족 역량을 하나로 모으는 데 실패했다는 점에서 안타까운 좌절이었으며, 이후 1930년대 독립운동 전선의 통일 노력에 어려움을 더하는 결과를 낳기도 했다.

신간회는 일제 강점기라는 암울한 현실 속에서 사상과 이념의 차이를 넘어 민족의 역량을 하나로 결집하려 했던 위대한 시도이자, 1920년대 국내 민족 운동의 최고봉이었다. 비록 내부 갈등과 외부 탄압이라는 시련 속에서 짧은 기간 동안 활동하다 해소되는 한계를 드러냈지만, 신간회가 보여 준 민족적 단결의 정신과 광범위한 대중 동원 능력은 이후 독립운동사에 큰 영향을 미쳤다. 신간회는 민족의 각성과 단결을 통해 독립이라는 공동의 목표를 향해 나아가려 했던 소중한 노력이었다. 그 과정에서의 갈등과 실패는 우리에게 공통의 비전이 부재한 통일 전선 운동의 어려움과 중요성에 대한 값비싼 교훈을 남겼지만, 신간회가 잠시나마 피워 올렸던 민족적 노력의 불꽃은 조국 광복을 향한 우리 민족의 끊임없는 염원을 보여 주는 증거로 역사에 기록되어 있다.

28장

이름도 언어도 빼앗긴 시대:
1930년대, 민족 말살 통치의 광풍

    1931년 만주 침략을 시작으로 1937년 중일 전쟁, 그리고 1941년 태평양 전쟁으로 이어지는 일본 제국주의의 광기 어린 침략 전쟁은 식민지 조선의 운명을 더욱 참혹한 나락으로 떨어뜨렸다. 전쟁이 확대되고 장기화되면서, 일제는 조선을 단순히 통치하고 수탈하는 대상을 넘어, 자신들의 침략 전쟁을 뒷받침하기 위한 병참 기지, 즉 군수 물자와 인력을 공급하는 후방 기지로 완전히 재편하려 했다. 이와 동시에, 조선 민족의 독립 의지를 근본적으로 말살하고 전쟁에 순순히 협력하도록 만들기 위해, 우리 민족의 언어와 문화, 역사와 이름까지 빼앗아 완전한 일본인으로 만들려는 전례 없는 민족 말살 통치를 강행했다. 이 두 가지 정책은 서로 맞물려 진행되면서, 1930년대부터 1945년 해방 이전까지의 시기는 우리 민족에게 가장 극심한 고통과 시련을 안겨 준 암흑기로 기록된다. 이 시기 일제의 통치는 인간의 기본적인 존엄성마저 송두리째 짓밟는 야만적인 것이었다.

먼저 병참 기지화 정책은 조선의 경제 구조를 일본의 전쟁 수행에 필요한 방향으로 완전히 왜곡시키는 것이었다. 이전까지 식량 수탈에 중점을 두었던 정책은 점차 전쟁 물자 생산에 필요한 군수 공업 위주로 전환되었다. 일본 자본은 제철, 화학, 비행기 부품 등 군수 산업 분야에 집중적으로 투자되었고, 특히 지하자원이 풍부하고 만주와 가까운 한반도 북부 지역에 공업 시설이 집중적으로 건설되었다. 물론 이는 조선의 균형 있는 산업 발전과는 거리가 멀었으며, 오직 일본의 전쟁 경제를 뒷받침하기 위한 것이었다. 이 과정에서 석탄, 철광석, 텅스텐 등 조선의 풍부한 지하자원은 헐값에 마구잡이로 채굴되어 일본으로 실려 나갔다. 농업 분야에서도 쌀뿐만 아니라 전쟁 물자에 필요한 면화, 삼 등의 특정 작물 재배가 강요되었고, 생산된 농산물 대부분은 공출이라는 이름 아래 강제로 빼앗겨, 정작 조선 농민들은 만성적인 식량 부족과 굶주림에 시달려야 했다. 심지어는 각 가정의 놋그릇, 쇠숟가락, 심지어 학교의 종까지 전쟁 물자로 쓴다며 강제로 거두어가는 금속 공출까지 자행되었다. 또한, 전쟁 비용 마련을 위해 조선인들에게 저축을 강요하고 전쟁 채권 구매를 강제하는 등 금융 통제와 수탈도 극심했다.

이러한 경제적 수탈과 병행하여, 일제는 조선 민족의 정체성 자체를 말살하려는 민족 말살 통치를 본격적으로 추진했다. 그들은 '내선일체', 즉 '일본 본토와 조선은 하나다'라는 구호와 '일선동조론', 즉 '일본인과 조선인은 같은 조상을 가졌다'는 허황된 논리를 내세우며, 조선인을 일본 천황에게 충성하는 '황국 신민'으로 만들려 했다. 이를 위해 가장 먼저 우리의 말과 글을 빼앗으려 했다. 1938년부터 학교에서 조선어 교육이 단계적으로 폐지되었고, 나중에는 공공장소는 물론 가정에서조차 일본어 사용을 강요했다. 민족의 얼이 담긴 우리말 신문이었던 『조선일보』와 『동아일보』는 1940년에 강제로 폐간되었고, 수많은 민족 언론과 잡지들이 탄압받았다. 또한, 조선의 역사를 왜곡하고 일본 중심의 역사관을 주입했으며, 조선어 연구 단체였던 조선어학회 회원들을 독립운동 혐의로 투옥하는 '조선어학회 사건'을 일으켜 민족 문화 수호 노력마저 탄압했다.

민족 말살 통치의 가장 악랄하고 굴욕적인 조치 중 하나는 바로 창씨개명이었다. 1939년 말부터 일제는 모든 조선인에게 기존의 성과 본관을 버리고 일본식 씨와 이름으로 바꾸도록 강요했다. 조상 대대로 물려받은 성씨를 바꾸는 것은 우리 민족의 전통적인 가족 제도와 정체성을 근본적으로 부정하는 행위였기에, 많은 조선인들은 이에 저항하거나 소극적으로 응하지 않았다. 하지만 일제는 창씨개명을 하지 않으면 자녀의 학교 입학, 취직, 배급 등에서 심각한 불이익을 주겠다고 협박하며 강제로 시행하여, 1940년 중반에는 대다수 조선인이 울며 겨자 먹기로 일본식 씨명을 가질 수밖에 없었다. 이는 우리 민족에게 씻을 수 없는 정신적 상처와 모멸감을 안겨 준 대표적인 문화적 폭력이었다.

더 나아가 일제는 조선인들에게 일본의 국교나 다름없는 신도 사상과 천황 숭배를 강요했다. 전국 각지에 일본식 신사를 세우고 모든 조선인들에게 정기적으로 참배하도록 강요했으며, 학교와 관공서에서는 매일 아침 일본 천황이 있는 동쪽을 향해 절하는 궁성요배를 하도록 했다. 또한, "우리는 대일본 제국의 신민이다. 충성으로써 군국에 보답하겠다"는 내용의 '황국 신민 서사'를 아동용과 성인용으로 만들어 외우도록 강요했다.

이러한 황민화 정책은 특히 기독교 신자들에게 큰 시련이었다. 우상 숭배를 금하는 기독교 교리에 따라 신사 참배를 거부했던 많은 목회자와 신자들이 투옥되거나 순교하는 등 가혹한 탄압을 받았다. 주기철 목사 등이 대표적인 예이다.

민족 말살 통치의 궁극적인 목표는 조선인들을 정신적으로 완전히 개조하여 일본의 침략 전쟁에 기꺼이 목숨을 바치는 총알받이로 만드는 것이었다. 전쟁이 막바지로 치달으면서 인력 부족이 심각해지자, 일제는 조선인에 대한 강제 동원을 더욱 노골화했다. 처음에는 '지원병 제도'라는 이름으로 회유했지만, 지원자가 적자 1943년에는 학도 지원병 제도를, 1944년에는 마침내 징병제를 실시하여 수십만 명의 조선 청년들을 강제로 일본군에 편입시켜 전쟁터로 내몰았다. 또한, 노동력 부족을 해결하기 위해 강제 징용을 대대적으로 실시하여, 수많은 조선인 남성들을 탄광, 군수 공장, 비행장 건설 현장 등 열악하고 위험한 노동 환경으로 끌고 갔다.

이들은 일본 본토는 물론 사할린, 남양 군도, 동남아시아 등지까지 끌려가 노예와 같은 생활을 강요당했으며, 수많은 사람들이 굶주림과 질병, 사고로 목숨을 잃었다. 그리고 인류 역사상 가장 끔찍한 전쟁 범죄 중 하나인 일본군 '위안부' 제도를 통해, 수많은 조선인 여성들이 일본군의 성 노예로 끌려가 평생 씻을 수 없는 육체적, 정신적 고통을 겪어야 했다. 이는 인간의 존엄성을 말살한 반인륜적 범죄로, 오늘날까지도 해결되지 않은 아픈 역사로 남아있다.

이처럼 1930년대 이후 전시 체제 하의 조선은 정치, 경제, 사회, 문화 모든 면에서 철저한 억압과 수탈, 그리고 민족 정체성 말살이라는 극한의 시련을 겪어야 했다. 국내에서의 공개적인 저항은 사실상 불가능했고, 민족의 삶은 피폐해질 대로 피폐해졌다. 하지만 이러한 암흑 속에서도 우리 민족의 독립을 향한 의지와 저항 정신은 결코 꺼지지 않았다. 비록 소극적일지라도 가정에서 몰래 우리말을 사용하고 우리 이름을 지키려 했으며, 신사 참배를 거부하고 창씨개명을 하지 않아 불이익을 감수한 이들도 많았다. 조선어학회 사건처럼 민족의 말과 글을 지키려다 투옥된 학자들도 있었다. 한편, 국외에서는 대한민국 임시정부를 중심으로 한 외교적 노력과 함께, 한국광복군을 비롯한 여러 독립군 부대들이 중국군과 연합하거나 독자적으로 항일 무장 투쟁을 끈질기게 전개하며 광복의 날을 준비하고 있었다. 이 시기의 극심한 고난과 희생은 해방 이후 우리 민족이 자주독립 국가를 건설하고 민족 정기를 바로 세우는 과정에서 극복해야 할 무거운 과제를 남겼지만, 동시에 그 어떤 탄압에도 굴하지 않는 강인한 생명력을 증명하는 것이기도 했다. 민족 말살이라는 비인간적인 도전 앞에서 인간으로서의 존엄과 민족으로서의 정체성을 지키려 했던 모든 노력은, 그 자체로 자유와 민족 존엄을 향한 외침이자, 미래 세대에게 전하는 소중한 역사의 교훈이다.

29장

고향을 등지고 만주로:
계속되는 수탈과 강제 이주

일제 강점기, 특히 1920년대 이후 조선의 농촌은 끝없는 수탈과 빈곤의 악순환 속에서 신음하고 있었다. 대다수 조선인이 농업에 종사하고 있었기에, 농촌의 피폐는 곧 민족 전체의 고통과 직결되는 문제였다. 일제는 식민 통치의 기반을 다지고 자국의 경제적 이익을 극대화하기 위해 체계적으로 조선의 농업 구조를 왜곡하고 농민들을 착취했으며, 이는 결국 수많은 농민들이 정든 고향 땅을 등지고 살길을 찾아 만주 등지로 떠나가는 대규모 이주 현상을 낳는 비극적인 결과를 초래했다. 이는 단순한 인구 이동이 아니라, 식민지배 하에서 삶의 뿌리가 송두리째 뽑혀 나간 우리 민족의 깊은 상처이자, 생존을 위한 처절한 몸부림이었다.

농촌 수탈의 구조적인 기반은 1910년대에 실시된 토지조사사업에서부터 마련되었다. 이 사업을 통해 조선총독부와 동양척식주식회사, 그리고 일본인 지주 및 일부 친일파 조선인 지주들이 막대한 양의 토지를 소유하게 되면서, 자작농은 급격히 감소하고 소작농의 비율이 폭발적으로 증가했다. 땅을 잃은 농민들은 지주에게 토지를 빌려 농사를 지을 수밖에 없었고, 지주들은 우월한 지위를 이용하여 수확량의 절반 이상, 많게는 70~80%에 달하는 살인적인 소작료를 요구했다. 또한, 계약 조건도 매우 불안정하여 언제 소작권을 빼앗길지 모르는 상태에서 농사를 지어야 했다. 이러한 고율의 소작료는 농민들이 아무리 뼈 빠지게 일해도 가난에서 벗어날 수 없게 만드는 근본적인 원인이 되었다.

1920년대에는 소위 '문화 통치'의 간판 아래 산미증식계획이 추진되었다. 이는 일본 내 산업화로 인한 식량 부족 문제를 해결하기 위해 조선에서의 쌀 생산량을 늘려 일본으로 가져가려는 계획이었다. 일제는 수리 시설 확충, 종자 개량, 비료 사용 장려 등의 방법으로 쌀 생산량 증가를 강요했다. 하지만 이 과정에서 수리 조합비, 비료 대금 등 각종 비용 부담은 고스란히 조선의 지주와 농민들에게 전가되었다. 정작 늘어난 쌀 생산량의 대부분은 헐값에 일본으로 실려 나갔고, 조선 내에서는 오히려 쌀이 부족해져 쌀값이 폭등하는 기현상이 발생했다. 대다수 조선 농민들은 자신이 생산한 쌀을 구경하기도 힘들었고, 대신 만주에서 들여온 값싼 잡곡으로 끼니를 때워야 했다. 결국 산미증식계획은 조선 농민들의 희생을 발판 삼아 일본의 식량 문제를 해결하고 일본 자본가와 지주들의 배만 불려 준 대표적인 식민지 농업 수탈 정책이었다.

1930년대 이후 일본이 본격적인 침략 전쟁에 돌입하면서 농촌에 대한 수탈은 그야말로 극한으로 치달았다. 일제는 조선을 전쟁 수행을 위한 병참 기지로 삼고, 농촌에서 필요한 모든 것을 강탈해 갔다. 쌀뿐만 아니라 보리, 콩 등 모든 식량 작물과 가축, 심지어 가정의 숟가락, 놋그릇, 농기구까지 공출이라는 이름 아래 강제로 빼앗아 갔다. 또한, 전쟁 물자 생산에 필요하다는 이유로 식량 대신 면화나 삼 같은 공업 원료 작물 재배를 강요하여 농민들의 식량난을 더욱 가중시켰다. 만성적인 굶주림과 영양실조는 농촌 사회를 황폐화시켰고, 수많은 사람들이 굶어 죽거나 병들어 갔다. 이러한 경제적 수탈에 더해, 강제 징용과 징병, 정신대 동원 등 인력 수탈까지 극심해지면서 조선의 농촌은 그야말로 생지옥과 다름없는 상황으로 변해 갔다.

이처럼 희망 없는 현실 속에서 조선 농민들에게 남은 선택지는 많지 않았다. 계속해서 착취당하며 굶주림 속에서 살아가거나, 아니면 정든 고향과 조국을 등지고 새로운 삶의 터전을 찾아 떠나는 것이었다. 특히 토지를 완전히 잃고 소작농으로 전락했거나, 과도한 빚에 시달리던 농민들, 그리고 일제의 직접적인 감시와 탄압을 피해 자유를 갈망했던 이들에게 만주는 마지막 희망의 땅처럼 여겨졌다. 만주는 지리적으로 가까웠고, 넓은 땅이 비어 있어 농사를 지을 수 있다는 기대감이 있었다. 또한, 이미 많은 한인들이 이주하여 커뮤니티를 형성하고 있었고, 일제의 직접적인 통제력이 상대적으로 약하다는 인식도 있었다. 그리고 무엇보다 만주는 수많은 독립운동 기지가 건설되어 항일 투쟁이 벌어지고 있는 곳이기도 했다.

이러한 복합적인 이유로, 1910년대부터 꾸준히 이어져 온 만주 이주 행렬은 1920년대와 1930년대에 걸쳐 폭발적으로 증가했다. 통계에 따르면 1930년대 말에는 만주 지역에 거주하는 한인의 수가 100만 명을 넘어섰다고 했다. 농민들은 가족 단위로, 혹은 마을 단위로 함께 압록강과 두만강을 건너 낯선 땅으로 향했다. 그들의 이주 과정은 결코 순탄하지 않았다. 굶주림과 추위, 질병과 싸워야 했고, 때로는 국경을 넘는 과정에서 일제나 중국 측 경비대의 위협에 직면하기도 했다.

만주에 도착한 이후의 삶 역시 녹록지 않았다. 그들이 정착한 곳은 대부분 척박한 황무지거나 기존 중국인 지주들의 땅이어서, 또다시 힘겨운 개간 작업을 하거나 소작농 신세를 면치 못하는 경우가 많았다. 또한, 중국인들과의 갈등, 마적들의 위협, 그리고 점차 만주로 영향력을 확대해 오는 일본 제국주의의 새로운 억압과 수탈에도 시달려야 했다. 하지만 이러한 새로운 고난 속에서도 우리 민족은 특유의 강인한 생명력으로 뿌리를 내렸다. 그들은 황무지를 옥토로 바꾸고, 마을 공동체를 형성했으며, 자녀들을 위한 학교를 세워 민족 교육을 이어 갔다. 그리고 무엇보다 만주는 국외 독립운동의 가장 중요한 거점이 되었다. 수많은 이주 한인들이 독립군 부대에 자원하거나 물심양면으로 지원하며 조국 광복의 희망을 키워 나갔다.

일제 강점기 농촌 수탈의 심화와 그로 인한 만주 이주의 증가는 일본 제국주의 식민 통치의 반인륜적인 본질을 극명하게 보여주는 역사이다. 자국의 이익을 위해 식민지 백성들의 삶을 철저히 파괴하고, 생존의 벼랑 끝으로 내몰았던 일제의 수탈 정책은 수많은 조선 농민들에게 견딜 수 없는 고통을 안겨 주었다. 고향을 등지고 만주로 떠나야 했던 이주민들의 행렬은 단순한 인구 이동이 아니라, 나라 잃은 민족의 서러움과 생존을 위한 처절한 몸부림 그 자체였다. 비록 만주에서의 삶 역시 힘들고 고단했지만, 그곳에서 우리 민족은 굴하지 않는 생명력으로 새로운 터전을 일구고, 독립운동의 중요한 기반을 마련했다. 이는 어떤 역경 속에서도 희망을 잃지 않고 널리 인간을 이롭게 하는 공동체를 이루며 살아가려는 우리 민족의 의지를 보여 주는 것이며, 궁극적으로는 자유롭고 평화로운 삶을 되찾기 위한 기나긴 여정의 한 단면이었다. 농촌 수탈과 만주 이주의 역사는 우리에게 식민 지배의 아픔을 되새기게 하는 동시에, 어려움 속에서도 좌절하지 않고 새로운 길을 개척해 나갔던 선조들의 강인함을 기억하게 했다.

30장

전쟁터로 끌려간 사람들:
태평양 전쟁 시기, 끝나지 않은 비극

　1937년 중일 전쟁을 도발하고, 1941년에는 진주만 기습으로 태평양 전쟁까지 일으키며 무모한 침략 전쟁의 수렁으로 점점 더 깊이 빠져들었던 일본 제국주의는 전쟁이 장기화되고 전선이 확대되면서 심각한 자원 부족, 특히 인력 부족에 직면하게 된다. 이러한 상황에서 일제는 식민지 조선을 자신들의 전쟁 수행을 위한 완벽한 '인적·물적 병참 기지'로 활용하기 위해 혈안이 되었다. 1930년대부터 강화되어 온 민족 말살 통치는 바로 이러한 전시 동원 체제를 합리화하고 조선인들을 전쟁에 순순히 협력시키기 위한 이데올로기적 기반이었다. '내선일체'와 '황국 신민화'라는 기만적인 구호 아래, 일제는 조선인들에게 일본 천황을 위해 목숨을 바치는 것을 '신성한 의무'이자 '영광'으로 강요하며, 역사상 유례없는 대규모 강제 동원을 자행했다. 이 시기는 우리 민족에게 가장 참혹하고 견디기 힘들었던 고난의 시기였으며, 인간의 존엄과 생명이 전쟁이라는 광기 앞에 무참히 짓밟혔던 비극의 시대였다.

전시 동원의 가장 대표적인 형태는 강제 징용이었다. 전쟁 수행에 필요한 노동력이 부족해지자, 일제는 1939년부터 조선에도 '국가총동원법'을 적용하여 조선인 노동력을 체계적으로 강탈하기 시작했다. 처음에는 모집 형식을 취하거나 관의 알선을 통해 노동자를 모았지만, 점차 할당량을 채우기 위해 경찰과 행정력을 동원한 강제 연행 방식으로 변질되었다. 수많은 조선 청장년 남성들이 본인의 의사와는 상관없이 탄광, 군수 공장, 제철소, 토목 공사장 등 위험하고 열악한 노동 현장으로 끌려갔다. 그들은 일본 본토는 물론, 사할린, 만주, 동남아시아의 점령지, 남양 군도의 외딴 섬까지 끌려가 하루 12시간이 넘는 장시간 노동에 시달렸다. 제대로 된 임금은커녕 식량 배급조차 부실했고, 비위생적인 합숙소 생활과 최소한의 안전 장비도 없는 위험한 작업 환경 속에서 수많은 사람들이 질병, 영양실조, 안전사고로 목숨을 잃었다. 일본인 감독관들의 폭행과 민족 차별적인 학대는 일상이었으며, 그들의 삶은 사실상 노예와 다름없었다. 여성들 역시 예외는 아니어서, 군수 공장 등에 '여자 정신대'라는 이름으로 동원되어 혹사당했다. 정확한 통계는 없지만, 전쟁 기간 동안 수백만 명에 달하는 조선인이 강제 징용으로 끌려가 고통받았을 것으로 추산된다.

침략 전쟁이 막바지로 치달으면서 병력 손실이 커지자, 일제는 마침내 조선 청년들을 전쟁터의 총알받이로 내몰기 시작했다. 1938년에는 '특별 지원병 제도'라는 이름으로 회유와 압력을 통해 조선 청년들을 군대에 지원하도록 유도했지만, 지원자가 많지 않자 1943년에는 전문학교 이상 학생들을 대상으로 '학도 지원병 제도'를 실시하여 수많은 젊은 엘리트들을 강제로 전쟁터로 보냈다. 그리고 마침내 1944년에는 조선에도 징병제를 전면적으로 실시하여, 수십만 명의 조선 청년들이 본인의 의지와는 전혀 상관없이 일본 제국 군대의 병사로 강제 징집되었다. 그들은 일본의 침략 전쟁을 위해 중국 대륙, 동남아시아, 태평양의 격전지에 투입되어 연합군과 싸워야 했고, 수많은 젊은이들이 이역만리 타국 땅에서 이름 없이 죽어 갔다. 일본군 내에서도 조선인 병사들은 끊임없는 민족 차별과 감시, 학대에 시달렸으며, 때로는 가장 위험한 임무에 투입되거나 심지어 '옥쇄'나 '가미카제' 특공대와 같은 자살 공격에 내몰리기도 했다. 이는 식민지 백성의 목숨을 파리 목숨처럼 여기며 전쟁의 희생양으로 삼은 일본 제국주의의 잔혹성을 극명하게 보여 준다.

전시 강제 동원의 가장 비인도적이고 끔찍한 사례는 바로 일본군 '위안부' 제도이다. 일제는 점령지와 전선의 일본군 병사들의 성욕 해소와 사기 진작이라는 명목 아래, 수많은 여성들을 동원하여 일본군을 위한 성노예 생활을 강요했다. 피해 여성 중에는 조선인 여성이 가장 많았으며, 10대 소녀부터 20~30대 여성까지 다양한 연령대의 여성들이 취업 사기, 협박, 납치 등 온갖 비인간적인 방법으로 동원되었다. 그들은 '위안소'라는 이름의 시설에 감금된 채, 하루에도 수십 명의 일본 군인들을 상대로 끔찍한 성폭력을 강요당했으며, 거부하거나 반항할 경우에는 무자비한 폭행과 학대에 시달렸다. 원치 않는 임신과 성병, 그리고 육체적, 정신적 피폐 속에서 수많은 여성들이 목숨을 잃거나 평생 치유하기 어려운 깊은 상처를 안고 살아가야 했다. 이는 명백한 전쟁 범죄이자 반인륜적 범죄로, 인류 역사상 유례를 찾기 힘든 여성 인권 유린의 참상이었다.

이처럼 태평양 전쟁 시기 일제가 자행한 강제 동원은 노동력 착취, 군사적 동원, 성 노예화 등 다양한 형태로 나타났으며, 그 근저에는 조선인을 동등한 인간으로 보지 않고 오직 일본 제국의 전쟁 수행을 위한 도구이자 소모품으로 취급했던 제국주의적 시각과 인종 차별 의식이 깔려 있었다. '내선일체', '황국 신민'이라는 구호는 이러한 비인간적인 착취와 폭력을 정당화하기 위한 기만적인 이데올로기에 불과했다. 우리 민족에게 이 시기는 생존 자체가 위협받는 극한의 고통과 인내를 요구하는 시간이었다.

하지만 이러한 극단적인 억압 속에서도 우리 민족의 저항과 생존을 위한 노력은 계속되었다. 많은 사람들이 징용이나 징병을 피하기 위해 깊은 산속으로 숨거나, 이름과 주소를 바꾸며 도망 다녔다. 강제로 끌려간 이들 중 일부는 노동 현장이나 군대에서 탈출을 시도하거나 소극적인 태업으로 저항하기도 했다. 비록 발각될 경우 가혹한 처벌이 뒤따랐지만, 이는 최소한의 인간적인 존엄성을 지키려는 몸부림이었다. 또한, 이러한 일제의 만행은 오히려 우리 민족의 항일 의식과 독립에 대한 열망을 더욱 강화시키는 결과를 낳았다. 강제 동원의 참상을 겪은 사람들은 해방 후 그 경험을 증언하며 일제의 만행을 고발했고, 이는 오늘날까지 이어지는 과거사 청산과 역사 정의 실현 요구의 중요한 근거가 되고 있다. 국외에서는 독립군들이 연합군과 협력하여 조국 해방을 위한 마지막 전투를 준비하고 있었다.

태평양 전쟁 시기의 강제 동원은 일본 제국주의 식민 통치의 가장 어둡고 잔혹한 민낯을 보여 주는 역사이다. 전쟁이라는 미명 아래 수많은 조선인들이 노동력, 병력, 심지어 성까지 무참히 착취당했으며, 그 과정에서 겪었던 고통과 희생은 이루 말로 다 표현할 수 없을 정도이다. 이는 인간의 존엄성과 기본권을 완전히 무시한 반인륜적 범죄였으며, 우리 민족에게 깊은 상처와 트라우마를 남겼다. 하지만 동시에 이 시기는 그 어떤 시련과 고난 속에서도 꺾이지 않는 우리 민족의 생명력과 저항 정신을 역설적으로 증명하는 시간이기도 했다. 강제 동원의 역사는 우리에게 전쟁과 식민 지배가 인간에게 얼마나 끔찍한 불행을 가져다주는지를 똑똑히 가르쳐 주며, 다시는 이러한 비극이 반복되지 않도록 자유와 인권의 소중함을 굳건히 지켜 나가야 한다는 무거운 역사적 교훈을 남기고 있다.

31장

마지막까지 총을 놓지 않다:
한국광복군, 조국 해방을 위한 최후의 항전

1910년 경술국치로 나라를 완전히 빼앗기고, 1910년대 내내 이어진 일제의 잔혹한 무단 통치와 1919년 3.1 운동에 대한 무자비한 탄압, 그리고 1921년 자유시 참변이라는 비극적인 내분까지 겪으면서 국내외 독립운동 세력은 큰 시련에 직면했다. 국내에서의 공개적인 저항은 사실상 불가능해졌고, 국외 독립운동 기지 역시 일제의 압박과 내부 분열로 위축되는 듯 보였다. 하지만 이러한 절망적인 상황 속에서도 우리 민족의 독립을 향한 열망과 투쟁 의지는 결코 꺾이지 않았다. 오히려 수많은 애국지사들은 더욱 굳은 각오로 만주와 연해주, 중국 관내 등지에서 독립운동의 명맥을 이어 갔으며, 특히 무장 투쟁을 통해 언젠가는 반드시 조국을 되찾겠다는 신념을 불태웠다. 1930년대 이후 일제의 대륙 침략이 본격화되면서 동아시아 전체가 전쟁의 소용돌이에 휩싸이자, 이러한 국외 항일 무장 투쟁은 새로운 국면을 맞이하게 된다.

자유시 참변 이후 뿔뿔이 흩어졌던 독립군 부대들은 1920년대 중후반,

만주 지역에서 다시 힘을 규합하려는 노력을 기울였다. 그 결과 남만주 지역에서는 참의부와 정의부가, 북만주 지역에서는 신민부가 결성되었다. 이들 3부는 단순히 군사 조직이 아니라, 만주 지역 한인 사회의 행정, 교육, 산업 등을 아우르는 자치 정부적 성격을 띠고 있었다. 각 부는 자체적인 군대를 보유하고 군사 훈련을 실시하며, 때로는 국내 진공 작전을 감행하여 일제 통치 기관을 습격하는 등 항일 무장 투쟁을 전개했다. 하지만 3부는 여전히 통합되지 못한 채 서로 경쟁하거나 갈등을 빚기도 했고, 만주 지역을 장악하려는 중국 군벌 세력과의 관계도 복잡하게 얽혀 있었다. 이러한 상황에서 1931년 일제가 만주사변을 일으켜 만주 전역을 점령하고 괴뢰 국가인 만주국을 세우자, 만주 지역에서의 독립군 활동은 엄청난 위기에 직면하게 된다. 일제의 대대적인 토벌 작전과 만주국 군대의 협조로 인해 독립군 부대들은 큰 타격을 입었고, 많은 독립군들이 만주를 떠나 중국 본토로 이동하거나, 혹은 더욱 깊은 산림 지역으로 들어가 소규모 유격 활동을 벌일 수밖에 없었다.

　민주에서의 활동이 어려워지면서, 독립운동의 중심지는 점차 중국 관내, 특히 대한민국 임시정부가 이동해 있던 지역으로 옮겨가게 된다. 임정은 상하이를 떠나 항저우, 난징, 창사 등을 거쳐 중일전쟁 이후에는 전시 수도였던 충칭에 최종적으로 정착하게 된다. 이 시기 임정은 김구 주석을 중심으로, 이전까지 분열되었던 민족주의 계열 독립운동 세력을 통합하고, 자체적인 군사력을 확보하기 위한 노력을 꾸준히 기울였다. 특히 1932년 윤봉길 의사의 상하이 홍커우 공원 의거는 임정의 위상을 크게 높이고, 장개석이 이끄는 중국 국민당 정부의 전폭적인 지원을 이끌어내는 계기가 되었다. 이러한 노력의 결실로, 마침내 1940년 9월 17일, 중국 충칭에서 대한민국 임시정부의 정규군인 한국광복군이 창설되었다.

총사령관에는 만주에서 신흥무관학교 등을 이끌며 오랫동안 독립 전쟁을 지휘했던 지청천 장군이 임명되었고, 참모장에는 이범석 장군 등이 활약했다. 한국광복군의 창설은 비록 망명 정부의 군대라는 한계는 있었지만, 우리 민족이 일제에 맞서 싸울 공식적인 군대를 보유하게 되었다는 점에서 상징적 의미를 지니는 사건이었다. 이는 우리 스스로의 힘으로 독립을 쟁취하겠다는 강력한 의지의 표현이자, 장차 해방될 조국의 국군을 준비하는 첫걸음이기도 했다.

한국광복군은 창설 초기 병력과 무기가 매우 부족했고, 중국 국민당 정부의 지원에 상당 부분 의존해야 하는 어려움 속에서도 점차 조직을 확대하고 다양한 항일 활동을 전개했다. 중국군과의 연합 작전에 참여하여 일본군과 전투를 벌였고, 일본군 내에 있는 한인 병사들을 대상으로 선전 활동을 벌여 탈출을 유도하고 광복군에 편입시키는 노력을 기울였다. 또한, 적 후방에서의 정보 수집 및 교란 활동, 일본군 포로 심문 등 다양한 방식으로 항일 전선에 기여했다. 1941년 12월, 일본이 진주만을 기습하여 태평양 전쟁이 발발하자, 대한민국 임시정부는 즉각 일본과 독일에 대해 선전포고를 하고 연합국의 일원으로 참전할 것을 선언했다. 이는 비록 실질적인 군사력은 미약했지만, 대한민국의 독립 의지를 국제 사회에 알리고 연합국과의 연대를 강화하려는 중요한 외교적 행보였다. 이후 광복군은 더욱 적극적으로 연합군과의 협력을 모색했다. 일부 대원들은 영국군에 파견되어 인도-미얀마 전선에서 일본군과 싸우기도 했으며, 제2차 세계 대전 막바지에는 미국 전략첩보국(OSS)과 협력하여 국내 진공 작전을 구체적으로 준비하기에 이른다. '독수리 작전'이라고 불린 이 계획은 OSS로부터 특수 훈련을 받은 광복군 정예 대원들을 한반도 내에 침투시켜 정보 수집, 주요 시설 파괴, 지하 조직과의 연계 등을 통해 연합군의 상륙 작전을 돕는다는 야심 찬 작전이었다. 광복군 대원들은 마침내 우리 손으로 조국을 해방시킬 수 있다는 희망에 부풀어 고된 훈련을 받았다.

그러나 역사는 광복군에게 조국 땅에서 직접 싸울 기회를 허락하지 않았다. 국내 진공 작전이 실행되기 직전인 1945년 8월 15일, 일본이 예상보다 빨리 연합국에 무조건 항복하면서 우리 민족은 광복을 맞이하게 된 것이다. 광복은 너무나 감격스러운 일이었지만, 동시에 우리 스스로의 힘으로, 특히 광복군의 직접적인 군사 작전을 통해 독립을 쟁취하지 못했다는 점은 많은 독립운동가들에게 깊은 아쉬움과 한으로 남게 되었다. 이는 해방 이후 한반도의 운명이 연합국, 특히 미국과 소련의 결정에 의해 좌우되고 분단으로 이어지는 과정에도 적지 않은 영향을 미치게 된다.

일제 강점기 내내, 특히 1930년대 이후 국외에서 지속된 항일 무장 투쟁은 비록 수많은 어려움과 시련 속에서 전개되었지만, 결코 포기할 수 없었던 우리 민족의 독립 의지와 저항 정신을 생생하게 보여 준다. 만주 벌판에서의 끈질긴 유격전부터 대한민국 임시정부의 정규군인 한국광복군의 창설과 연합군과의 공동 작전 시도에 이르기까지, 수많은 애국지사들은 민족 독립이라는 단 하나의 목표를 위해 기꺼이 자신의 목숨을 바쳤다. 비록 그들의 힘만으로 일제를 몰아내지는 못했지만, 그들의 끊임없는 투쟁은 일제에게 심리적 압박감을 주고 국제 사회에 우리의 존재를 알렸으며, 무엇보다 식민 통치 아래 고통받던 우리 민족에게 희망을 안겨 주었다. 또한, 이 시기 국외에서의 무장 투쟁 경험은 해방 이후 대한민국 국군 창설의 중요한 자산이 되기도 했다. 국외 항일 무장 투쟁의 역사는 우리에게 자유와 독립을 향한 길이 얼마나 험난한지를 보여 주는 동시에, 그 어떤 절망적인 상황 속에서도 조국 광복을 향한 투쟁을 멈추지 않았던 선조들의 용기와 헌신을 기억하게 하는 자랑스러운 역사이다.

III

빛을 되찾았지만, 둘로 나뉜 조국
(1945 ~ 1953)

32장

기쁨과 혼돈의 시간:
1945년 8월 15일, 광복 그리고 미·소 군정

1945년 8월 15일, 길고 어두웠던 35년간의 일제 강점기가 마침내 끝나는 날이 밝았다. 히로시마와 나가사키에 원자폭탄이 투하되고 소련이 대일 전쟁을 선포하며 만주와 한반도 북부로 진격해오자, 궁지에 몰린 일본 제국은 연합국의 무조건 항복 요구를 수락했다. 일본 천황 히로히토의 항복 선언 라디오 방송이 조선 땅에도 전해지자, 온 민족은 그야말로 용광로처럼 들끓는 기쁨과 감격에 휩싸였다. 사람들은 거리로 뛰쳐나와 서로 부둥켜안고 눈물을 흘렸으며, 숨겨두었던 태극기를 꺼내 흔들고 목이 터져라 "대한 독립 만세!"를 외쳤다. 서대문 형무소를 비롯한 전국의 감옥 문이 열리고 수많은 독립 운동가들이 풀려나 동포들의 열렬한 환영을 받았다. '광복', 즉 '빛을 되찾았다'는 말 그대로, 암흑 같았던 식민 통치에서 벗어나 마침내 우리 스스로의 힘으로 나라를 다시 세우고 민족의 이상인 홍익인간의 세상을 만들 수 있다는 희망이 온 땅에 가득했다.

해방의 감격 속에서, 국내 정치 세력들은 재빨리 새로운 국가 건설을 위한 준비에 나섰다. 일본의 식민 통치 기구가 순식간에 마비되면서 생긴 권력 공백 상태에서 치안을 유지하고 행정을 인수하기 위해, 해방 직후 여운형, 안재홍 등 민족 지도자들을 중심으로 건국준비위원회가 발 빠르게 조직되었다.

건준은 중앙 조직을 정비하는 동시에 전국 각지에 지부를 설치하고 치안대를 조직하여 해방 직후의 혼란을 수습하고 행정 공백을 메우는 등 새로운 국가 건설의 의지를 보여 주었다. 나아가 건준은 9월 6일, 미군이 남한에 진주하기 직전에 '조선인민공화국(약칭 인공)' 수립을 선포하여, 연합국에게 자신들의 정치적인 지위를 인정받고자 하였다. 그런데 인공은 처음에는 좌우 합작의 성격을 띠었지만, 점차 좌익 세력의 영향력이 강화되는 모습을 보이기도 했다.

하지만 해방의 기쁨과 자주적인 국가 건설의 열망은 안타깝게도 미국과 소련이라는 외세의 개입으로 인해 곧 좌절과 분단의 비극으로 바뀌게 된다. 제2차 세계 대전 막바지, 연합국 지도자들은 여러 차례의 회담(카이로, 얄타, 포츠담 등)을 통해 전후 처리 문제를 논의했지만, 한반도의 구체적인 처리 방안에 대해서는 '적절한 시기'에 독립시킨다는 원칙적인 합의 외에는 명확한 계획을 세우지 않았다. 그러던 중 소련이 예상보다 빨리 대일전에 참전하여 한반도 북부를 빠르게 점령해 내려오자, 미국은 한반도 전체가 소련의 영향권 아래 들어가는 것을 막기 위해 서둘러 대책을 마련해야 했다. 1945년 8월 10일 밤, 미국 국무부-육군부-해군부 조정위원회 실무진(딘 러스크, 찰스 본스틸 등)은 한반도를 남북으로 가로지르는 북위 38도선을 군사 분계선으로 설정하여, 북쪽은 소련군이, 남쪽은 미군이 일본군의 무장 해제를 담당한다는 방안을 급조하여 제안했다.

이는 순전히 일본군의 항복 접수라는 군사적 편의를 위한 임시적인 조치였으며, 한반도의 지형이나 행정 구역, 주민들의 생활권 등은 전혀 고려되지 않은 자의적인 분할선이었다. 미국은 이 안을 소련에 제안했고, 소련은 별다른 이의 없이 이를 수락했다. 정작 한반도의 운명에 직접적인 당사자인 우리 민족의 의사는 이 결정 과정에서 철저히 배제되었다. 수십 년간 독립을 위해 싸워온 우리에게 해방과 동시에 주어진 것은 완전한 자주독립이 아니라, 강대국들의 이해관계에 따라 허리가 잘리는 민족 분단의 비극이었던 것이다.

38도선 분할 결정에 따라, 소련군은 1945년 8월 말까지 한반도 북부 지역의 주요 도시를 점령하고 군정을 실시했다. 소련 군정은 표면적으로는 북한 지역의 행정을 인민위원회라는 현지인 조직에 맡기는 형식을 취했지만, 실제로는 김일성을 비롯한 공산주의 세력을 적극적으로 지원하며 북한 지역에 소비에트식 사회주의 체제의 기반을 빠르게 구축해 나갔다. 반면, 38선 이남 지역에는 미군 제24군단 소속 병력이 9월 8일에야 인천에 상륙하여 군정을 시작했다. 남한 지역을 통치하게 된 미 육군 군정청(USAMGIK)의 사령관 하지 중장은 한반도에 대한 사전 지식이나 이해가 부족했으며, 그의 최우선 과제는 일본군의 무장 해제와 사회 질서 유지, 그리고 무엇보다 공산주의 세력의 확산을 막는 것이었다.

이러한 배경 속에서 미 군정은 해방 직후 조선인 스스로 수립을 선포했던 조선인민공화국(인공)의 정통성을 인정하지 않았다. 미 군정은 인공이 대한민국 독립세력 전체를 대변하지 못할 뿐만 아니라 좌익 세력이 주도하는 조직으로 간주하고 불법화했으며, 그 대신 직접적인 군정을 실시했다. 또한, 미국에서 독립운동을 했던 이승만이나 중국에서 27년간 독립

운동을 이끌었던 대한민국 임시정부 역시 정식 정부로 인정하지 않고, 김구, 김규식 등 임정 요인들이 개인 자격으로 귀국하도록 했다. 이는 광복을 통해 독립적이고 자유로운 나라를 세우려 하였던 많은 사람들에게 실망감을 안겨 주었다. 이는 해방 공간의 정치적 공백과 극심한 혼란을 야기하는 주요 원인이 되었다. 미 군정은 초기 행정 공백을 메우기 위해 일부 일본인 관료나 경찰을 유임시키거나, 이후에도 친일 경력이 있는 사람들도 경험이나 능력이 있다고 판단되면 기용하는 경우가 많아 사람들의 반감을 사기도 했다. 또한, 좌익 세력의 활동을 강력하게 탄압하고 파업이나 시위를 강경하게 진압하면서 좌우익 간의 대립은 더욱 격화되었다.

결국, 1945년 8월 15일의 광복은 우리 민족에게 해방의 기쁨과 동시에 분단의 고통을 안겨 준 역설적인 순간이었다. 수십 년간의 고난 끝에 되찾은 빛은 잠시였고, 곧바로 외세의 개입으로 인해 남과 북이 갈라서는 비극적인 현실에 직면해야 했다. 우리 스스로의 힘으로 통일된 독립 국가를 세우고자 했던 숭고한 염원은 강대국들의 냉전 논리와 힘의 정치 앞에서 무력하게 꺾였다. 특히, 우리 민족의 의사와는 상관없이 일방적으로 그어진 38도선과 그에 따른 미·소 양군의 분할 점령 및 군정 실시는 이후 남북 간의 이질화를 심화시키고 두 개의 분단 국가 수립으로 이어졌으며, 궁극적으로는 동족상잔의 비극인 6.25 전쟁의 직접적인 원인이 되었다. 광복 직후의 혼란과 미·소 군정기는 우리 현대사에서 가장 안타깝고 가슴 아픈 시기 중 하나로, 자주적인 역량 부족과 강대국 중심의 국제 질서 속에서 약소 민족이 겪어야 했던 시련을 극명하게 보여 준다. 해방의 감격 속에서 꿈꿨던 자유롭고 통일된 국가 건설의 길은 시작부터 험난한 도전에 부딪혔고, 그 상처는 오늘날까지도 한반도에 깊이 남아 있다.

33장

"어떤 나라를 세울 것인가?":
건국 준비 활동과 좌우의 격렬한 대립

 1945년 8월 15일, 꿈에도 그리던 광복의 날이 밝았지만, 35년간의 일제 강점기가 남긴 상처와 혼란 속에서 새로운 국가를 건설하는 길은 결코 순탄치 않았다. 해방의 감격과 함께 우리 민족 앞에는 어떤 나라를 만들 것인가, 누가 그 나라를 이끌 것인가, 과거의 잔재를 어떻게 청산할 것인가 등 수많은 과제가 놓여 있었다. 이러한 과제를 해결하고 통일된 자주독립 국가를 세우려는 열망 속에서 다양한 건국 준비 활동이 전개되었지만, 안타깝게도 공통의 비전의 부재로 이 과정은 머지않아 좌익과 우익이라는 극심한 이념 대립과 갈등으로 얼룩지면서 민족 분단의 비극을 향해 치닫게 된다. 해방 공간은 희망과 혼돈, 그리고 격렬한 투쟁이 교차하는 격동의 시기였다.

 일제의 통치력이 급격히 와해되던 해방 직후, 가장 발 빠르게 움직인 것은 국내에서 독립운동을 준비해 온 세력이었다. 특히 중도 좌파 성향의 민족 지도자 여운형은 일제로부터 행정권 이양 약속을 받아내는 한편,

1945년 8월 15일 저녁, 안재홍 등 다양한 성향의 인사들과 함께 건국준비위원회(건준)를 전격적으로 결성했다. 건준은 중앙 조직을 정비하고 전국 각지에 145개의 지부를 설치하며 빠르게 세력을 확장했다. 건준의 초기 목표는 일본군의 무장 해제 과정에서의 혼란을 막고 치안을 유지하며, 행정 공백을 메워 새로운 국가 수립을 준비하는 것이었다. 건준의 활동은 초기에는 시민들의 지지를 받으며, 해방 직후 우리 민족 스스로 국가를 운영할 수 있는 역량과 의지를 보여주는 듯했다. 나아가 건준은 9월 6일, 전국인민대표자회의를 소집하여 국호를 '조선인민공화국(인공)'으로 정하고 내각을 구성하는 등, 미군이 남한에 진주하기 전에 선제적으로 정부 수립을 선포했다. 이는 연합국에게 조선인의 자주적인 통치 능력을 보여 주고 통일 정부 수립의 주도권을 확보하려는 시도였다. 인공 내각에는 이승만을 주석으로, 여운형을 부주석으로 추대하는 등 초기에는 좌우 합작의 외형을 갖추려 했지만, 실제로는 박헌영 등 공산주의자를 비롯한 좌익 세력의 영향력이 강했다.

하지만 건준과 인공 중심의 건국 활동은 곧 여러 도전에 직면하게 된다. 먼저, 중국 충칭에서 광복을 맞이한 김구 등 대한민국 임시정부(임정) 요인들과 미국에서 활동하던 이승만 등 해외 독립운동 지도자들이 속속 귀국하면서, 건국 운동의 주도권을 둘러싼 경쟁과 갈등이 시작되었다.

임정은 자신들이 일제 강점기 동안 민족의 정통성을 대표해 온 유일한 합법 정부임을 주장하며 건준이나 인공의 정통성을 인정하지 않았다. 이승만 역시 독자적인 세력 기반인 독립촉성중앙협의회(독촉)을 구축하며 강력한 반공 우익 노선을 내세웠다. 또한, 국내에서도 송진우, 김성수 등 민족주의 세력을 기반으로 한 우익 세력이 한국민주당을 창당하여 인공의 좌경화 노선과 급진적인 개혁 정책에 반대하며 세력을 규합했다. 이처럼 해방 공간에서는 좌파(조선공산당, 조선인민당 등), 우파(한국민주당, 독촉, 한국독립당 등), 그리고 중도파(김규식, 안재홍 등) 등 수많은 정당과 사회단체들이 난립하며 저마다 다른 국가 건설의 청사진을 제시하고 치열한 정치 투쟁을 벌이기 시작했다.

이러한 국내 정치 세력 간의 갈등은 38도선을 경계로 한 미·소 양군의 분할 점령과 군정 실시라는 외부적인 요인과 맞물리면서 더욱 격화되고 복잡한 양상으로 전개되었다. 북한 지역에서는 소련 군정이 김일성을 중심으로 한 공산주의 세력을 적극적으로 지원하며 민족주의 및 비공산주의 세력을 탄압하고 빠르게 사회주의 체제 기반을 구축해 나갔다. 반면, 남한 지역에서는 미 군정청(USAMGIK)이 직접 통치를 실시하면서, 인공과 임정을 모두 인정하지 않았다. 그 당시 미 군정의 최우선 목표는 남한의 공산화를 막는 것이었기에, 자연스럽게 반공 노선을 표방하는 우익 세력과 협력하는 경향을 보였다.

좌우 대립을 폭발시킨 결정석인 계기는 1945년 12월 모스크바에서 열린 미국, 영국, 소련 3국 외상 회의의 결정, 이른바 '모스크바 3상 회의 결정'이었다. 이 회의에서는 한반도에 임시 민주 정부를 수립하고, 이를 돕기 위해 미·영·중·소 4개국이 최장 5년간 신탁 통치를 실시한다는 내용이 포함되어 있었다. '신탁 통치' 소식이 전해지자, 즉각적인 완전 독립을 염원했던 우리 민족은 엄청난 충격과 분노에 휩싸였다. 심구를 비롯한 우익 진영은 신탁 통치를 제2의 식민 통치로 규정하고 격렬한 반탁 운동을 벌였다.

처음에는 좌익 진영 역시 신탁 통치에 반대했지만, 소련의 영향 속에서 모스크바 3상 회의 결정 전체를 지지하는 입장으로 선회하면서, '찬탁'과 '반탁'을 둘러싼 극심한 이념 대립이 벌어지게 된다. 이는 해방 이후 처음으로 민족 전체가 하나 되어 외세를 극복하고 자주적인 독립국가를 건설할 기회를 놓치게 만들었고, 좌우익 간의 갈등의 골을 돌이킬 수 없을 정도로 깊게 만들었다.

신탁 통치 문제 외에도 토지 개혁 문제, 친일파 청산 문제 등 해방 공간의 주요 현안들은 모두 좌우 대립의 격화 요인이 되었다. 대다수 농민들이 염원했던 토지 개혁에 대해 좌익은 무상 몰수, 무상 분배라는 급진적인 방안을 주장한 반면, 우익은 유상 매수, 유상 분배 또는 점진적인 개혁을 주장하였다. 친일파 청산 문제 역시, 좌익은 철저한 숙청을 요구했지만, 우익 진영 내에는 일제 강점기하에서 활동했던 인물들이 다수 포함되어 있었고 미 군정 역시 행정 경험이 있는 인력 활용 등을 이유로 소극적인 태도를 보이면서 제대로 이루어지지 못했다. 이러한 주요 쟁점들에서의 입장 차이는 좌우익 간의 불신과 적대감을 더욱 키웠다.

결국, 이념과 노선을 둘러싼 대립은 단순한 정치 투쟁을 넘어 테러와 폭력 사태로까지 번져 나갔다. 좌우익 청년 단체들 간의 충돌이 빈번하게 발생했고, 주요 정치 지도자들에 대한 암살 위협과 실제 송진우 암살 사건이 발생했으며, 1946년 가을에는 미 군정의 정책과 경제난에 항의하는 대규모 파업과 시위가 일어나 많은 사상자를 낳기도 했다. 이러한 극심한 혼란과 폭력의 악순환 속에서, 김규식, 여운형 등 중도파 지도자들은 좌우 합작을 통해 민족의 분열을 막고 통일 임시 정부를 수립하려 노력했지만(좌우 합작 운동), 극좌와 극우 양측의 반대와 미·소 양국의 소극적인 태도로 인해 결국 실패로 돌아가고 말았다.

해방 직후의 건국 준비 활동은 광복의 기쁨과 희망 속에서 시작되었지만, 곧이어 닥쳐온 좌우익 간의 극심한 이념 대립과 정치 투쟁으로 인해 큰 좌절을 겪게 된다. 우리 민족 스스로 통일된 자주독립 국가를 건설하려 했던 처절한 노력은 내부의 분열과 갈등, 그리고 미·소 냉전이라는 외부적인 도전 앞에서 힘을 잃고 말았다. 특히 신탁 통치 논쟁을 거치면서 격화된 좌우 대립은 민족의 역량을 하나로 모으는 것을 불가능하게 만들었고, 폭력과 혼란이 난무하는 비극적인 상황을 초래했다. 이는 결국 38도선 분단을 더욱 고착화시키고, 남북에 각기 다른 단독 정부가 수립되는 길을 열어 놓음으로써, 민족 분단이라는 씻을 수 없는 상처와 고난을 안겨주었다. 해방 공간에서의 극심한 좌우 대립은 우리 현대사에서 가장 안타까운 대목 중 하나로, 자유로운 국가 건설을 위해서는 이념과 노선의 차이를 넘어설 수 있는 민족 공통의 비전이 얼마나 중요한지를 뼈저리게 가르쳐 주는 역사적 교훈이다.

34장

강대국의 결정, 또다시 갈라진 운명:
모스크바 3국 외상 회의와 신탁 통치 논쟁

　1945년 8월 15일, 꿈결같은 광복의 기쁨도 잠시, 해방된 조국은 곧바로 미국과 소련이라는 두 강대국에 의해 38도선을 경계로 분할 점령되는 냉혹한 현실에 직면했다. 이는 제2차 세계 대전 이후 새롭게 형성되던 냉전 질서 속에서 한반도의 운명이 또다시 외세에 의해 좌우될 수 있음을 예고하는 불길한 신호였다. 이러한 상황 속에서, 연합국의 주요 3개국인 미국, 영국, 소련의 외무 장관들은 전후 처리 문제의 일환으로 한반도의 장래에 대한 구체적인 방안을 논의하기 위해 1945년 12월, 소련의 수도 모스크바에서 회동했다. 이 모스크바 3국 외상 회의에서 내려진 결정은, 통일된 독립 국가 수립을 염원하던 우리 민족에게는 또 다른 거대한 시련과 분열의 씨앗이 되고 말았다.

　모스크바 회의 결과 발표된 공동 선언문의 한반도 관련 주요 내용은 네 가지였다. 첫째, 민주주의 원칙 위에서 발전하고 독립 국가로 재건하기 위해 '조선 임시 민주주의 정부'를 수립한다. 둘째, 임시 정부 수립을 돕고 적절한 원조 방안을 만들기 위해 미·소 양국 대표로 구성되는 '미소 공동위원회'를 설치한다. 이 위원회는 조선의 민주주의 정당 및 사회단체들과 협의해야 한다. 셋째, 미소 공동위원회는 조선 임시 정부 및 관련 단체들과 협의하여, 미국·영국·소련·중국 4개국에 의한 최고 5년간의 신탁 통치 협정안을 작성하여 4개국 정부에 제출한다. 넷째, 한반도의 긴급한 문제들을 고려하고 남북 행정·경제 통합 방안을 마련하기 위해 2주 이내에 미·소 양군 사령부 대표 회의를 소집한다. 이 결정은 표면적으로는 조선의 통일 임시 정부 수립과 궁극적인 독립을 목표로 하고 있었지만, '최고 5년간의 신탁 통치'라는 조항이 포함되면서 우리 민족에게는 엄청난 파장을 불러일으키게 된다.

모스크바 3국 외상 회의 결정 소식이 국내에 전해진 것은 1945년 12월 말경 신문을 통해 보도됐다. 이에 35년간의 일제 식민 통치에서 막 벗어난 우리 민족에게 '신탁 통치'라는 말은 또 다른 형태의 외세 지배, 즉 제2의 식민 통치로 받아들여질 수밖에 없었다. "우리가 왜 또다시 외국의 통치를 받아야 하는가?", "즉시 독립이 아니란 말인가?" 하는 울분과 배신감이 전국적으로 터져 나왔다. 김구를 비롯한 대한민국 임시정부 계열과 이승만, 한국민주당 등 우익 세력은 즉각 신탁 통치 결정을 맹렬히 비난하며 '반탁 운동'을 주도했다. 서울을 비롯한 전국 각지에서 연일 대규모 군중 시위와 파업이 벌어졌고, "신탁 통치 절대 반대!", "즉시 독립!"을 외치는 함성이 거리를 가득 메웠다.

해방 이후 처음으로 좌우익을 막론하고 거의 모든 정치 세력과 국민들이 한목소리로 외세의 결정에 반대하는 듯 보였다.

하지만 이 반탁 운동의 통일 전선은 오래가지 못했다. 1946년 1월 초,

박헌영이 이끄는 조선공산당을 비롯한 좌익 세력들이 갑자기 입장을 바꿔 모스크바 3국 외상 회의 결정 전체를 지지한다고 선언하면서 상황은 급반전되었다. 이는 소련 측의 지침에 따른 것이었다. 하지만 이러한 좌익의 입장 변화는 이미 '반탁'의 열기가 최고조에 달했던 상황에서 대다수 국민들에게는 '찬탁', 즉 신탁 통치에 찬성하는 것으로 받아들여졌고, 이는 곧 '매국 행위'로 규탄받는 결과를 낳았다.

이로써 해방 공간의 정치 지형은 '반탁 우익' 대 '찬탁 좌익'이라는 돌이킬 수 없는 대립 구도로 완전히 양분되고 말았다. '찬탁'과 '반탁'은 단순한 정책 노선의 차이를 넘어, 서로를 민족 반역자로 매도하고 증오하는 감정적인 구호가 되었다. 양측은 서로를 향한 비난과 선전전을 격화시켰고, 좌우익 청년 단체 간의 물리적 충돌과 정치 테러가 빈번하게 발생하면서 해방 공간은 극도의 혼란과 폭력으로 얼룩졌다. 이러한 극심한 대립은 모스크바 결정에 따라 설치된 미소 공동위원회의 운명에도 결정적인 영향을 미쳤다. 1946년 봄과 1947년 봄, 두 차례에 걸쳐 열린 미소 공동위원회는 조선 임시 정부 수립을 위해 협의할 조선의 '민주주의 정당 및 사회단체'의 범위를 놓고 처음부터 난항을 겪었다. 미국은 '반탁'을 외치는 우익 세력을 포함하여 모든 단체가 참여해야 한다고 주장한 반면, 소련은 모스크바 결정을 지지하는 좌익 단체만 참여시켜야 한다고 맞섰다. 특히 이승만과 김구 등 우익 지도자들은 모스크바 결정 지지 단체와의 협의 자체를 거부하며 강경한 입장을 고수했다. 결국 미소 양측과 좌우익 정치 세력 간의 입장 차이를 좁히지 못한 채, 미소 공동위원회는 최종적으로 결렬되고 말았다.

모스크바 3국 외상 회의 결정과 그로 인해 촉발된 신탁 통치 논쟁은 결국 우리 민족에게 통일된 자주독립 국가를 수립할 수 있었던 결정적인 기회를 앗아간 비극적인 사건으로 귀결되었다. 연합국들의 결정 자체도 한반도의 현실과 민족 감정을 충분히 고려하지 못한 측면이 있었지만, 그 결정을 둘러싼 극심한 좌우 대립은 사태를 더욱 악화시켰다. '반탁'이라는 구호 아래 민족 감정에 호소하며 세력을 확장하려 했던 우익의 전략과, 소련의 영향력 아래 입장을 번복하며 국민적 지지를 상실한 좌익의 선택 모두 결과적으로는 민족의 분열을 심화시키는 결과를 낳았다. 이 과정에서 김규식, 여운형 등 좌우 합작을 통해 민족의 분열을 막으려 했던 세력의 노력은 설 자리를 잃고 말았다. 미소 공동위원회의 최종 결렬은 미국이 한반도 문제를 유엔(UN)으로 이관하는 계기가 되었고, 이는 결국 남북한 각각의 단독 정부 수립이라는 분단의 길로 이어지게 된다.

결론적으로 모스크바 3국 외상 회의 결정과 신탁 통치 논쟁은 해방 직후 우리 민족이 직면했던 가장 큰 시련이자 좌절이었다. 이는 우리 민족의 의사와는 상관없이 강대국들의 힘의 논리가 우리의 운명을 결정짓는 현실을 다시 한번 확인시켜 주었으며, 동시에 이념과 노선을 둘러싼 우리 내부의 분열이 얼마나 파괴적인 결과를 초래할 수 있는지를 뼈저리게 보여 주었다. 민족의 미래를 위해서는 냉철한 현실 인식과 끊임없는 소통, 그리고 무엇보다 민족적 대의 아래 하나 되는 통합의 정신이 절실함을 일깨워 주고 있다. 이 논쟁으로 인해 깊어진 상처와 불신은 이후 수십 년간 우리 사회에 영향을 미치며, 자유로운 통일 국가 실현으로 나아가는 길에 여전히 무거운 그림자를 드리우고 있다.

35장

돌아올 수 없는 강을 건너다:
남과 북, 두 개의 정부가 들어서다

해방의 감격도 잠시, 모스크바 3국 외상 회의 결정과 신탁 통치 논쟁이라는 거대한 폭풍우를 거치면서 한반도의 정세는 돌이킬 수 없는 분열의 길로 치닫고 있었다. 조선 임시 민주주의 정부 수립을 위해 설치되었던 미소 공동위원회는 참여할 조선의 정당 및 사회단체의 범위를 둘러싼 미국과 소련의 입장 차이, 그리고 '찬탁'과 '반탁'으로 극단적으로 대립했던 국내 좌우 정치 세력 간의 갈등으로 인해 1946년과 1947년 두 차례 모두 아무런 성과 없이 최종 결렬되고 말았다. 통일 임시 정부 수립을 위한 국제적인 협력의 틀이 깨지면서, 이제 한반도의 미래는 미국과 소련이라는 두 강대국의 손에 더욱 직접적으로 좌우되는 상황이 되었다. 특히, 점증하는 냉전 분위기 속에서 미국과 소련 모두 한반도 전체를 상대 진영에게 넘겨줄 수 없다는 전략적 판단을 굳히고 있었다.

미소공위 결렬 이후, 미국은 한반도 문제를 더 이상 소련과의 직접 협상을 통해서는 해결하기 어렵다고 판단하고, 1947년 9월 이 문제를 새롭게 출범한 유엔에 상정했다. 이는 한반도 문제를 국제적인 논의의 장으로 끌어내려는 시도였지만, 동시에 미국이 자신의 영향력 하에 있는 유엔을 통해 남한만이라도 자신들의 의도대로 정부를 수립하려는 포석이 깔려 있었다. 소련은 유엔의 개입이 모스크바 협정 위반이라며 강력히 반발했다. 유엔 총회는 미국의 주도 아래 1947년 11월, "유엔 감시하에 남북한 총선거를 실시하여 통일 정부를 수립한다"는 내용의 결의안을 채택하고, 선거 감시를 위해 유엔한국임시위원단(UNTCOK)을 파견하기로 결정했다. 하지만 소련은 유엔 결의 자체를 인정하지 않고 유엔한국임시위원단의 38선 이북 지역 진입을 거부했다.

유엔한국임시위원단은 북한 지역에서의 활동이 불가능해지자, 선거 실시 가능 지역, 즉 38선 이남 지역에서만이라도 선거를 실시할 것인지 여부를 유엔에 문의했다. 1948년 2월, 유엔 소총회는 "선거 가능한 지역에서만이라도 선거를 실시하라"고 결정했다. 이는 사실상 남한만의 단독 선거 실시를 결정한 조치였다. 이 결정에 대해 남한 내에서는 격렬한 찬반 논쟁이 벌어졌다. 이승만과 한국민주당 등 우익 세력은 "남한만이라도 먼저 정부를 수립하여 공산주의 확산을 막아야 한다"며 단독 선거 실시를 적극적으로 지지했다. 반면, 박헌영 등 좌익 세력은 "단독 선거는 민족 분열을 영구화하는 것"이라며 선거 거부와 총파업 투쟁을 선언했다. 무엇보다 통일 정부 수립을 염원했던 김구, 김규식 등 중도파 및 민족주의 지도자들은 단독 선거 실시에 결사적으로 반대했다. 그들은 "3천만 동포에게 읍고함"이라는 성명을 통해 "통일하면 살고 분열하면 죽는다"고 호소하며, 어떻게든 분단을 막기 위해 1948년 4월, 북한의 김일성, 김두봉 등을 만나기 위해 38선을 넘어 평양으로 가는 '남북 지도자 연석 회의'

에 참여했다. 하지만 남북 협상은 이미 각자의 길을 가기로 결정한 남북의 정치 지도자들의 불참과 미·소 양국의 냉담한 반응 속에서 아무런 실질적인 성과를 거두지 못한 채 끝나고 말았다.

마침내 1948년 5월 10일, 유엔한국임시위원단의 감시 아래 38선 이남 지역에서 제헌 국회 구성을 위한 총선거가 실시되었다. 좌익 세력의 선거 거부 투쟁과 방해 공작 속에서 치러졌지만, 많은 국민들은 혼란 속에서도 새로운 정부 수립에 대한 기대를 안고 투표에 참여했다. 선거 결과, 이승만을 지지하는 세력과 한국민주당 등 우익 정당들이 압도적인 다수를 차지했다. 5월 31일 개원한 제헌 국회는 7월 17일 대통령 중심제의 대한민국 헌법을 제정·공포(제헌절)했고, 7월 20일에는 이승만을 초대 대통령으로, 이시영을 부통령으로 선출했다. 그리고 마침내 1948년 8월 15일, 광복 3주년이 되는 날, 대한민국 정부 수립이 국내외에 공식적으로 선포되었다.

미 군정은 이날부로 3년간의 통치를 종식했고, 유엔 총회는 그해 12월 대한민국 정부를 "유엔 감시하 선거가 가능했던 한반도 내 유일한 합법 정부"로 승인했다.

남한에서 대한민국 정부가 수립되자, 북한 지역에서도 소련의 지원 아래 국가 수립 작업이 급속도로 진행되었다. 북한은 남한의 5·10 선거를 '민족 반역 행위'로 규탄하고, 1948년 8월 독자적인 최고인민회의 대의원 선거를 실시했다. 그리고 9월 9일, 최고인민회의는 헌법을 채택하고 국호를 '조선민주주의인민공화국'으로 정하여 정부 수립을 공식 선포했다. 내각 수상에는 김일성이 임명되었고, 소련은 즉각 조선민주주의인민공화국을 승인했다. 이로써 38도선을 경계로 남과 북에는 서로를 인정하지 않고 각자 한반도 전체에 대한 유일한 합법 정부임을 주장하는 두 개의 분단 국가가 들어서게 되었다.

해방 직후 우리 민족이 그토록 염원했던 통일된 자주독립 국가 건설의 꿈은 냉전이라는 국제 질서의 벽과 좌우익 간의 극심한 내부 갈등 속에서 끝내 좌절되고 말았다. 대한민국과 조선민주주의인민공화국이라는 두 개의 분단 국가 수립은 우리 민족에게는 엄청난 비극이었으며, 이는 단순히 영토의 분단을 넘어 사상과 체제의 대립, 그리고 동족 간의 불신과 적대감을 심화시키는 결과를 낳았다. 분단은 수많은 이산가족의 고통을 낳았고, 남북 간의 끊임없는 군사적 긴장과 대립을 야기했으며, 마침내 2년 뒤 6.25 전쟁이라는 동족상잔의 참극으로 이어지는 직접적인 원인이 되었다. 분단의 고착화와 두 개의 정부 수립은 우리 민족 스스로의 주체적인 노력이 외세의 간섭과 내부의 분열로 인해 어떻게 좌절될 수 있는지를 보여 주는 가슴 아픈 역사이며, 오늘날까지도 우리가 극복해야 할 민족적 과제로 남아 있다. 이 시기의 역사는 평화와 통일을 향한 길이 얼마나 험난하며, 민족의 화합과 슬기로운 외교가 얼마나 중요한지를 절실히 깨닫게 했다.

36장

분단이 낳은 비극:
제주 4·3 사건과 여수·순천 사건

1945년 8월 15일, 꿈에도 그리던 광복을 맞이했지만, 한반도는 곧바로 미국과 소련에 의한 38도선 분할 점령과 극심한 좌우 이념 대립이라는 혼돈 속으로 빠져들었다. 통일된 독립 국가를 세우고자 했던 우리 민족의 염원은 미소 냉전이라는 거대한 국제 질서와 내부의 정치적 갈등 속에서 길을 잃어가고 있었다. 38선 이북 지역을 접수한 소련과 김일성 세력은 조만식과 같은 민족주의 세력을 신속하게 숙청하고 북한 지역에 공산주의 정권 수립하는데 큰 어려움이 없었다. 그러나 미 군정 하의 남한에서는 자유 대한민국 정부 수립을 추진하려는 움직임과 이를 저지하려는 움직임이 첨예하게 대립하며 사회 전체가 극도의 긴장 상태에 놓여 있었다. 바로 이러한 비극적인 시대 상황 속에서, 제주 4·3 사건과 여수·순천 사건이 연이어 발생하게 된다. 이 사건들은 해방 공간의 혼란과 이념 갈등이 얼마나 끔찍한 비극을 낳을 수 있는지를 처절하게 보여 주는 우리 현대사의 아픈 손가락이다.

먼저 제주 4·3 사건은 1947년 3월 1일, 제주 북국민학교에서 삼일절 기념식이 열렸는데 기념식이 끝난 이후 남조선 노동당(남로당) 계열 좌익 세력들은 대한민국 단독 정부 수립을 반대한다는 명분을 내세워 가두시위를 벌였다. 그런데 시위를 진압하는 과정에서 우발적 충돌이 일어났고, 경찰의 발포로 민간인 6명이 사망한 사건이 발생했다. 이에 대한 항의로 남로당 제주도당 주도로 총파업을 진행하였으며, 이 파업에 제주도 전체 직장의 95%가 참가하는 이변이 일어났다. 이를 계기로 제주도는 남로당의 영향력이 크게 미치는 지역이 되었다.

사실 제주도는 육지와는 다른 독특한 공동체 문화와 함께, 일제 강점기 항일 운동의 경험 및 해방 직후 인민위원회의 활동 등으로 인해 좌익 세력의 활동이 비교적 활발했던 지역이었다. 이러한 상황에서 1948년 5월 10일로 예정된 남한 단독 총선거(5.10 선거)는 남로당 영향 속에 있었던 제주도민들에게 민족 분단을 고착화시키는 행위로 인식되어졌고, 이에 대한 반대 여론이 거세게 일어났다. 남로당 제주도당은 이러한 반대 여론을 조직화하여, 1948년 4월 3일 새벽, "단선단정(단독 선거, 단독 정부) 반대", "통일 정부 수립", "미군 철수" 등을 기치로 내걸고 경찰 지서와 우익 단체 사무실 등을 습격하여 10여 명의 우익인사를 학살하는 등 무장봉기를 일으켰다.

이에 대해 미 군정과 이승만 정부(8월 수립 이후)는 이 봉기를 '공산 폭동'으로 규정하고, 경찰과 군대, 그리고 반공 단체인 서북청년회 등 우익 단체들을 동원하여 진압 작전에 나섰다. 진압 과정은 그야말로 참혹했다. 토벌대는 중산간 마을들을 중심으로 '빨갱이'로 의심되는 사람들은 물론, 무장 세력과 민간인이 구분하기 어려운 상황에서 대량의 인명피해가 발생했다. 특히 '해안선 5km 이상 지역에 있는 모든 사람은 폭도로 간주한다'는 초토화 작전 명령에 따르지 않은 수많은 중산간 마을 주민들이 피해를 당했다. 제주 4·3 사건은 1948년 4월 3일 발발 이후, 한국 전쟁을 거쳐 1954년 한라산 금족령이 해제될 때까지 무려 7년 7개월 동안 지속되었으며, 이 기간 동안 최소 1만여 명의 양민들이 희생된 것으로 추정된다.

제주 4·3 사건의 비극이 채 가시기도 전인 1948년 10월 19일, 전라남도 여수에서는 또 다른 끔찍한 사건이 발생했다. 당시 이승만 정부는 제주 4·3 봉기를 진압하기 위해 여수에 주둔하고 있던 국군 제14연대에 제주 출동 명령을 내렸다. 하지만 연대 내에는 남로당 계열의 좌익 성향 군인들이 상당수 있었고, 일반 사병들 사이에서도 제주도에 진압군으로 참여하는 것에 대한 반감과 우려하는 목소리가 높았다. 결국 지창수 상사 등을 중심으로 한 좌익 계열 군인들은 제주 출동 명령을 거부하고 "제주 파병 반대", "경찰 타도", "미군 철수", "조국 통일" 등의 구호를 내걸고 반란을 일으켰다.

반란군은 순식간에 여수를 장악하고, 이어 인근 순천까지 점령하며 세력을 확대했다. 일부 지역 주민들이 반란군에 동조하거나 합세하기도 했다.

갓 수립된 대한민국 정부에게 여수·순천에서의 군대 반란은 체제에 대한 심각한 도전으로 받아들여졌다. 이승만 정부는 즉각 해당 지역에 계엄령을 선포하고, 육해공군 병력을 총동원하여 대대적인 진압 작전에 나섰다.

약 일주일간의 치열한 전투 끝에 반란은 군사적으로는 진압되었지만, 그 과정과 이후의 '숙군(군대 내 좌익 세력 색출)' 및 '숙청' 과정에서 또다시 수많은 무고한 민간인들이 희생되는 비극이 벌어졌다. 반란을 주도했던 군인들 중 일부는 체포를 피해 지리산 등지로 숨어들어 이후 빨치산 활동을 벌이며 한국 전쟁 시기까지 저항을 이어 가기도 했다.

제주 4·3 사건과 여수·순천 사건은 해방 이후 대한민국 정부 수립 전후라는 격동기에 발생한 우리 현대사의 비극적인 사건이다. 두 사건 모두 남북 분단의 고착화와 냉전 이데올로기의 대립이라는 격랑 속에서 발생했다. 특히 좌익들의 선동에 의해 별 생각 없이 두 사건에 연루된 시민들의 피해가 큰 것은 안타까운 일이 아닐 수 없다. 좌우익 대립의 격동기에 군경과 민간인의 구별, 좌익과 우익의 피아식별 등이 용이하지 않는 상황에서 많은 시민들이 유격대 또는 반란세력으로 오인되어 희생되었다.

이러한 비극은 대한민국 건국 초기에 우리 사회가 겪어야 했던 극심한 혼란과 고통을 잘 보여 주며, 자유롭고 인권이 존중받는 민주공화국을 건설하려던 시민들의 소망 실현이 얼마나 어려운지를 보여 주는 사례이다. 앞으로도 정파적 시각을 초월하여 이 사건들의 진실을 올바로 규명하고 좌우 양쪽의 희생자들의 명예를 회복하며, 과거의 잘못을 성찰하고 화해하는 것은 오늘날 우리가 자유롭고 통일된 미래로 나아가기 위해 반드시 해결해야 할 과제이다. 제주 4·3과 여수·순천의 아픔은 우리에게 좌우 이념 대립이 초래하는 비극을 경고하며, 우리 민족 시원의 꿈인 코리안드림의 근본 이념인 홍익인간 정신에 기초한 인권 존중과 평화 통일의 가치가 얼마나 소중한지를 다시 한번 되새기게 한다.

37장

동족상잔의 비극, 6·25 전쟁:
한반도를 휩쓴 3년의 전쟁

    1948년, 한반도에는 결국 두 개의 분단 국가가 들어서고 말았다. 해방의 기쁨도 잠시, 통일된 독립 국가를 염원했던 우리 민족의 바람은 냉전이라는 거대한 국제 질서의 파도와 극심한 좌우 이념 대립 속에서 좌절되었다. 남과 북은 서로를 유일한 합법 정부로 인정하지 않았고, 각기 다른 이념과 체제 아래 상대방을 흡수하여 통일을 이루겠다는 목표를 공공연히 내세웠다. 38도선을 경계로 군사적 긴장은 날로 높아졌고, 크고 작은 무력 충돌이 빈번하게 발생했다. 이러한 불안정한 상황 속에서 북한의 김일성 정권은 소련의 군사적 지원을 받아 강력한 군대를 육성하며 무력 통일의 기회를 엿보고 있었다. 특히 1949년 미군이 남한에서 철수하고, 1950년 1월 미국 국무장관 애치슨이 미국의 극동 방위선에서 한반도를 제외하는 애치슨 라인을 설정하자, 김일성은 이를 남침의 적기로 판단했을 가능성이 높다. 그는 스탈린과 마오쩌둥의 동의 또는 지원 약속을 얻어낸 뒤, 마침내 남침 계획을 실행에 옮기게 된다.

1950년 6월 25일 새벽 4시경, 북한군은 38도선 전역에 걸쳐 기습적으로 남침을 감행했다. 소련제 T-34 전차를 앞세운 북한군의 압도적인 공세 앞에, 제대로 된 방어 준비가 되어 있지 않았고 대전차 무기조차 거의 없었던 대한민국 국군은 육탄 공세로 적의 탱크에 저지하는 등 혼심을 다했지만 중과부적이었다.

북한군은 파죽지세로 남하하여 불과 사흘 만인 6월 28일, 대한민국의 수도 서울을 함락시켰다. 이승만 정부는 급히 남쪽으로 피난길에 올랐고, 수많은 시민들 역시 전쟁의 공포 속에서 피난 행렬에 나서야 했다. 북한군은 이후에도 거침없이 남진을 계속하여 한강 방어선을 돌파하고 대전, 대구 등 주요 도시를 향해 진격했다.

북한의 전면적인 남침 소식은 즉각 국제 사회에 큰 충격을 주었다. 미국은 즉각 이 문제를 유엔 안전보장이사회에 회부했고, 때마침 중국의 유엔 대표권 문제를 이유로 소련 대표가 안보리에 불참하고 있던 상황에서, 미국 주도로 북한의 침략을 규탄하고 회원국들의 한국 군사 지원을 권고하는 결의안이 신속하게 통과되었다. 이에 따라 미국을 주축으로 영국, 오스트레일리아, 캐나다 등 16개국의 전투 부대와 5개국의 의료 지원단으로 구성된 유엔군이 창설되었고, 일본에 주둔하고 있던 미군을 중심으로 즉각 한반도 전선에 투입되기 시작했다. 유엔군 총사령관에는 제2차 세계 대전의 영웅인 미 극동군 사령관 맥아더 장군이 임명되었다.

하지만 전쟁 초반, 급히 투입된 미군 지상군 역시 북한군의 기세를 막기에는 역부족이었다. 국군과 유엔군은 계속 남쪽으로 밀려났고, 1950년 8월 초에는 한반도 동남쪽 구석의 부산을 중심으로 한 좁은 낙동강 방어선까지 후퇴하게 되었다.

이곳에서 국군과 유엔군은 필사적인 방어전을 펼쳤고, 더 이상 밀리면 한반도 전체가 공산화될 수 있다는 절체절명의 위기 상황이었다. 약 한 달 반 동안 이어진 치열한 낙동강 방어선 전투는 6.25 전쟁의 향방을 가르는 중요한 분수령이 되었다.

절망적인 상황 속에서, 맥아더 유엔군 총사령관은 전세를 단번에 뒤집기 위한 대담한 작전을 계획했다. 바로 적의 허를 찔러 깊숙한 후방인 인천에 대규모 상륙 작전을 감행하는 것이었다. 극심한 조수 간만의 차와 좁은 수로 등 최악의 상륙 조건에도 불구하고, 1950년 9월 15일, 맥아더는 인천상륙작전을 성공시켰다.

인천상륙작전은 북한군의 보급로를 차단하고 병력을 남북으로 양단시키는 결정적인 타격이 되었다. 동시에 낙동강 방어선에서도 국군과 유엔군이 총반격을 개시하여 북한군을 격파하기 시작했다. 인천에 상륙한 부대는 곧바로 동쪽으로 진격하여 9월 28일, 폐허가 된 수도 서울을 탈환했다. 전세는 순식간에 역전되었고, 북한군은 큰 혼란에 빠져 북쪽으로 퇴각하기 시작했다.

이제 전쟁의 목표는 단순히 북한군을 38선 이북으로 몰아내는 것을 넘어, 한반도 전체를 통일하는 것으로 바뀌었다. 유엔 총회는 유엔 감시하의 통일 정부 수립을 위해 유엔군의 38선 이북 진격을 승인했고, 10월 초 국군이 먼저 38선을 돌파한 데 이어 유엔군도 북진을 시작했다. 국군과 유엔군은 파죽지세로 북진하여 10월 19일에는 북한의 수도 평양을 점령했고, 10월 말에는 압록강과 두만강 국경선까지 도달하는 부대도 생겨났다.

전쟁이 곧 끝날 것이라는 낙관적인 분위기가 퍼졌고, 맥아더 장군은 "크리스마스 전에는 병사들을 집으로 돌려보내겠다"고 공언하기도 했다.

하지만 바로 그 순간, 예상치 못한 변수가 등장하며 전쟁은 또다시 완전히 새로운 국면으로 접어든다. 유엔군이 압록강 국경선까지 진격해오자 중공은 1950년 10월 말부터 수십만 명에 달하는 대규모 병력을 '인민지원군'이라는 이름으로 비밀리에 압록강을 건너 파견하여 북한군을 지원하기 시작했다.

인해전술이라 불리는 중공군의 대규모 공세 앞에, 방심하고 있던 국군과 유엔군은 큰 타격을 입고 다시 남쪽으로 후퇴할 수밖에 없었다. 특히 혹한 속에서 벌어진 장진호 전투는 미 해병 1사단이 수적 열세와 혹독한 추위 속에서 중공군의 포위망을 뚫고 극적으로 철수한 처절한 전투로 유명했다.

중공군의 개입으로 전세는 다시 역전되어, 12월에는 평양이 다시 함락되었고, 1951년 1월 4일에는 수도 서울마저 또다시 빼앗기는 '1.4 후퇴'라는 뼈아픈 패퇴를 겪게 된다. 수많은 피난민들이 남쪽으로 몰려들었고, 홍남 항구에서는 군함과 상선에 매달려 필사의 탈출을 감행하는 홍남 철수 작전이 벌어지기도 했다.

1.4 후퇴 이후, 새로운 유엔군 사령관 리지웨이 장군의 지휘 아래 전열을 정비한 국군과 유엔군은 반격을 개시하여 1951년 3월 서울을 재탈환하는 데 성공했다. 이후 양측은 38도선 부근에서 치열한 공방전을 벌였지만, 어느 한쪽도 결정적인 승리를 거두지 못한 채 전선은 교착 상태에 빠져들게 된다. 1951년 여름부터는 전쟁은 더 이상 대규모 기동전이 아닌, 고지를 뺏고 빼앗기는 소모적인 진지전 양상으로 변모했다.

판문점 부근의 고지들을 중심으로 피비린내 나는 전투가 계속되었고, 수많은 젊은이들이 이름 모를 능선에서 목숨을 잃어갔다. 이러한 교착 상태 속에서 마침내 1951년 7월, 소련의 제의로 개성에서 휴전 협상이 시작되었고(이후 판문점으로 장소 변경), 전쟁은 새로운 국면, 즉 '싸우면서 협상하는' 지리한 단계로 접어들게 된다.

북한의 기습 남침으로 시작된 6.25 전쟁은 처음에는 북한의 압도적인 우세로 진행되었으나, 유엔군의 참전과 인천상륙작전의 성공으로 전세가 역전되어 통일을 눈앞에 두는 듯했다. 하지만 예상치 못한 중공군의 대규모 개입으로 다시 전세가 뒤집혔고, 치열한 공방전 끝에 결국 38도선 부근에서 전선이 교착 상태에 빠지게 되었다. 이 과정에서 한반도는 완전히 폐허가 되었고, 남북한 군인과 민간인을 합쳐 수백만 명의 사상자가 발생하는 등 우리 민족에게는 씻을 수 없는 상처와 비극을 안겨주었다. 이는 민족 내부의 분열이 외세의 개입과 냉전 이데올로기의 대립과 결합했을 때 얼마나 참혹한 전쟁으로 비화될 수 있는지를 보여 주는 가장 끔찍한 사례이다. 전쟁은 통일은커녕 분단의 골만 더욱 깊게 만들었고, 평화롭고 번영하는 통일 국가 건설의 꿈을 산산조각 냈다. 6.25 전쟁의 발발과 전개 과정은 우리 현대사에서 가장 비극적이고 고통스러운 시련으로 기록되어 있으며, 그 상처와 교훈은 오늘날까지도 한반도의 통일과 미래를 생각할 때 결코 잊어서는 안 될 중요한 의미를 지니고 있다.

38장

멈춰 버린 총성, 굳어 버린 분단:
휴전협정과 끝나지 않은 전쟁

1951년 여름, 6.25 전쟁은 발발 1년 만에 완전히 새로운 국면으로 접어들었다. 북한의 기습 남침과 초반의 파죽지세, 유엔군의 극적인 반격과 북진 통일의 기대, 그리고 예상치 못한 중공군의 대규모 개입과 처절한 후퇴라는 격동의 과정을 거쳐, 전선은 다시 38도선 부근에서 교착 상태에 빠졌다. 양측 모두 더 이상의 대규모 공세를 통해 전쟁을 승리로 이끌기 어렵다는 현실을 깨닫기 시작했고, 전쟁의 장기화로 인한 막대한 인명 손실과 물자 소모는 참전국 모두에게 큰 부담으로 작용했다. 특히 전쟁을 주도했던 미국과 새롭게 개입한 중국 모두 확전을 원하지 않았고, 소련 역시 조심스러운 태도를 보였다. 이러한 배경 속에서, 1951년 6월 말 소련의 유엔 대표 야코프 말리크가 휴전 회담을 제의하면서, 마침내 길고 지루했던 휴전 협상의 막이 오르게 된다. 하지만 이는 결코 평화를 향한 순탄한 여정이 아니었다. 오히려 협상이 진행되는 동안에도 전선에서는 하루도 쉬지 않고 치열한 전투가 벌어졌고, 협상장 안에서는 서로에 대한 깊은 불신과 이념적 대립으로 인해 첨예한 외교전과 선전전이 펼쳐졌다.

휴전 회담은 1951년 7월 10일, 개성에서 처음 시작되었다. 유엔군 측 대표단과 공산군 측 대표단이 마주 앉았지만, 회담은 처음부터 삐걱거렸다. 회담장의 중립성 문제, 의제 선정 문제 등 사소한 문제들로도 회담은 번번이 중단되기 일쑤였다. 이후 회담 장소는 판문점으로 옮겨졌지만, 협상의 진전은 더디기만 했다.

협상이 난항을 겪었던 가장 큰 이유는 양측의 입장 차이가 너무나 컸기 때문이다. 주요 쟁점은 크게 두 가지였다. 첫째는 군사분계선(MDL) 확정 문제였다. 공산군 측은 전쟁 발발 이전의 경계선인 38도선을 주장했지만, 유엔군 측은 현재의 접촉선을 기준으로 해야 한다고 맞섰다. 결국 치열한 고지전이 계속되면서 형성된 실제 접촉선을 기준으로 군사분계선을 설정하고, 그 선으로부터 남북으로 각각 2km씩 후퇴하여 비무장지대(DMZ)를 설치하는 것으로 합의가 이루어졌다. 이는 38선이라는 인위적인 분계선 대신, 전쟁의 결과 형성된 실제적인 힘의 균형선을 새로운 경계로 삼는다는 의미였다.

둘째이자 가장 첨예하고 오랫동안 협상을 교착 상태에 빠뜨렸던 쟁점은 바로 포로 송환 문제였다.

공산군 측은 제네바 협약에 따라 모든 포로를 조건 없이 즉각 송환해야 한다고 주장했다. 하지만 유엔군 측은 공산 진영으로 돌아가기를 원하지 않는 포로들의 자유 의사를 존중해야 한다며 자유 송환 원칙을 고수했다. 이 포로 송환 문제를 둘러싼 양측의 대립은 극심했고, 이로 인해 휴전 협상은 2년 가까이 표류하게 된다. 협상이 지지부진한 동안에도 전선에서는 하루 평균 수백 명의 사상자가 발생하는 고지 쟁탈전이 계속되었으니, 이는 '싸우면서 협상하는' 비극적인 상황이었다.

한편, 대한민국 정부의 이승만 대통령은 휴전 협상 자체에 강력하게 반대했다. 그는 "북진 통일"만이 유일한 해결책이라며, 공산군이 존재하는 한 어떠한 타협도 있을 수 없다고 주장했다. 그는 휴전 협상에 참여하는 것을 거부했고, 심지어 1953년 6월에는 휴전 협상의 막바지 타결을 방해하기 위해 자신의 독단적인 명령으로 거제도 포로수용소에 있던 반공 포로 약 2만 7천 명을 석방하는 초유의 사태를 일으키기도 했다. 이는 미국을 비롯한 유엔 참전국들을 경악시켰고 휴전 협상을 결렬 직전까지 몰고 갔다. 결국 미국은 이승만 정부를 달래기 위해 막대한 경제 및 군사 원조와 함께 한미상호방위조약 체결을 약속하고 나서야 겨우 그의 묵인을 얻어낼 수 있었다.

이러한 우여곡절 끝에, 마침내 1953년 7월 27일 오전 10시, 판문점에서 유엔군 총사령관(마크 클라크 미 육군 대장), 조선인민군 최고사령관(김일성), 중공인민지원군 사령관(팽덕회) 세 명의 서명으로 '한국 군사 정전에 관한 협정', 즉 휴전 협정이 체결되었다. 이 협정은 전쟁 행위의 완전한 정지를 규정하고, 군사분계선과 비무장지대 설치, 정전 감시 기구(군사정전위원회, 중립국감독위원회) 운영, 그리고 포로 교환 원칙 등을 담고 있었다. 하지만 이 협정은 어디까지나 전쟁 행위를 잠정적으로 중단시키는 '군사적 정전' 협정이었을 뿐, 전쟁의 완전한 종결을 의미하는 것은 아니었다. 협정문 자체에도 "최종적인 평화적 해결이 달성될 때까지"라는 단서 조항이 명시되어 있었다. 한반도는 그 이후 70년이 넘는 세월 동안 불안정한 정전 상태에 놓이게 된 것이다.

휴전 협정 체결은 길고 참혹했던 전쟁의 포성을 멈추게 했지만, 그 대가는 너무나 컸다. 협정은 전쟁의 근본 원인이었던 민족 분단을 해결하기는커녕, 군사분계선과 비무장지대라는 물리적이고 제도적인 장벽을 통해 오히려 분단을 더욱 공고하게 만들었다. 휴전 협정 제4조 60항에 따라 3개월 이내에 한반도 문제의 평화적 해결을 위한 정치 회담을 소집하기로 했지만, 1954년 열린 제네바 정치 회담은 아무런 성과 없이 결렬되었다. 결국 휴전을 위해 임시로 설정되었던 군사분계선은 사실상 남북을 가르는 영구적인 국경선처럼 굳어져 버렸고, 통일의 길은 요원해졌다. 또한, 전쟁을 통해 남북 간의 적대감과 불신은 극도로 깊어졌으며, 양측은 이후 수십 년간 치열한 체제 경쟁과 군비 경쟁을 벌이게 된다. 전쟁으로 인해 수백만 명의 이산가족이 발생하여 평생 가족과 생이별하는 아픔을 겪어야 했고, 한반도는 세계 유일의 분단 국가이자 냉전의 최전선이라는 비극적인 운명을 안게 되었다.

   6.25 전쟁의 휴전 협정은 전쟁의 참화를 멈추었다는 점에서 최소한의 의미를 가질 수 있지만, 근본적인 문제 해결에는 실패하고 오히려 민족 분단을 영구화시키는 결과를 가져왔다. 이는 전쟁이라는 극한의 시련 속에서도 통일을 염원했던 우리 민족에게는 또 다른 좌절이자 미완의 결말이었다. 휴전 협정 이후 70년이 넘는 세월이 흘렀지만, 한반도에는 여전히 진정한 평화가 정착되지 못하고 있으며, 분단의 고통은 현재 진행형이다. 수백만이 넘는 남북의 이산 가족은 물론, 자유와 인권을 보장받지 못하고 고통받고 있는 북한 동포들의 삶은 우리에게 민족 화합과 통일이 얼마나 절실하고 어려운 과제인지를 끊임없이 되묻고 있다.

IV

잿더미 위에서 피어난 기적, 그리고 남겨진 과제
(1953 ~ 현재)

39장

독재와 저항, 그리고 4월의 함성:
이승만 정부와 4·19 혁명

　1948년 대한민국 정부 수립과 함께 초대 대통령으로 선출된 이승만은 격동의 해방 공간과 참혹한 6.25 전쟁을 거치면서 강력한 반공 이데올로기와 카리스마를 바탕으로 자신의 정치적 입지를 다져 나갔다. 그는 자유대한민국 건국의 아버지이자 전쟁 시기 국가를 이끌었다는 공로는 컸지만, 그의 통치는 시간이 흐를수록 민주주의 원칙과는 거리가 멀어지는 권위주의적 양상을 띠기 시작했다. 전쟁의 폐허 속에서 민생고는 극심했고 정치적 불안은 계속되었다. 이승만 대통령과 자유당 정권은 이러한 국가적 위기를 슬기롭게 극복하지 못하고 오히려 정적을 탄압하고 장기 집권의 기반을 다지는 데에 몰두했다. 이는 국민이 주인이 되는 민주 공화국을 염원했던 건국 정신과는 점점 더 멀어지는 모습이었고, 국민들의 불만은 서서히 쌓여 가고 있었다.

　이승만 대통령의 장기 집권 야욕은 여러 차례의 무리한 헌법 개정 시도를 통해 노골적으로 드러났다. 첫 번째 위기는 1952년, 6.25 전쟁 중 임시 수도였던 부산에서 찾아왔다. 당시 헌법은 대통령을 국회에서 선출하도록 규정하고 있었는데, 이승만 대통령은 자신에게 비판적이었던 국회의원들로부터 재선 지지를 얻기 어렵다고 판단했다. 이에 그는 계엄령을 선포하고 국회를 압박하는 한편, 폭력배들을 동원하여 야당 의원들을 협박하고 체포 구금하는 등 공포 분위기를 조성했다(부산 정치 파동). 이러한 폭압적인 분위기 속에서 그는 대통령 직선제와 양원제 국회를 골자로 하는 개헌안을 발췌하여 강제로 통과시켰다. 이로써 국회를 통하지 않고 국민 직접 선거를 통해 대통령에 재선될 수 있는 길을 열었다.

두 번째 위기는 1954년에 찾아왔다. 당시 헌법은 대통령 임기를 4년으로 하고 한 번만 중임할 수 있도록 규정하고 있었기에, 이승만 대통령은 1956년 선거에 다시 출마할 수 없었다. 그러자 이승만과 자유당은 또다시 헌법 개정을 추진했다. 그 내용은 바로 "초대 대통령에 한해서는 중임 제한 규정을 적용하지 않는다"는, 누가 봐도 이승만 자신만을 위한 특혜 조항이었다. 1954년 11월, 개헌안은 국회 표결에 부쳐졌지만, 재적 의원 203명 중 찬성 135표를 얻어 개헌 정족수인 136표(재적 의원 3분의 2 이상, 즉 135.33… 이상)에 한 표가 부족하여 부결되는 듯했다. 하지만 자유당 정권은 '사사오입', 즉 0.33…은 반올림할 수 없는 수이므로 135표만으로도 가결 정족수를 채운 것이라는 해괴한 논리를 내세워 부결되었던 개헌안을 번복하여 통과시켜 버렸다. 이는 민주주의의 기본 원칙인 절차적 정당성을 완전히 무시한 폭거였으며, 이승만 대통령의 종신 집권 가능성을 열어 놓은 사건이었다. 이러한 과정을 거치며 자유당 정권의 부패와 독선은 극에 달했고, 국민들의 실망과 분노는 임계점을 향해 치닫고 있었다.

마침내 1960년, 이승만 대통령은 85세의 고령에도 불구하고 제4대 대통령 선거에 또다시 출마했다. 야당인 민주당에서는 조병옥 박사를 후보로 내세웠지만, 그는 선거를 한 달 앞두고 미국에서 지병으로 갑자기 사망하고 만다. 강력한 경쟁자들이 사라지면서 이승만의 대통령 당선은 기정사실화되었고, 이제 자유당 정권의 관심은 부통령 선거에 쏠렸다. 당시 부통령은 야당인 민주당의 장면이었는데, 이승만 대통령의 고령을 감안할 때 부통령직은 사실상 차기 권력을 의미했기에, 자유당은 어떻게든 자신들의 후보인 이기붕을 당선시키려 혈안이 되었다.

결국 1960년 3월 15일 실시된 정부통령 선거는 대한민국 정부 수립 이후 최악의 부정 선거로 얼룩졌다. 자유당 정권은 이기붕을 당선시키기 위해 온갖 불법적인 방법을 총동원했다. 투표 전에 미리 투표함에 표를 넣어 두는 사전 투표, 유권자들을 3~5인조로 묶어 기표소를 공개적으로 확인하게 하는 공개 투표, 야당 참관인을 투표소에서 쫓아내는 행위, 투표함 바꿔치기, 유령 유권자 동원, 개표 조작 등 상상을 초월하는 부정 행위가 전국적으로 자행되었다. 이는 민주주의의 근간인 선거 제도를 완전히 유린하는 행위였으며, 더 이상 이승만 정권의 독재와 부패를 용납할 수 없다는 국민적 분노를 촉발시키는 도화선이 되었다.

부정 선거에 대한 항의 시위는 선거 당일, 경상남도 마산에서 가장 먼저 시작되었다. 마산 시민과 학생들은 부정 선거를 규탄하며 거리로 나섰고, 경찰은 이 평화적인 시위대를 향해 무차별 발포하여 다수의 사상자를 냈다. 그런데 시위 과정에서 실종되었던 마산상업고등학교 학생 김주열 군의 시신이 약 한 달 뒤인 4월 11일, 눈에 최루탄이 박힌 참혹한 모습으로 마산 앞바다에서 떠오르면서 전 국민의 분노는 극에 달했다. 김주열 군의 죽음은 이승만 정권의 잔인성과 비도덕성을 만천하에 드러낸 상징적인 사건이 되었고, 전국적인 저항의 불길을 지폈다.

마침내 1960년 4월 18일, 고려대학교 학생들이 부정 선거 규탄 시위를 벌이고 학교로 돌아가던 중 정치 깡패들의 습격을 받는 사건이 발생하자, 다음 날인 4월 19일, 서울 시내 각 대학과 고등학교 학생들이 총궐기하여 거리로 쏟아져 나왔다. "3.15 부정 선거 다시 하라!", "이승만 정권 물러가라!"고 외치는 학생들의 함성은 삽시간에 서울 시내를 가득 메웠고, 시민들도 이들의 시위에 적극적으로 합세했다. 시위대가 대통령 관저인 경무대 앞까지 진출하자, 경찰은 또다시 시위대를 향해 무차별 발포를 감행했다.

이날 하루에만 100명이 넘는 사람들이 경찰의 총탄에 맞아 사망하고 수많은 부상자가 발생하는 참극이 벌어졌다. 하지만 학생과 시민들은 총칼 앞에서도 물러서지 않았고, 시위는 더욱 격화되었다.

사태가 걷잡을 수 없이 악화되자, 4월 25일에는 전국의 대학교수단이 "학생들의 피에 보답하라"며 시국 선언문을 발표하고 거리 행진에 나섰다. 지식인 사회의 마지막 보루였던 교수들까지 시위에 동참하자 민심은 완전히 이승만 정권에게서 돌아섰고, 계엄령 하에 투입된 군대마저 소극적인 태도를 보이거나 시민들에게 동조하는 모습을 보였다. 미국의 압력 또한 거세졌다. 결국 모든 것을 잃고 고립무원의 처지에 놓인 이승만 대통령은 4월 26일, 국민이 원한다면 대통령직에서 물러나겠다는 하야 성명을 발표했다. 그의 12년간의 장기 집권은 국민들의 거센 저항 앞에 막을 내렸고, 부통령 당선을 위해 온갖 부정을 저질렀던 이기붕 일가는 동반 자살하는 비극적인 최후를 맞았다. 이승만 대통령은 곧 하와이로 망명하여 그곳에서 생을 마감했다.

4.19 혁명은 우리 헌정사상 최초로 학생과 시민의 힘으로 독재 정권을

무너뜨린 위대한 민주주의 혁명이다. 비록 많은 젊은이들의 고귀한 희생이 뒤따랐지만, 4.19 혁명은 자유당 정권의 부정부패와 독재를 종식시키고, 민주주의의 가치를 다시 한번 확인하는 결정적인 계기가 되었다. 이 혁명은 특히 학생들이 불의에 항거하고 역사의 물줄기를 바꾸는 중요한 동력이 될 수 있음을 보여 주었으며, 이후 한국 사회의 민주화 운동에 커다란 영향을 미치는 정신적 뿌리가 되었다. 4.19 혁명 이후 대한민국은 잠시나마 내각 책임제의 제2공화국이라는 새로운 민주주의 시대를 맞이하게 된다. 4.19 혁명은 권력은 영원할 수 없으며, 국민을 이롭게 하지 않는 부당한 권력은 결국 국민의 준엄한 심판을 받게 된다는 역사의 교훈을 우리에게 남겼다. 오늘날 4월 19일은 민주주의를 위해 희생된 영령들을 기리고 그 숭고한 정신을 계승하기 위한 국가 기념일로 지정되어 있다.

40장

짧았던 민주주의의 봄:
장면 내각과 5·16 군사 정변

　1960년 4월, 피 끓는 학생들과 용감한 시민들의 함성으로 이승만 독재 정권을 무너뜨린 4·19 혁명은 대한민국에 민주주의의 새 시대를 열었다. 혁명의 열기 속에서 대한민국 헌법은 대통령 중심제에서 의원 내각 책임제로 개정되었고, 이에 따라 1960년 8월, 제2공화국이 출범했다. 국민들의 직접 선거로 선출된 국회는 윤보선을 상징적인 국가 원수인 대통령으로 선출했고, 국회 다수당의 대표였던 민주당 신파의 장면을 실질적인 행정 수반인 국무총리로 선출했다. 이로써 마침내 국민의 대표들이 국정을 책임지는 민주적인 정부 형태가 갖추어 졌고, 오랫동안 억눌렸던 자유와 민주주의에 대한 기대감이 온 사회에 넘쳐흘렀다. 이는 독재를 몰아내고 국민이 주인이 되는 나라를 만들고자 했던 4.19 혁명 정신을 제도적으로 구현하려는 소중한 노력이었다.
　제2공화국 출범과 함께 한국 사회는 전례 없는 자유의 분출을 경험했다. 이승만 정권 하에서 억눌렸던 언론, 출판, 집회, 결사의 자유가 활짝 열리면서 수많은 신문과 잡지가 창간되었고, 다양한 정치적, 사회적 요구를 내건 시위와 집회가 연일 이어졌다. 학생 운동과 노동 운동이 활발해졌고, 통일 문제에 대한 논의도 공개적으로 이루어지기 시작했다. 이는 분명 민주주의의 역동성을 보자는 긍정적인 측면이었지만, 동시에 오랜 독재 끝에 찾아온 갑작스러운 자유는 극심한 사회적 혼란과 정치적 불안정이라는 또 다른 도전을 낳고 있었다.

장면 내각은 출범 초기부터 여러 가지 심각한 문제에 직면했다. 첫째, 혁명을 주도했던 집권 민주당 자체가 구파(윤보선 등)와 신파(장면 등)로 나뉘어 끊임없이 정치적 갈등과 주도권 다툼을 벌였다. 이로 인해 내각은 자주 흔들렸고, 국정 운영은 비효율적이었으며, 국민들에게 안정적인 리더십을 보여 주지 못했다. 둘째, 6.25 전쟁의 폐허 속에서 이승만 정권으로부터 물려받은 경제적 어려움은 쉽게 해결되지 않았다. 높은 실업률, 만성적인 빈곤, 부정부패의 잔재는 여전했고, 정부의 경제 개발 계획은 더디기만 했다. 국민들의 삶은 여전히 고단했고, 민생 문제 해결을 향한 기대는 점차 실망으로 바뀌어 갔다. 셋째, 봇물 터지듯 쏟아져 나오는 다양한 사회적 요구와 시위는 때로는 과격한 양상을 띠며 사회 불안을 가중시켰다. 특히 일부 학생 및 진보 단체들의 급진적인 통일 논의는 보수 세력과 군부에게 '용공'이라는 불안감을 심어 주기에 충분했다. 장면 내각은 이러한 사회적 요구들을 민주적으로 수용하고 조정하는 데 미숙함을 보였고, 종종 우유부단하거나 무기력하다는 비판을 받았다.

이러한 정치적 혼란과 사회 불안, 그리고 경제적 어려움 속에서, 군부 내 일부 세력들은 점차 불만을 키워 나가고 있었다. 특히 박정희 소장을 중심으로 한 일부 젊은 장교들은 이승만 정권 시절부터 군내 파벌 갈등과

부패에 염증을 느끼고 있었고, 4.19 혁명 이후 들어선 민간 정부가 무능하고 부패했으며, 사회 혼란을 방치하여 국가 안보마저 위태롭게 만들고 있다고 판단했다.

그들은 강력한 리더십을 통해 사회 혼란을 수습하고, 부정부패를 뿌리 뽑으며, 경제 발전을 이루고, 무엇보다 '반공' 태세를 강화해야 한다고 생각했다. 또한, 장면 내각이 추진하던 군 병력 감축 계획은 군부 내 불만을 더욱 증폭시키는 요인이 되기도 했다. 이들은 비밀리에 접촉하며 군사 정변을 모의하기 시작했다.

마침내 1961년 5월 16일 새벽, 박정희 소장이 이끄는 해병대, 공수부대, 보병 부대 등 일부 군 병력이 한강 다리를 건너 서울로 진입했다. 그들은 큰 저항 없이 중앙 방송국, 정부 청사, 국회 의사당 등 주요 시설을 신속하게 장악했다. 장면 총리를 비롯한 내각 각료들은 제대로 대응하지 못하고 피신하거나 체포되었고, 군부의 쿠데타 시도를 막으려는 일부 군 지휘관들의 노력도 실패로 돌아갔다. 윤보선 대통령은 처음에는 쿠데타를 인정하지 않았으나, 결국 군부의 압력에 굴복하여 하야 요구는 거부하는 대신 용인하는 태도를 취했다. 쿠데타 세력은 라디오 방송을 통해 '군사혁명위원회'의 이름으로 '혁명 공약'을 발표했다. 그들은 (1) 반공을 국시의 제일의로 삼을 것, (2) 유엔 헌장을 준수하고 국제 협약을 존중할 것, (3) 부패와 구악을 일소하고 민족정기를 바로잡을 것, (4) 절망과 기아선상에서 허덕이는 민생고를 시급히 해결하고 국가 자주 경제 재건에 총력을 경주할 것, (5) 민족적 숙원인 국토 통일을 위해 공산주의와 대결할 수 있는 실력을 배양할 것, (6) 이러한 혁명 과업을 완수한 후에는 참신하고 양심적인 정치인들에게 정권을 이양하고 군 본연의 임무로 복귀할 것이라고 선언했다. 이는 군사 정변을 정당화하고 민심을 수습하기 위한 명분이었지만, 실제로는 민주 헌정 질서를 유린한 군사 쿠데타였다.

쿠데타 세력은 즉시 국회와 정당, 사회단체를 강제로 해산시키고, 헌법의 효력을 일부 정지시킨 뒤, '군사혁명위원회'를 '국가재건최고회의'로 개칭하고 박정희를 의장으로 하여 모든 권력을 장악했다. 언론은 철저히 통제되었고, 수많은 정치인과 지식인, 학생들이 체포되거나 정치 활동을 금지당했다. 이로써 4.19 혁명을 통해 어렵게 싹텄던 제2공화국의 민주주의는 불과 9개월여 만에 군사 정변이라는 비극적인 좌절을 맞이하게 된 것이다. 당시 미국 정부는 처음에는 쿠데타 소식에 당혹감을 표했지만, 쿠데타 세력이 강력한 반공 의지를 천명하고 한미 동맹 유지를 약속하자, 결국 냉전 시대의 전략적 판단 아래 군사 정부를 인정하는 방향으로 선회했다.

4.19 혁명 이후 출범한 장면 내각과 제2공화국은 우리 역사상 처음으로 시도된 본격적인 의원 내각 책임제 정부이자, 민주주의의 희망을 안고 출발한 체제였다. 하지만 정치적 분열과 불안정, 심각한 경제난, 그리고 폭발하는 사회적 요구라는 거대한 도전 앞에서 효과적인 리더십을 발휘하지 못하고 표류했다. 이러한 내부적인 취약성은 결국 군부 세력의 개입을 불러오는 빌미를 제공했고, 1961년 5월 16일 박정희 소장이 주도한 군사 정변으로 대한민국은 또다시 민주주의의 후퇴라는 쓰라린 좌절을 겪게 된다. 5.16 군사 정변은 비록 이후 근대화를 통한 고도 경제 성장의 발판을 마련했다는 긍정적 평가도 있지만, 민주 헌정 질서를 유린하고 이후 20년이 넘는 군사 정권 시대를 열었다는 점에서 한국 민주주의 발전에 큰 오점을 남긴 사건이다. 제2공화국의 짧지만 혼란스러웠던 경험은 신

생 민주주의가 정착하기 위해 필요한 조건들, 즉 정치적 안정, 경제적 기반, 그리고 성숙한 시민 의식 등이 얼마나 중요한지를 보여 주는 동시에, 평화로운 정치 발전의 길이 얼마나 험난할 수 있는지를 보여주는 역사적 교훈이다. 4.19 혁명이 쟁취한 민주주의의 꿈은 군사 쿠데타에 의해 좌절되었지만, 그 정신은 이후 한국 사회의 민주화 운동 속에서 끊임없이 되살아나게 된다.

41장

"한강의 기적", 그 빛과 그림자:
박정희 정부의 경제 개발과 유신 체제

1961년 5월 16일, 군사 정변으로 정권을 장악한 박정희 소장과 군부 세력은 민주주의를 열망했던 4.19 혁명의 성과를 뒤엎었다는 비판 속에서, 자신들의 집권 정당성을 확보하고 국민적 지지를 얻기 위한 방안을 모색해야 했다. 그들이 내세운 가장 강력한 명분은 바로 '가난으로부터의 해방'과 '조국 근대화'였다. 6.25 전쟁으로 국토는 폐허가 되었고, 국민 대다수는 극심한 빈곤과 굶주림에 시달리고 있었으며, 국가는 미국의 원조에 절대적으로 의존하고 있는 처참한 상황이었다. 이러한 절망적인 현실 속에서 박정희 정부는 경제 발전을 최우선 국정 과제로 설정하고, 국가의 모든 역량을 총동원하여 '우리도 한번 잘 살아보자'는 목표를 향해 강력하게 나아갔다. 이후 약 20년에 걸쳐 진행된 박정희 정부 주도의 경제 개발 정책은 놀라운 성과를 거두며 대한민국을 세계 최빈국 수준에서 신흥 공업국으로 탈바꿈시켰고, 이는 훗날 '한강의 기적'이라 불리며 세계적인 주목을 받게 된다.

박정희 정부 경제 정책의 핵심은 정부 주도의 강력한 성장 드라이브였다. 정부는 '선 성장 후 분배' 논리를 내세우며, 경제 개발 목표를 설정하고 이를 달성하기 위해 모든 자원을 효율적으로 동원하고 통제하는 국가 주도형 발전 전략을 채택했다. 이를 위해 경제 정책의 사령탑 역할을 하는 경제기획원을 설치하고, 1962년부터 '경제 개발 5개년 계획'을 수립하여 단계적으로 경제 성장을 추진했다. 초기 1, 2차 계획(1962-1971)에서는 국가 기간 산업(시멘트, 비료, 정유 등) 육성과 사회 간접 자본(전력, 도로 등) 확충에 힘쓰는 한편, 노동 집약적인 경공업(섬유, 가발, 신발, 합판 등)을 집중적으로 육성하여 수출 증대에 총력을 기울였다. 부족한 국내 시장과 자원을 극복하기 위해 '수출만이 살길이다'라는 구호 아래, 정부는 수출 기업에게 파격적인 금융 지원, 세금 감면, 행정적 편의 등을 제공하며 수출 목표 달성을 독려했다. 이 시기 건설된 경부고속도로는 물류 이동의 혁신을 가져오며 수출 주도 성장의 중요한 동맥 역할을 했다.

1970년대에 들어서면서 박정희 정부는 산업 구조를 한 단계 업그레이드하기 위해 중화학 공업 육성 정책을 강력하게 추진했다(3, 4차 계획, 1972-1981). 이는 철강, 비철금속, 기계, 조선, 전자, 석유화학 등 자본과 기술 집약적인 산업을 육성하여 국가 경제의 체질을 강화하고, 동시에 자주적인 국방 산업의 토대를 마련하려는 야심 찬 계획이었다. 정부는 막대한 국내외 자본을 이 분야에 집중적으로 투자했고, 그 결과 포항종합제철(POSCO) 건설, 울산과 창원 등 대규모 공업 단지 조성, 현대 조선소 건설 등 괄목할 만한 성과를 거두며 한국 경제의 중화학 공업 시대를 열었다. 또한, 1970년부터는 농촌의 근대화와 생활 환경 개선을 목표로 새마을 운동이 전국적으로 전개되었다. '근면, 자조, 협동' 정신을 강조하며 지붕 개량, 마을 길 넓히기, 공동 시설 설치 등을 추진한 새마을 운동은 농촌의 외형적인 모습을 바꾸고 농민들의 의식 변화를 유도하는 데 일정 부분 기여했지만, 정부 주도의 하향식 동원 방식과 과도한 실적 경쟁 등으로 인해 비판을 받기도 했다.

이러한 국가 주도 경제 개발 과정에서 정부는 특정 대기업 집단, 즉 재벌을 전략적으로 육성하고 파트너로 삼았다. 삼성, 현대, 럭키금성(현 LG), 대우 등 오늘날의 주요 재벌들은 이 시기 정부의 전폭적인 지원을 받으며 급성장했다. 정부는 재벌에게 수출 목표 달성과 기간 산업 투자를 요구했고, 재벌은 이를 통해 성장 동력을 확보하는 정경유착의 관계가 형성되었다. 이는 단기간에 효율적으로 자본을 축적하고 투자를 집중하여 경제 성장을 이끄는 데는 효과적이었지만, 장기적으로는 경제력 집중 심화, 중소기업과의 불균형, 관치 금융과 정경 유착으로 인한 부패 등 천민 자본주의의 여러 가지 문제점을 낳기도 했다.

경제 개발에 필요한 막대한 자본은 주로 외국 차관에 의존했다. 특히 1965년 한일 국교 정상화를 통해 일본으로부터 받은 청구권 자금(무상 3억 달러, 유상 2억 달러)과 이후 유입된 일본 자본, 그리고 미국의 원조와 차관, 베트남 전쟁 파병(1964-1973)을 통해 벌어들인 외화 등이 중요한 재원이 되었다.

이러한 노력의 결과, 대한민국 경제는 1960년대 중반부터 1970년대 말까지 연평균 10%에 육박하는 경이적인 고도 성장을 기록했다. '보릿고개'로 상징되던 절대 빈곤에서 점차 벗어나기 시작했고, 수출은 비약적으로 증가했으며, 국민 소득 수준도 꾸준히 향상되었다. 농업 중심 사회에서 벗어나 공업 국가의 기틀을 다졌고, '우리도 할 수 있다'는 국민적 자신감과 자부심도 높아졌다. 이는 분명 전쟁의 폐허 속에서 단기간에 이루어 낸 놀라운 성과였으며, '한강의 기적'이라는 찬사를 받을 만한 역사적인 도약이었다. 이는 박정희 정부의 강력한 정책 의지와 더불어, 어려운 여건 속에서도 '잘 살아 보자'는 열망 하나로 땀 흘려 일했던 우리 국민들의 헌신적인 노력과 희생이 있었기에 가능한 일이었다. 이러한 경제적 성장은 국민들의 기본적인 삶의 질을 향상시키는 데 기여했다는 점에서, 비록 그 방식에는 논란이 있을지언정, 홍익인간 이상의 물질적 토대를 어느 정도 마련하려는 노력의 결과로 해석될 수도 있다.

하지만 이 눈부신 '한강의 기적'의 이면에는 어둡고 고통스러운 그림자가 짙게 드리워져 있었다. 가장 큰 대가는 바로 자유민주주의 발전의 희생이었다. 박정희 정권은 경제 성장을 위해서는 정치적 안정과 사회적 통제가 필수적이라는 논리 아래, 1972년에는 국회를 해산하고 비상 계엄령을 선포한 뒤, 대통령에게 영구 집권과 초법적 권한을 부여하는 '유신헌법'을 제정하여 극단적인 권위주의 독재 체제를 구축했다. 언론, 출판, 집회, 결사의 자유는 철저히 억압되었고, 정권에 비판적인 지식인, 학생, 종교인, 노동 운동가들은 중앙정보부 등에 의해 불법 연행, 고문, 투옥 등 심각한 인권 유린을 당했다. 경제 성장이라는 목표를 위해 민주주의와 인권이라는 기본적인 가치가 크게 희생된 것이다.

또한, 고도 성장의 과실은 공평하게 분배되지 못했다. 수출 경쟁력 확보를 위해 노동자들의 저임금과 장시간 노동은 당연시되었고, 노동 조합 활동은 보장되지 않았다. 1970년, 평화시장 피복 공장 노동자였던 전태일이 "근로 기준법을 준수하라!", "우리는 기계가 아니다!"라고 외치며 분신한 사건은 당시 열악했던 노동 현실을 상징적으로 보여 준다.

박정희 정부 시대의 경제 개발 계획과 고도 성장은 대한민국이 절대 빈곤에서 벗어나 산업 국가로 발돋움하는 결정적인 계기를 마련했다는 점에서 분명 큰 성과로 평가받다. 이는 강력한 정부 주도와 국민들의 헌신적인 노력이 결합된 결과였다. 하지만 그 과정에서 민주주의와 인권이 억압되고, 노동자들이 희생되었으며, 사회 경제적 불균형이 심화되는 등 막대한 사회적 비용을 치러야 했다. '한강의 기적'은 결코 순수한 기적이 아니라, 빛과 그림자가 극명하게 교차하는 복합적인 역사인 것이다. 이 시대의 경험은 우리에게 경제 성장과 민주주의 발전이라는 두 가지 가치를 어떻게 조화시켜 나갈 것인가, 그리고 진정한 의미의 '잘 사는 나라'는 어떤 모습이어야 하는가에 대한 깊은 성찰과 과제를 남겨 주고 있다. 오늘날 우리가 누리는 경제적 풍요의 이면에는 그 시대를 힘겹게 살아냈던 수많은 사람들의 땀과 눈물, 그리고 희생이 있었음을 결코 잊어서는 안 될 것이다.

1970년대 초반, '한강의 기적'이라 불리는 고도 경제 성장을 이끌며 강력한 지도력을 발휘하던 박정희 대통령은 또 다른 중대한 정치적 기로에 서 있었다. 이미 두 차례의 집권을 거치고 3선 개헌(1969)을 통해 세 번째 임기를 시작했지만, 1971년 제7대 대통령 선거에서 야당의 김대중 후보에게 예상 밖의 고전을 면치 못하면서 정치적 위기감을 느끼기 시작했다. 또한, 닉슨 독트린 발표 이후 주한 미군 감축 논의가 나오고 미국과 중국의 관계가 개선되는 등 급변하는 국제 정세는 박정희 정권에게 안보 불안감을 증폭시켰다. 여기에 남북 간에도 7·4 남북 공동 성명 발표 이후 대화 국면이 조성되면서, 이를 명분 삼아 국내 정치 체제를 더욱 강력하게 통제하고 자신의 영구 집권 기반을 마련하려는 의도를 갖게 된다.

그는 서구식 민주주의가 한국의 현실에 맞지 않으며, 국가 안보와 지속적인 경제 성장, 그리고 '평화 통일'을 위해서는 강력한 리더십 아래 국론을 통일하고 모든 역량을 집중해야 한다는 논리를 내세웠다.

마침내 1972년 10월 17일, 박정희 대통령은 전국에 비상 계엄령을 선포하고 국회를 해산했으며, 모든 정치 활동을 금지시키고 '조국의 평화 통일을 위한 특별 선언'을 발표하며, 새로운 헌법 제정을 예고했다. 이것이 바로 '10월 유신'의 시작이다. '유신'은 '낡은 제도를 고쳐 새롭게 한다'는 의미지만, 실제로는 대통령 1인에게 모든 권력을 집중시키는 독재 체제를 구축하기 위한 것이었다. 정부는 서둘러 유신 헌법안을 만들었고, 계엄 하의 공포 분위기 속에서 11월 21일 국민 투표에 부쳐 압도적인 찬성률로 통과시켰다.

새롭게 제정된 유신 헌법은 그 내용 면에서 이전 헌법과는 비교할 수 없을 정도로 대통령에게 절대적인 권한을 부여했다. 첫째, 대통령 선출 방식이 국민 직접 선거에서 통일주체국민회의라는 기구에서의 간접 선거로 바뀌었다. 통일주체국민회의 대의원들은 사실상 정부의 입맛에 맞는 인물들로 채워졌기에, 대통령 선거는 박정희를 위한 형식적인 절차에 불과했다. 둘째, 대통령 임기 제한 규정이 완전히 철폐되어 사실상 종신 집권이 가능해졌다. 셋째, 대통령은 국회의원 정수의 3분의 1을 추천하여 통일주체국민회의에서 선출하게 함으로써 입법부를 완전히 장악했다. 넷째, 대통령은 국회를 해산할 수 있는 권한과 함께, 대법원장을 포함한 모든 법관을 임명할 수 있는 권한을 가져 사법부의 독립성마저 침해했다. 다섯째, 무엇보다 가장 강력한 독재 조항은 바로 '긴급조치권'이었다. 대통령은 국가 안보나 사회 질서를 이유로 필요하다고 판단될 때 언제든지 헌법상의 국민 기본권(언론·출판·집회·결사의 자유 등)마저 정지시킬 수 있는 긴급조치를 발동할 수 있었다. 이처럼 유신 헌법은 삼권 분립이라는 민주주의의 기본 원칙을 완전히 무력화시키고, 대통령 1인이 국가 위에 군림하는 사실상의 제왕적 독재 체제를 법적으로 뒷받침하는 것이었다.

유신 체제가 선포되면서 대한민국 민주주의는 깊은 암흑기로 접어들었다. 박정희 정권은 유신 헌법에 부여된 막강한 권력을 이용하여 민주주의를 요구하는 목소리와 저항을 차단하였다. 특히 긴급조치는 1974년부터 1979년 박정희 사망 직전까지 총 9차례에 걸쳐 발동되었는데, 이는 유신 체제를 비판하거나 개헌을 요구하는 일체의 행위를 금지하고, 이를 위반할 경우 영장 없이 체포·구속하여 비상 군법 회의에서 처벌할 수 있도록 한 독재 정치의 핵심 수단이었다. 수많은 학생, 지식인, 종교인, 언론인, 야당 정치인들이 단지 유신 체제를 비판했다는 이유만으로 긴급조치 위반으로 끌려가 혹독한 고문을 당하고 장기간 투옥되었다. 중앙정보부는 정보 기관으로서 본연의 임무에 충실하지 않고 국민에 대한 광범위한 감시, 사찰, 공작 정치 등 독재 정치의 전위대 역할을 했다. 언론은 철저한 사전 검열 아래 정권의 홍보 도구로 전락했고, 대학은 정권에 비판적인 학생과 교수들을 색출하는 감시의 대상이 되어 잦은 휴교령과 제적, 해직 사태를 겪었다.

하지만 이러한 극한의 억압과 공포 속에서도 민주주의를 향한 우리 국민들의 열망과 저항은 결코 멈추지 않았다. 오히려 유신 독재의 폭압이 거세질수록 민주화 운동의 불길은 더욱 끈질기고 완강하게 타올랐다. 학생들은 끊임없이 유신 반대 시위를 벌이고 유인물을 배포하며 저항의 선

봉에 섰다. 야당 정치인들, 특히 김영삼과 김대중은 끊임없는 탄압과 위협 속에서도 유신 체제에 맞서 싸웠다. 김대중은 1973년 일본 도쿄에서 중앙정보부에 의해 납치되어 죽음의 문턱까지 갔다가 구사일생으로 돌아오는 사건을 겪기도 했으며, 두 사람은 번갈아 가며 야당인 신민당 총재를 맡아 민주화 투쟁을 이끌었다. 1973~1974년에는 유신 헌법 개정을 요구하는 '개헌 청원 100만인 서명 운동'이 전개되었고, 1976년 3월 1일에는 명동성당에서 김대중, 함석헌, 윤보선 등 각계 지도자들이 모여 유신 철폐와 민주 구국을 외치는 '3.1 민주 구국 선언'을 발표하여 국내외에 큰 반향을 불러일으키기도 했다.

1970년대 후반으로 접어들면서 유신 체제는 점차 내부적인 균열을 보이기 시작했다. 두 차례의 석유 파동으로 인한 경제적 어려움이 가중되었고, 장기 독재에 대한 국민들의 불만은 계속 높아졌으며, 정권 내부에서도 권력 투쟁의 조짐이 나타났다. 이러한 불안정한 상황 속에서 1979년 8월, YH 무역의 여성 노동자들이 회사 폐업에 항의하며 야당인 신민당 당사에서 농성을 벌이자 경찰이 강제 진압하는 과정에서 여성 노동자 한 명이 추락사하는 'YH 사건'이 발생했다. 이 사건은 노동 문제와 인권 문제가 결합되어 사회적으로 큰 파장을 일으켰고, 야당 총재였던 김영삼은 이 사건을 적극 지원하며 박정희 정권을 강하게 비판했다. 이에 박정희 정권은 김영삼의 국회의원직을 제명하는 초강수를 두었고, 이는 오히려 김영삼의 정치적 고향인 부산과 마산 지역 시민들의 분노를 촉발시켜 대규모 반정부 시위인 '부마 항쟁'으로 이어졌다. 정부는 군대를 동원하여 강경 진압에 나섰지만, 시위는 쉽게 가라앉지 않았고 유신 체제의 위기는 극에 달했다.

42장

유신을 무너뜨린 외침:
부마 민주 항쟁과 10·26 사건

1970년대 후반, 1인 영구 집권을 보장하는 유신 헌법 아래 철권 통치를 이어 가던 박정희 정권은 점차 내부로부터 흔들리기 시작했다. 두 차례의 석유 파동으로 인한 경제 성장 둔화와 물가 상승은 국민들의 삶을 어렵게 만들었고, 7년간 지속된 극심한 정치적 억압과 인권 유린에 대한 불만과 저항은 사회 곳곳에서 임계점을 향해 치닫고 있었다. 이러한 불안정한 상황 속에서, 1979년 가을, 대한민국 현대사의 물줄기를 바꾼 두 개의 결정적인 사건, 즉 부마 항쟁과 10·26 사건이 연이어 발생하며 마침내 유신 독재 체제는 파국을 맞이하게 된다. 이는 장기간 억눌렸던 민주주의를 향한 열망이 마침내 폭발하고, 동시에 굳건해 보였던 독재 권력 내부의 균열이 표면화된 결과였다.

부마 항쟁의 직접적인 도화선은 박정희 정권의 오만함과 독선이었다. 1979년 5월, 야당인 신민당 총재로 선출된 김영삼은 '선명 야당' 기치를 내걸고 유신 체제에 대한 정면 비판과 개헌 투쟁을 선언하며 국민적 지지를 넓혀가고 있었다. 특히 그가 8월 YH 무역 여성 노동자들의 신민당사 농성 사건을 적극 지원하고, 9월에는 뉴욕 타임스와의 인터뷰에서 미국 정부가 박정희 정권에 대한 지지를 철회해야 한다고 주장하자, 박정희 정권은 이를 정권에 대한 정면 도전으로 받아들였다. 여당인 공화당과 유정회는 10월 4일, 김영삼 총재를 국회에서 제명하는 폭거를 단행했다. 이는 국민이 선출한 제1야당 총수의 의원직을 강제로 박탈한 반민주적인 처사로, 유신 체제의 폭압성을 다시 한번 드러내며 잠재되어 있던 국민적 분노에 불을 지폈다.

김영삼 총재의 정치적 고향이자 야당 성향이 강했던 부산 지역의 민심이 먼저 들끓기 시작했다. 1979년 10월 16일, 부산대학교 학생들이 "유신 철폐", "독재 타도", "김영삼 제명 철회" 등을 외치며 교내 시위를 벌인 것을 시작으로, 시위는 순식간에 부산 시내 중심가로 확산되었다. 학생들의 시위에 수많은 시민들이 자발적으로 합세하면서 시위 규모는 걷잡을 수 없이 커졌다. 시위대는 경찰서, 세무서, 방송국 등 관공서와 친정부 언론사 건물에 돌을 던지거나 불을 지르며 격렬하게 저항했다. 정부는 경찰력만으로는 사태 수습이 어렵다고 판단하고 10월 18일 0시를 기해 부산 지역에 위수령을 선포하고 공수부대 등 군 병력을 투입했다. 군대의 투입에도 불구하고 시위는 18일부터 김영삼의 또 다른 정치적 기반이었던 인근 마산 지역으로까지 확산되었다. 마산에서도 학생과 시민들이 거리로 쏟아져 나와 유신 독재 타도를 외치며 격렬한 시위를 벌였다. 정부는 10월 20일, 마산 지역에도 비상 계엄령을 선포하고 군대를 동원하여 시위를 무력으로 진압했다. 수많은 시민과 학생들이 체포되어 구금되고 폭행당했으며, 정확한 사상자 수는 아직도 논란이 있지만 적지 않은 희생이 뒤따랐다. 비록 부마 항쟁은 며칠 만에 군대에 의해 강제로 진압되었지만, 이는 4.19 혁명 이후 최대 규모의 민주화 요구 시위로서, 유신 체제가 더 이상 국민적 지지를 받지 못하고 있으며 그 기반이 심각하게 흔들리고 있음을 명백히 보여준 사건이었다. 이는 박정희 정권에게는 엄청난 충격이었고, 정권 핵심부 내의 갈등을 더욱 심화시키는 직접적인 계기가 되었다.

부마 항쟁의 처리 방식을 둘러싸고 박정희 정권의 핵심부에서는 심각한 노선 갈등이 벌어지고 있었다. 대통령 경호실장 차지철은 "캄보디아에서는 300만 명을 죽였는데 우리가 100만~200만 명 못 죽이겠느냐"며 탱크를 동원한 강경 진압을 주장했던 반면, 중앙정보부장 김재규는 사태의 심각성을 인지하고 온건한 수습책과 정치적 해결을 건의했다. 박정희 대통령은 차지철의 강경론에 더 귀를 기울이는 듯한 모습을 보였고, 이 과정에서 김재규는 자신이 대통령의 신임을 잃고 권력 투쟁에서 밀려나고 있다는 위기감과 함께, 차지철의 강경 진압이 실행될 경우 걷잡을 수 없는 대규모 유혈 사태가 발생하여 국가가 파탄에 이를 수도 있다는 우려를 갖게 된 것으로 보인다. 김재규의 거사 동기에 대해서는 '민주주의 회복을 위한 의거'였다는 주장과 '권력 투쟁 과정에서의 우발적 범행'이라는 주장이 엇갈리지만, 분명한 것은 부마 항쟁으로 인한 정국의 위기와 정권 내부의 극심한 갈등이 그의 결심에 결정적인 영향을 미쳤다는 점이다.

마침내 1979년 10월 26일 저녁, 서울 종로구 궁정동에 위치한 중앙정보부 안가에서 비극적인 사건이 발생했다. 이날 박정희 대통령은 중앙정보부장 김재규, 대통령 경호실장 차지철, 대통령 비서실장 김계원 등 최측근들과 함께 가수, 모델 등 여성들을 불러 연회를 즐기고 있었다. 이 자리에서도 부마 항쟁에 대한 보고와 논의가 있었고, 차지철의 월권 행위와 강경 발언 등으로 인해 험악한 분위기가 연출된 것으로 전해진다. 저녁 식사 도중 잠시 자리를 비웠던 김재규는 자신의 부하들에게 거사 준비를 지시하고 권총을 가지고 돌아왔다. 그리고 연회가 다시 시작되자, 그는 차지철을 향해 "각하, 이 버러지 같은 놈을 데리고 정치를 하니 올바로 되겠습니까?"라고 외치며 총을 발사했고, 이어 박정희 대통령의 가슴에도 총탄을 발사했다. 순식간에 벌어진 일이었고, 김재규의 부하들이 외부에서 대통령 경호원들까지 제압하면서, 18년간 대한민국을 철권으로 통치했던 박정희 대통령은 자신의 가장 믿었던 심복의 손에 의해 허무한 최후를 맞이하게 되었다. 이것이 바로 10·26 사건이다.

   10·26 사건은 대한민국 현대사에서 가장 극적인 순간 중 하나였다. 김재규에 의해 7년간 지속된 유신 독재 체제가 하룻밤 사이에 무너져 내린 것이다. 사건 직후 김재규는 육군 참모총장 정승화 등을 통해 사태를 수습하고 자신이 의도했던 정치적 변화를 이끌려 했지만, 그의 행동은 치밀한 계획보다는 다소 우발적인 측면이 있었고, 결국 군부 내 다른 세력(전두환 등 신군부)의 발 빠른 움직임 속에 체포되어 내란 목적 살인죄로 사형당하고 만다. 박정희 대통령의 갑작스러운 죽음은 대한민국 사회를 거대한 충격과 함께 권력 공백 상태로 몰아넣었다. 전국에는 비상 계엄령이 선포되었지만, 동시에 유신 독재의 종말은 민주주의에 대한 기대를 다시 한번 부풀게 했다. 정치 활동 규제가 완화되고, 긴급조치 위반으로 투옥되었던 민주 인사들이 석방되었으며, 새로운 민주 헌법 제정에 대한 논의가 활발하게 이루어지는 등, 잠시나마 '서울의 봄'이라 불리는 정치적 해빙기가 찾아오는 듯했다.

부마 항쟁은 유신 독재의 폭압 속에서도 결코 꺼지지 않았던 민주주의를 향한 국민적 열망이 마침내 폭발한 위대한 저항이었다. 비록 군대에 의해 진압되었지만, 이 항쟁은 유신 체제의 모순과 취약성을 극명하게 드러내며 정권의 종말을 재촉하는 결정적인 역할을 했다. 그리고 그 직접적인 결과로 발생한 10·26 사건은 한 시대의 절대 권력자가 내부의 총탄에 의해 비극적인 최후를 맞이하며 유신 독재 체제를 종식시킨 극적인 사건이었다. 하지만 10·26 사건은 민주화 세력에 의한 혁명이 아닌, 독재 권력 내부의 갈등과 파열에 의한 결과였기에, 완전한 민주주의로의 평화로운 이행을 보장하지는 못했다. 유신 체제의 붕괴가 가져온 '서울의 봄'은 안타깝게도 신군부의 등장으로 인해 좌절되고, 우리 민족은 민주주의를 쟁취하기 위한 또 다른 험난한 길을 걸어가야 했다. 부마 항쟁과 10·26 사건은 우리에게 국민을 이롭게 하지 않는 권력은 결코 영원할 수 없으며, 민주주의는 끊임없는 투쟁과 각성을 통해서만 지켜질 수 있다는 소중한 교훈을 남겨 주고 있다.

43장

서울의 봄은 오지 않았다:
전두환 신군부와 5·18 광주 민주화 운동

    1979년 10월 26일, 18년간 대한민국을 철권으로 통치했던 박정희 대통령이 중앙정보부장 김재규의 총탄에 맞아 사망하는 초유의 사태가 발생하면서, 7년간 지속되었던 숨 막히는 유신 독재 체제는 갑작스럽게 종말을 고했다. 이 예기치 못한 권력 공백은 국민들에게 민주주의에 대한 오랜 갈망을 다시금 불태우는 계기가 되었다. 김대중 등 긴급조치 위반으로 투옥되었던 민주 인사들이 석방되고, 언론과 대학가에서는 유신 헌법 폐지와 민주적인 헌법 제정에 대한 논의가 활발하게 이루어졌으며, 사회 곳곳에서 민주화를 요구하는 목소리가 터져 나왔다. 마치 길고 어두웠던 겨울이 끝나고 봄이 오는 듯하다 하여, 이 시기를 '서울의 봄'이라고 부른다. 하지만 이 희망의 봄은 안타깝게도 너무나 짧았다. 민주화 운동 세력 내에서도 새로운 민주주의 국가를 어떻게 건설할 것인가에 대한 합의가 부재하였고, 국민들을 통일적으로 이끌어갈 비전이 결여된 상황에서 우리 사회는 혼란의 백가쟁명의 시대로 빠져들어 가고 있었다. 또한 박정희라는 절대 권력자가 사라진 자리를 또 다른 군부 세력이 호시탐탐 기회를 노리고 있었다.

박정희 대통령 시해 사건 이후, 전국에는 비상 계엄령이 선포되었고, 육군참모총장 정승화가 계엄사령관으로서 군을 통솔하고 있었다. 그런데 이 사건의 합동수사본부장을 맡게 된 인물이 바로 국군 보안사령관이었던 전두환 소장이었다. 전두환은 육군사관학교 11기 출신들을 중심으로 '하나회'라는 비밀 사조직을 이끌며 군 내에서 막강한 세력을 구축하고 있던 야심만만한 인물이었다. 그는 10.26 사건 수사 과정을 통해 군 내부의 정보를 장악하고 권력 기반을 급속도로 확대해 나갔다. 그리고 마침내 1979년 12월 12일 밤, 전두환과 그의 핵심 동료인 노태우 등 신군부 세력은 군 통수권자인 최규하 대통령의 재가도 없이, 자신들의 직속상관이자 계엄사령관인 정승화 육군참모총장을 10.26 사건 당시 김재규의 범행을 방조했다는 혐의를 씌워 강제로 연행하는 군사 반란을 일으켰다. 이것이 바로 '12·12 군사 반란'이다. 그들은 자신들에게 동조하는 부대를 동원하여 정승화 총장 측을 제압하고 군 지휘권을 완전히 장악했다. 이는 명백한 하극상이자 군 형법을 위반한 불법적인 행위였지만, 신군부는 이를 통해 군부의 실세로 떠올랐고, 최규하 대통령 정부는 허수아비로 전락하고 말았다.

12·12 쿠데타로 군부를 장악한 전두환 신군부 세력은 비상 계엄령을 계속 유지하면서 정치 개입을 노골화하기 시작했다. 그들은 언론을 통제하고, 중앙정보부 등 정보기관을 장악했으며, 점차 정치 일정에도 영향력을 행사하려 했다. 1980년 봄이 되자, 지지부진한 민주화 일정과 신군부의 정치 개입 움직임에 대한 학생과 시민 사회의 불안감과 불만은 커

져 갔다. 전국 대학가에서는 연일 계엄 해제, 유신 잔당 퇴진, 전두환 퇴진 등을 요구하는 대규모 시위가 벌어졌다. 특히 1980년 5월 중순에는 서울역 앞에 10만 명 이상의 학생과 시민이 모여 민주화를 촉구하는 대규모 집회를 열기도 했다. '서울의 봄'은 민주주의를 향한 열망으로 뜨겁게 달아오르고 있었다.

하지만 신군부는 이러한 국민적 열망을 정면으로 짓밟았다. 1980년 5월 17일 밤, 전두환 신군부는 '북한의 남침 위협'과 '사회 혼란'을 빌미로 비상 계엄령을 전국으로 확대하는 '5·17 비상계엄 확대 조치'를 단행했다. 이는 사실상의 제2차 쿠데타였다. 신군부는 국회를 폐쇄하고 모든 정치 활동을 금지시켰으며, 김대중, 김영삼, 김종필 등 주요 정치 지도자들과 재야 민주 인사, 학생 운동 지도부 등 수백 명을 대규모로 체포하거나 가택 연금시켰다. 특히 김대중은 내란 음모 혐의라는 터무니없는 죄목으로 체포되어 사형 선고까지 받게 된다. 이로써 '서울의 봄'은 짧은 기간 만에 군부의 총칼 아래 얼어붙고 말았다.

신군부의 폭압적인 5·17 조치에 대한 저항은 김대중의 정치적 고향이자 민주화 열기가 높았던 광주에서 가장 먼저 터져 나왔다. 1980년 5월 18일 오전, 전남대학교 학생들은 계엄군의 학교 폐쇄 조치에 항의하며 교문 앞에서 시위를 시작했다.

5월 19일부터 광주 시민들은 학생들과 함께 거리로 쏟아져 나와 "계엄 해제하라!", "전두환 물러가라!", "김대중 석방하라!", "휴교령 철폐하라!" 등을 외치며 시위를 벌였다. 시위 규모는 날이 갈수록 커졌고, 시위대는 공수부대의 진압에 맞서 돌과 화염병을 던지며 저항했다. 5월 20일에는 택시 운전사들을 중심으로 수백 대의 차량 시위가 벌어졌고, 5월 21일에는 시위가 격화되는 중에 시위대가 대치중인 공수부대원 쪽으로 시내버스를 들이박아 공수부대원 중에 사상자가 발생하자 이에 격분한 공수부대가 시민들을 향해 발포하는 끔찍한 상황으로 치달았다.

이에 시위대는 경찰서나 예비군 무기고 등을 습격하여 소총 등 무기를 확보하여 '시민군'을 조직하였고, 시내에는 군과 시민군 사이에 시가전이 벌어졌다. 신군부는 광주에서 시민군들의 무력 저항이 커지면서 사태가 악화되자 잠시 계엄군을 광주 시 외곽으로 철수시켰다.

하지만 신군부는 광주를 외부로부터 완전히 고립시키고 언론을 철저히 통제하여, 광주의 상황을 '북한의 사주를 받은 폭도들의 난동'으로 왜곡 선전했다. 그리고 5월 27일 새벽, 탱크를 앞세운 대규모 계엄군 병력을 투입하여 광주 시내를 재진압하는 작전을 개시했다. 마지막까지 도청을 지키던 수많은 시민군들은 결국 희생되었고, 열흘간의 광주 민주화 운동은 피로 얼룩진 채 막을 내렸다. 5·18 광주 민주화 운동 과정에서 사망한 시민의 수는 공식 발표로도 200여 명에 달했다.

광주에서의 시민들의 저항 의지를 무력으로 억누른 신군부 세력은 이후 거칠 것 없이 권력을 장악해 나갔다. 그들은 최규하 대통령을 하야시키고, 8월에는 통일주체국민회의에서 전두환을 제11대 대통령으로 선출했다. 그리고 10월에는 국회를 해산하고 국가보위비상대책위원회를 통해 실권을 행사하며 제5공화국 헌법을 제정하여 장기 집권의 길을 열었다.

전두환 신군부의 등장은 10·26 사건 이후 찾아왔던 민주주의의 봄을 군홧발로 짓밟은 또 다른 군사 쿠데타였다. 이에 맞서 일어난 5·18 광주 민주화 운동은 신군부의 집권 음모와 불법적인 계엄 확대에 저항하고 민주주의를 지키려 했던 광주 시민들의 항쟁이었다. 비록 이 저항은 계엄군의 진압에 좌절되었고, 수많은 희생과 깊은 상처를 남겼다. 5·18 광주 민주화 운동은 이후 1980년대 내내 이어진 한국 민주화 운동의 중요한 정신적 동력이 되었으며, 마침내 1987년 6월 민주 항쟁을 통해 군부 독재를 종식시키는 데 기여했다. 오늘날 5·18 광주 민주화 운동은 불의한 독재 권력에 맞서 민주주의와 인권, 그리고 평화로운 공동체를 지키려 했던 시민들의 저항으로 기억되고 있다. 이는 우리에게 민주주의가 얼마나 소중하며, 그것을 지키기 위해 얼마나 많은 피와 땀이 필요했는지를 일깨워 주는 역사의 거울이다.

44장

"독재 타도, 호헌 철폐!":
1987년 6월, 광장을 가득 메운 민주 항쟁

1980년 5월, 광주의 비극을 딛고 권력을 장악한 전두환 신군부 세력은 제5공화국이라는 이름 아래 또 다른 군사 정권 시대를 열었다. 겉으로는 '정의 사회 구현'을 내걸었지만, 실제로는 언론 통폐합, 정치 활동 규제, 민주 인사 탄압 등 권위주의적인 통치가 계속되었다. 하지만 유신 독재를 무너뜨리고 민주주의를 쟁취하려는 국민들의 열망은 결코 사라지지 않았다. 대학가를 중심으로 학생 운동은 끊임없이 이어졌고, 재야 민주 인사들과 종교계, 그리고 점차 성장하는 중산층 시민들 사이에서도 직선제 개헌 등 민주화를 요구하는 목소리가 조용히, 하지만 꾸준히 높아지고 있었다. 전두환 대통령의 7년 단임 임기가 끝나가는 1987년이 다가오면서, 이러한 민주화 요구는 이제 더 이상 억누를 수 없는 거대한 파도가 되어 정권의 기반을 흔들기 시작했다.

1987년 초, 민주화를 향한 국민적 열망에 불을 지핀 결정적인 사건이 발생하였다. 1월 14일, 서울대학교 학생이었던 박종철 군이 경찰에 연행되어 조사를 받던 중 물고문 등 잔혹한 고문으로 사망하는 사건이 벌어졌다. 경찰은 처음에는 "책상을 '탁' 치니 '억' 하고 죽었다"는 황당무계한 거짓 발표로 사건을 은폐하려 했지만, 언론의 용기 있는 추적 보도 등으로 고문치사 사건의 진상이 알려지면서 전 국민적인 분노가 들끓기 시작했다.

박종철 군의 죽음은 전두환 정권의 비도덕성과 폭력성을 상징하는 사건이 되었고, 민주화를 요구하는 시위는 더욱 거세졌다. 이러한 상황 속에서 전두환 대통령은 4월 13일, 국민들의 직선제 개헌 요구를 정면으로 거부하고 현행 헌법에 따라 자신의 후계자인 노태우 민정당 대표에게 정권을 이양하겠다는 소위 '4·13 호헌 조치'를 발표했다. 이는 민주화에 대한 일말의 기대마저 꺾어 버리는 조치였으며, 야당과 재야 민주 세력은 물론 일반 시민들의 분노까지 폭발시키는 기폭제가 되었다.

4·13 호헌 조치 철회와 직선제 개헌, 그리고 박종철 고문치사 진상 규명을 요구하는 목소리는 이제 거스를 수 없는 대세가 되었다. 재야 민주 세력들은 '민주헌법쟁취 국민운동본부'를 결성하여 투쟁을 조직화했고, 마침내 6월 10일 '박종철군 고문치사 조작·은폐 규탄 및 호헌 철폐 국민대회'를 전국적으로 개최하기로 결정했다. 정부는 이 대회를 불법으로 규정하고 원천 봉쇄 방침을 밝혔으며, 전국에 10만 명이 넘는 경찰 병력을 배치하여 삼엄한 경계 태세를 갖추었다. 대회 전날인 6월 9일, 연세대학교에서는 학생들이 교내 시위를 벌이다 경찰이 직격으로 발사한 최루탄에 이한열 군이 머리를 맞아 피를 흘리며 쓰러지는 충격적인 사건이 발생했다.

1987년 6월 10일, 정부의 삼엄한 통제에도 불구하고 서울을 비롯한 전국 주요 도시에서 수많은 학생과 시민들이 거리로 쏟아져 나왔다. "호헌 철폐! 독재 타도!", "직선제를 쟁취하자!", "이한열을 살려내라!"는 함성이 전국을 뒤덮었다. 이날 시작된 시위는 6월 내내 계속되었다. 특히 이전의 시위가 주로 학생들 중심이었던 것과는 달리, 6월 민주 항쟁에는 넥타이를 맨 회사원들, 상인, 주부 등 평범한 중산층 시민들이 대거 참여하여 시위대에 음료수를 나눠주고 함께 구호를 외치며 지지를 보냈다. 이는 민주화 요구가 더 이상 특정 집단의 외침이 아니라, 전 국민적인 열망임을 보여 주는 중요한 변화였다. 시위대는 경찰의 최루탄 세례와 폭력적인 진압에도 굴하지 않고 격렬하게 저항했으며, 명동성당 등 종교 시설은 시위대의 피난처이자 농성 장소가 되기도 했다. 시위가 전국적으로 확산되고 장기화되면서, 전두환 정권은 군대 투입이라는 극단적인 카드까지 고려했지만, 이는 제2의 광주 사태를 불러올 수 있다는 국내외적인 우려와 압력, 그리고 군부 내 일부의 동요 등으로 인해 쉽사리 결정을 내리지 못했다.

결국 20여 일간 지속된 전국적인 시위의 압력과 국제 사회의 우려 속에서, 전두환 정권은 더 이상 버틸 수 없다고 판단하고 국민들의 민주화 요구를 수용하기로 결정했다. 1987년 6월 29일, 당시 민정당 대표이자 전두환의 후계자였던 노태우는 국민들의 직선제 개헌 요구를 받아들이고, 김대중 사면 복권, 언론 자유 보장, 지방 자치 실시 등 8개 항의 민주화 조치를 담은 '6·29 선언'을 전격적으로 발표했다. 이는 사실상 군부 정권의 항복 선언이나 다름없었으며, 6월 민주 항쟁에 참여했던 모든 국민들의 승리였다. 비록 정권의 핵심 인물이었던 노태우가 발표했다는 점에서 그 진정성에 대한 의구심도 있었지만, 국민들은 일단 민주화의 길이 열렸다는 사실에 안도하고 환호했다.

6.29 선언 이후, 여야 협상을 통해 대통령 직선제를 핵심으로 하는 새로운 헌법 개정안이 마련되었다. 새 헌법은 대통령 임기를 5년 단임으로 하고 국민 직접 선거로 선출하며, 국회의 국정 감사권 부활, 헌법재판소 설치, 국민의 기본권 강화 등 민주적인 내용을 대폭 담고 있었다. 이 개헌안은 1987년 10월 국민 투표에서 압도적인 찬성(93.1%)으로 통과되어, 오늘날까지 이어지는 대한민국 제6공화국 헌법 체제, 즉 '87년 체제'가 수립되었다. 이로써 1972년 유신 체제 이후 15년간 지속되었던 간선제하의 권위주의 통치 시대는 막을 내리고, 국민이 직접 대통령을 선출하는 절차적 민주주의 시대가 다시 열리게 된 것이다.

1987년 6월 민주 항쟁은 박종철 고문치사 사건과 4·13 호헌 조치라는 독재 정권의 폭압과 오만함에 맞서, 학생과 시민이 하나 되어 거리에서 싸워 쟁취한 위대한 민주주의 혁명이었다. 이는 4.19 혁명의 정신을 계승하여, 비록 많은 희생이 따랐지만 결국 국민의 힘으로 권위주의 정권을 무너뜨리고 민주주의의 새로운 장을 열었다는 점에서 한국 현대사에 길이 빛날 금자탑으로 평가받고 있다. 6월 민주 항쟁은 우리 국민들의 가슴속에 잠재되어 있던 민주주의에 대한 열망과 저력을 다시 한번 확인시켜 주었으며, 이를 통해 수립된 '87년 체제'는 이후 한국 사회의 민주주의 발전을 위한 제도적 틀을 마련하는 토대가 됐다. 비록 1987년 이후에도 민주주의의 완전한 정착과 심화를 위한 과제는 여전히 남아 있지만, 6월 민주 항쟁은 국민이 나라의 주인임을 분명히 선언하고, 평화적이고 민주적인 방식으로 사회를 발전시켜 나갈 수 있다는 소중한 희망과 자신감을 우리에게 안겨주었다. 이 항쟁의 정신은 오늘날에도 시민 사회 운동과 민주주의 발전에 중요한 영감을 주고 있다.

45장

80년대 학생운동:
순수의 시대, 급진 이념의 그림자

1980년 5월, 광주에서 울려 퍼진 총성은 한 세대 젊음의 심장을 관통하는 파열음이었다. 민주주의를 향한 순수한 열망이 탱크와 총칼 앞에 무참히 짓밟히는 참상을 목도한 학생들은 깊은 절망과 분노에 휩싸였다. 그들에게 이 사건은 단순히 한 도시의 비극을 넘어, 기존에 믿어왔던 세계가 무너지는 경험이었다. 민주주의의 수호자라 믿었던 미국이 신군부의 폭력을 사실상 용인했다는 인식은 배신감으로 다가왔고, 온건하고 점진적인 방식으로는 결코 이 철권 통치를 끝낼 수 없다는 뼈저린 교훈을 남겼다.

이러한 집단적 트라우마는 학생운동의 방향을 근본적으로 바꾸어 놓았다. 이전까지의 민주화 투쟁이 독재 권력에 대한 저항에 초점을 맞추었다면, 이제 학생들은 '왜 이런 비극이 발생했는가'라는 구조적인 질문을 던지기 시작했다. 그들은 사회의 근본적인 모순을 파헤치고, 군부독재라는 현상을 넘어 그 뿌리까지 파고들 수 있는 강력하고 체계적인 이론적

무기를 갈망했다. 이 지점에서 마르크스-레닌주의를 비롯한 급진적인 사회주의 사상이 메마른 땅에 스며드는 물처럼 학생 사회에 급속도로 퍼져 나갔다. 이는 더 이상 단순한 민주화 운동이 아닌, 사회 변혁을 목표로 하는 혁명 운동으로의 뚜렷한 전환이었다.

이러한 좌경화의 흐름 속에서 학생운동은 사회의 핵심 모순을 어떻게 규정하느냐에 따라 두 개의 물줄기로 나뉘었다. 한쪽에서는 한국 사회의 가장 큰 문제가 '미국의 제국주의적 지배'에 있다고 보았다. 'NL(민족해방)'이라 불린 이들은 북한의 주체사상을 비판적으로 수용하며 민족의 자주성 회복과 통일을 최우선 과제로 내걸었다. 다른 한쪽에서는 자본가와 노동 대중 사이의 '계급 모순'이야말로 한국 사회의 본질이라고 주장했다. 정통 마르크스주의에 기반을 둔 'PD(민중민주)' 계열은 자본주의 체제의 타파와 민중이 주인이 되는 세상의 건설을 외쳤다.

이처럼 이념으로 무장한 학생운동은 이전보다 훨씬 더 조직적이고 치열하게 독재정권에 맞섰지만, 그 급진성은 동시에 깊은 그늘을 만들었다. 그들이 손에 쥔 이념은 때로 현실을 분석하는 틀이 아니라, 현실을 재단하는 교조적인 잣대가 되었다. '식민지반봉건사회'와 같은 복잡한 개념들은 그들만의 언어가 되어, 그들이 해방시키고자 했던 평범한 사람들의 삶과 유리되는 결과를 낳았다.

특히 NL 계열이 보여 준 북한 정권에 대한 무비판적인 태도는 대중적 공감대를 얻는 데 결정적인 장애물이었다. 민족의 자주성이라는 대의에 함몰되어 북한의 끔찍한 인권 유린과 세습 독재의 현실을 외면하는 모습은 많은 국민에게 거부감을 주었고, 학생운동 전체를 고립시키는 족쇄가 되었다. 더욱 안타까운 것은, 타도해야 할 공동의 적을 눈앞에 두고도 NL

과 PD는 서로를 향해 날 선 비판을 쏟아내며 격렬한 노선 투쟁을 벌였다. 이 과정에서 폭력적인 투쟁 방식이 정당화되었고, 독재에 반대한다면서도 정작 조직 내부에서는 '강철 같은 규율'을 내세우며 비판과 이견을 용납하지 않는 권위주의적인 문화가 싹트기도 했다.

결론적으로 80년대 학생운동의 좌경화는 독재의 시대에 맞서 저항했던 청춘들의 막다른 골목이었다. 그들의 희생이 1987년 6월 항쟁을 이끌어낸 강력한 동력이었음은 역사적인 사실이다. 그러나 이념에 대한 과도한 집착과 현실과의 괴리, 그리고 내부의 분열과 모순은 스스로의 발목을 잡는 한계로 작용했다.

46장

87체제:
광장의 약속과 권력의 그늘

1987년 6월, 독재의 질긴 어둠을 밀어내고 이 땅의 아스팔트는 눈물과 함성으로 뜨겁게 달아올랐다. 한 시대의 절망을 희망으로 바꾸려 했던 거대한 열망은 마침내 '87년 체제'라는 이름의 민주주의를 잉태했다. 그것은 압제의 폐허 위에 세워진 약속의 광장이었고, 국민의 손으로 직접 지도자를 선택하는, 길고 긴 밤 끝에 찾아온 영광의 새벽이었다. 이 새로운 체제 안에서 우리는 비로소 평화롭게 권력이 오가는 것을 보았고, 억눌렸던 목소리들이 각자의 색을 뽐내며 피어나는 시민 사회의 봄을 맞이할 수 있었다. 87년 체제는 의심할 여지 없이 우리 민주주의의 심장이자, 모든 서사의 출발점이었다.

하지만 광장의 아이는 자라면서 점차 다른 얼굴을 보이기 시작했다. 민주주의라는 이름으로 세워진 권력의 자리는 봉사의 의자가 아닌, 5년마다 주인이 바뀌는 외로운 옥좌가 되어 갔다. '제왕적 대통령'이라는 이름의 그림자는 너무나도 짙어서, 정치는 대화와 타협의 예술을 잃고 모든 것을 걸고 싸워야 하는 전쟁의 황야로 변했다. 승자의 만찬 뒤에는 언제나 패자의 낭떠러지가 기다렸고, 광장에서 함께 불렀던 노래는 점차 서로를 향한 날 선 구호로 바뀌어 갔다.

더욱 안타까운 것은, 민주주의의 온기가 삶의 냉골까지는 미치지 못했다는 점이다. 정치라는 화려한 궁전의 담장은 높았고, 그 너머 경제적 불평등과 사회적 양극화라는 쓸쓸한 뒷마당은 방치되었다. 성장의 그림자는 우리 사회의 빛보다 더 길고 짙게 드리워졌고, 87년 체제라는 낡은 지도로는 저출산과 기후 위기, 그리고 기술 혁명이라는 새로운 시대의 거친 파도를 헤쳐나가기엔 너무나 벅찼다. 한때 영광스러웠던 민주주의라는 배는 이제 새로운 시대의 무게에 힘겹게 삐걱이고 있다.

결국 87년 체제는 빛나는 성공과 아픈 실패의 얼굴을 동시에 지닌 우리의 자화상이다. 그것은 우리가 자랑스럽게 지켜 나가야 할 민주주의의 초석인 동시에, 이제는 그 한계를 뛰어넘어 새로운 약속을 새겨야 할 낡은 석판이기도 했다. 광장에서 처음 품었던 그 순수한 열망, 모든 이를 이롭게 하고 개인 각자가 존엄한 삶을 누리는 나라를 향한 꿈을 온전히 이루기 위해, 우리는 이제 87년 체재를 넘어 또 다른 길, 코리안드림의 꿈을 꾸어야 할 시간에 서 있다.

47장

민주주의, 앞으로 나아가다:
IMF 외환위기 극복과 사회의 변화

1987년 6월, 뜨거웠던 민주 항쟁의 함성은 마침내 6.29 선언으로 대통령 직선제 개헌을 이끌어 냈다. 이는 수십 년간 지속된 권위주의 통치에 맞서 싸워 온 국민들의 승리였으며, 한국 현대사에서 민주주의를 향한 중요한 분수령이 되었다. 새로운 민주 헌정 질서 아래, 대한민국은 정치, 경제, 사회, 문화 모든 영역에서 이전과는 다른 역동적인 변화의 시기를 맞이하게 된다. 비록 민주주의의 공고화 과정이 순탄하지만은 않았고, 예기치 못한 경제 위기라는 거대한 시련도 겪어야 했지만, 이 시기는 우리 사회가 권위주의 시대를 마감하고 보다 자유롭고 민주화된 사회로 나아가는 중요한 전환기였다. 국민들은 이제 수동적인 통치의 대상이 아니라, 국가와 사회의 주인으로서 자신의 목소리를 내고 참여하는 주체로 점차 자리매김하기 시작했다. 이는 우리가 꿈꾸어 온 이상이 권위주의적 국가 발전 모델을 넘어, 시민의 자유와 권리, 그리고 참여를 통해 실현될 수 있다는 가능성을 보여 주는 새로운 도전이자 노력의 시작이었다.

정치적으로 1987년 이후 가장 큰 변화는 절차적 민주주의의 정착이었다. 무엇보다 국민이 직접 대통령을 선출하는 대통령 직선제가 부활했고, 1987년 12월 첫 직선제 대통령 선거를 시작으로 이후 평화적인 정권 교체가 이루어지기 시작했다. 특히 1997년 대통령 선거에서는 야당 후보였던 김대중이 당선되어 대한민국 헌정사상 최초로 수평적 정권 교체를 실현하는 중요한 이정표를 세웠다. 또한, 권위주의 정권 하에서 억압되었던 언론, 출판, 집회, 결사의 자유가 크게 신장되었고, 과거사 청산 작업이 시작되었으며, 1991년부터는 지방 의회 선거가, 1995년부터는 지방 자치 단체장 선거가 부활하여 지방 자치 시대가 열리는 등 민주적인 제도들이 점차 뿌리를 내렸다. 다양한 이해관계를 가진 시민들이 자발적으로 모여 목소리를 내는 시민사회단체(NGO)들이 급성장하여 정부 정책에 대한 감시와 비판, 대안 제시 등 중요한 역할을 수행하기 시작한 것도 이 시기의 중요한 변화였다. 하지만 이러한 민주주의의 진전에도 불구하고, 고질적인 지역주의에 기반한 정치 대립, 불안정한 삼권분립, '제왕적 대통령제'의 문제, 끊이지 않는 정치권의 부정부패 스캔들 등은 여전히 한국 민주주의가 해결해야 할 과제로 남았다. 민주주의는 단 한 번의 혁명이나 개헌으로 완성되는 것이 아니라, 끊임없는 참여와 노력을 통해 발전시켜 나가야 하는 진행형의 과정임을 보여 주었다.

경제적으로 1987년 이후 한국 경제는 이전 시기의 고도 성장의 동력을 이어받아 지속적인 성장을 거듭했다. 1988년 서울 올림픽의 성공적인 개최는 국가 이미지를 제고하고 경제 성장에 활력을 불어넣는 계기가 되었다.

반도체, 자동차, 전자 등 기술 집약적인 산업이 새로운 성장 동력으로 부상했고, 수출 규모는 꾸준히 증가했다. 마침내 1996년에는 선진국 클

럽이라 불리는 경제협력개발기구(OECD)에 가입하여 국제 사회에서 경제적 위상을 인정받기에 이르렀다. 이는 전쟁의 폐허 속에서 불과 수십 년 만에 이룩한 괄목할 만한 성과였다. 그러나 이러한 외형적인 성장 이면에는 여러 가지 구조적인 문제점들이 잠재되어 있었다. 재벌 중심의 경제 구조는 여전히 심각했고, 정부와 기업 간의 정경유착 관행도 근절되지 않았다. 특히 재벌들은 과도한 차입에 의존한 무분별한 사업 확장 경쟁을 벌였고, 관치하에 있는 금융 기관들은 부실한 감독 아래 이들에게 방만한 대출을 제공했다. 투명하지 못한 기업 경영과 취약한 금융 시스템은 한국 경제의 아킬레스건이 되었다.

이러한 구조적 취약성은 1997년 말, 아시아 전역을 휩쓴 외환 위기와 맞물리면서 결국 대한민국 건국 이후 최대의 경제적 시련을 불러왔다. 태국에서 시작된 금융 위기가 동남아시아를 거쳐 한국까지 덮치면서 외국 자본이 썰물처럼 빠져나갔고, 외환 보유고는 바닥을 드러냈다. 한보철강, 기아자동차 등 대기업들이 연이어 부도를 맞았고, 금융 시장은 마비 상태에 빠졌다. 결국 김영삼 정부는 1997년 12월, 국제통화기금(IMF)에 구제 금융을 신청할 수밖에 없는 상황에 이르렀다.

이는 국민들에게 엄청난 충격과 함께 '국가 부도'라는 자존심의 상처를 안겨 주었다. IMF는 구제 금융을 제공하는 대가로 한국 정부에 강도 높은 구조 조정을 요구했다. 부실 기업과 금융 기관의 퇴출, 대규모 정리 해고, 공공 부문 축소, 시장 개방 확대 등 고통스러운 조치들이 뒤따랐다. 이로 인해 실업률은 급증했고, 수많은 중산층 가정이 몰락했으며, 사회 양극화는 더욱 심화되는 등 국민들은 혹독한 고난의 시간을 보내야 했다.

하지만 대한민국 국민들은 이 국가적 위기 앞에서 좌절하지 않고 놀라운 저력과 회복탄력성을 보여 주었다. 위기 극복을 위해 전 국민이 자발적으로 참여한 '금 모으기 운동'은 세계를 감동시킨 사례였다.

평범한 시민들이 나라 빚을 갚는 데 힘을 보태겠다며 결혼반지, 돌 반지 등 소중한 금붙이를 기꺼이 내놓는 모습은 위기 속에서 더욱 빛나는 공동체 정신을 보여 주었다. 기업들은 뼈를 깎는 구조 조정을 단행했고, 정부는 금융 및 기업 부문의 개혁을 추진했으며, 노동자들 역시 고통 분담에 동참했다. 이러한 범국민적인 노력 덕분에 대한민국은 예상보다 빠른 기간 안에 IMF 구제 금융을 조기 상환하고 위기에서 벗어날 수 있었다. 하지만 IMF 외환위기는 우리 경제와 사회에 깊은 상처를 남겼다. 평생 직장 개념이 사라지고 비정규직이 급증했으며, 소득 불평등과 사회 양극화는 더욱 심화되는 등 한국 사회의 구조적인 문제를 드러내는 계기가 되기도 했다.

사회·문화적으로도 1987년 민주화 이후 한국 사회는 급격한 변화를 경험했다. 권위주의 시대의 획일적인 가치관에서 벗어나 개인의 자유와 다양성을 존중하는 분위기가 확산되었다. 해외여행 자유화, 인터넷 보급 확산 등 세계화의 물결 속에서 외국의 문물과 정보가 빠르게 유입되었고, 이는 한국인의 생활 방식과 가치관에 큰 영향을 미쳤다. 여성의 사회 진출이 활발해지고 남녀 평등에 대한 인식이 높아졌다. 그러나 그에 못지 않게 급격한 저출산·고령화 현상이 사회의 지속 가능성을 위협하는 심각한 문제로 대두되기 시작했다. 한편, 1990년대 말부터는 한국의 대중문화, 즉 '한류'가 드라마와 K-팝을 중심으로 아시아를 넘어 세계적으로 인기를 얻기 시작하면서 새로운 문화 강국으로서의 가능성을 보여 주기도 했다.

이는 경제 성장과 민주화 과정에서 축적된 한국 사회의 역동성과 문화적 잠재력이 발현된 결과라고 할 수 있다.

1987년 민주화 이후 대한민국은 정치적 민주주의의 진전과 경제적 성장, 그리고 급격한 사회 문화적 변화가 동시에 이루어진 역동적인 시기를 보냈다. 민주적인 제도가 뿌리내리고 시민 사회가 성장하는 등 긍정적인 발전이 있었지만, 동시에 정치적 불안정, 경제 위기, 사회 양극화 심화 등 새로운 도전과 과제에도 직면해야 했다. 특히 IMF 외환위기는 우리에게 고도 성장의 이면에 가려져 있던 구조적 문제점을 되돌아보게 했고, 위기 극복 과정에서 보여 준 국민적 단결과 저력은 또 다른 희망의 씨앗이 되었다. 이 시기는 권위주의 시대를 청산하고 진정한 선진 민주 국가로 나아가기 위한 과도기적 진통의 과정이었으며, '모든 구성원이 더불어 잘 사는 사회'를 만들기 위한 끊임없는 노력과 성찰이 계속되어야 함을 보여 준다. 민주화 이후 한국 사회는 여전히 많은 과제를 안고 있지만, 위기를 극복하고 변화에 적응하며 끊임없이 발전해 나가는 역동성 또한 분명히 보여 주고 있다.

48장

얼어붙은 분단의 문을 열다:
남북 정상 회담과 교류의 시대

    1945년 8월 15일, 우리 민족은 35년간의 일제 강점기에서 벗어나 광복의 기쁨을 맞이했지만, 그 기쁨은 잠시뿐이었다. 외세에 의해 허리가 잘린 채 남과 북으로 나뉘었고, 1950년 발발한 6.25 전쟁은 동족상잔의 비극과 함께 분단의 골을 더욱 깊게 만들었다. 1953년 휴전 협정 체결 이후, 남북한은 서로를 인정하지 않는 적대적인 관계 속에서 체제 경쟁과 군사적 대치를 이어갔다. 한반도는 세계적인 냉전의 최전선이 되었고, '통일'은 양측 모두에게 지상 과제였지만, 그 방식과 이념은 극명하게 달랐다. 이러한 수십 년간의 불신과 대립 속에서도, 민족의 동질성을 확인하고 긴장을 완화하며 평화 통일의 길을 모색하려는 교류와 협력의 시도들이 간헐적으로나마 이루어졌는데, 특히 남북 정상 간의 만남은 관계 변화의 중요한 분수령 역할을 해왔다. 하지만 그 길은 결코 순탄하지 않았으며, 희망과 실망이 교차하는 굴곡의 연속이었다.

    전쟁의 상처가 채 아물지 않았던 초기에는 남북 간의 대화 자체가 거의 불가능했다. 박정희 정부 시절인 1972년, 7·4 남북 공동 성명이 발표되어 자주, 평화, 민족 대단결이라는 통일 3원칙에 합의하고 남북조절위원회를 설치하는 등 대화의 물꼬를 트는 듯했지만, 이는 오히려 남북 양측이 각자의 독재 체제를 강화하는 데 이용되었고 실질적인 관계 개선으로는 이어지지 못했다. 이후에도 이산가족 상봉을 위한 적십자 회담 등이 간헐적으로 열렸지만, 근본적인 불신과 정치·군사적 대립 속에서 큰 진전을 보기는 어려웠다. 전두환 정부 시기에는 북한의 아웅산 묘소 폭탄 테러(1983) 등으로 관계가 극도로 경색되기도 했으나, 1985년에는 역사적인 최초의 남북 이산가족 고향 방문 및 예술 공연단 교환 방문이 성사되는 등 인도적 교류의 가능성을 보여 주기도 했다.

남북 관계에 의미 있는 변화의 계기가 마련된 것은 1980년대 말 세계적인 탈냉전 분위기와 노태우 정부의 '북방 정책' 추진 덕분이었다. 남한이 소련, 중국 등 과거 북한의 우방이었던 공산권 국가들과 수교하면서 북한은 외교적으로 고립감을 느끼게 되었고, 남북 대화에 보다 적극적으로 나설 필요성을 느끼게 되었다. 이러한 배경 속에서 1991년 12월, 남북한은 '남북 사이의 화해와 불가침 및 교류·협력에 관한 합의서'인 '남북 기본 합의서'를 채택하는 성과를 거두었다. 이 합의서는 상호 체제 인정, 무력 불사용, 경제·사회·문화 등 다방면에 걸친 교류 협력 추진 등을 약속하며 남북 관계 발전의 중요한 틀을 마련했다. 또한, 같은 시기에 '한반도의 비핵화에 관한 공동 선언'을 채택하여 남북한 모두 핵무기의 시험, 제조, 보유, 사용 등을 금지하기로 합의했다. 이는 한반도 평화 정착을 위한 중요한 진전이었지만, 안타깝게도 이후 북한의 핵 개발이 시작되면서 이 약속들은 제대로 지켜지지 못하게 된다.

남북 관계의 획기적인 전환점은 2000년, 김대중 정부의 '햇볕정책' 아래 이루어졌다. 햇볕정책은 북한을 무조건적으로 압박하거나 고립시키기보다는, 화해와 협력을 통해 북한의 점진적인 변화를 유도하고 평화를 정착시키려는 포용 정책이었다. 이러한 노력의 결실로, 2000년 6월 13일부터 15일까지 분단 이후 처음으로 남북 정상 간의 만남, 즉 김대중 대통령과 김정일 국방위원장의 평양 정상회담이 성사되었다.

전 세계의 이목이 집중된 가운데 두 정상은 화기애애한 분위기 속에서 회담을 가졌고, 그 결과 '6·15 남북 공동 선언'을 발표했다. 이 선언에서 남북은 통일 문제의 자주적 해결, 남측의 연합제 안과 북측의 낮은 단계의 연방제 안의 공통성 인정, 이산가족 문제 해결과 경제 협력 및 사회·문화 교류 활성화 등을 합의했다.

6.15 선언 이후 남북 관계는 급속도로 진전되어, 이산가족 상봉 정례화, 금강산 관광 사업 시작, 개성 공단 건설 착수, 경의선·동해선 철도 및 도로 연결 등 가시적인 성과들이 나타났다. 이는 분단 반세기 만에 찾아온 화해와 협력의 시대로, 한반도 평화에 대한 기대를 크게 높였다. 하지만 햇볕정책은 북한 정권을 개방과 개혁으로 유도하지 못하고 북한 정권을 공고히 하는데 도움이 된다 하여 국내 보수 진영으로부터 '북한에 대한 퍼주기'라는 비판을 받기도 했고, 훗날 정상회담 성사를 위한 대북 비밀 송금 의혹이 불거지면서 정몽헌 현대 그룹 회장이 자살하고 관련자들이 사법처리 되는 불상사를 겪었다.

김대중 정부의 뒤를 이은 노무현 정부 역시 '평화 번영 정책'이라는 이름으로 햇볕정책 기조를 계승하려 노력했다. 하지만 이 시기 북한의 핵 실험(2006년 1차)과 미국의 대북 강경책 등으로 인해 남북 관계는 다시 경색 국면을 맞기도 했다. 그럼에도 불구하고 노무현 대통령은 임기 말인 2007년 10월, 평양을 방문하여 김정일 위원장과 두 번째 남북 정상 회담을 가졌다. 두 정상은 '10·4 남북 관계 발전과 평화 번영을 위한 선언'을 발표하고, 6.15 선언의 이행을 재확인하는 한편, 서해 평화 협력 특별 지대 설치, 개성 공단 2단계 개발, 백두산 관광 실시 등 경제 협력을 대폭 확대하고, 종전 선언 추진 및 한반도 평화 체제 구축을 위한 노력을 강화하기로 합의했다.

2008년 이후 이명박, 박근혜 정부 10년 동안 남북 관계는 다시 급격히 냉각되었다. 북한의 핵개발이 가속화되면서 국제사회의 대북제재가 강화되었고, 이는 유엔 대북 결의안의 틀 속에서 일방적인 포용 정책 대신 '상호주의'와 '압박'을 강조하는 대북 정책이 추진되었다. 북한은 천안함 피격 사건(2010), 연평도 포격 도발(2010), 그리고 연이은 핵 실험과 장거리 미사일 발사 등으로 대응하면서 한반도의 군사적 긴장은 최고조에 달했다. 금강산 관광이 중단되고, 개성 공단마저 전면 폐쇄(2016)되면서 신뢰의 토대가 약했던 남북 교류 협력의 성과들은 물거품처럼 사라져 버렸다.

이러한 극한의 대립 상황 속에서, 2017년 출범한 문재인 정부는 미국의 트럼프 행정부의 협조와 함께 적극적인 대북 정책을 추진했다. 미국의 트럼프 행정부는 북한과 수 차례 특사 외교를 진행했고, 대화를 통한 핵 문제 해결에 큰 노력을 기울였다.

2018년 평창 동계 올림픽을 계기로 조성된 평화 분위기 속에서 남북 관계는 극적인 반전을 맞이했다. 2018년 한 해에만 무려 세 차례의 남북 정상 회담이 열리는 전례 없는 일이 벌어졌다. 4월 27일에는 김정은 국무위원장이 북한 최고 지도자로는 처음으로 군사분계선을 넘어 판문점에서

문재인 대통령과 만났고(4.27 판문점 선언: 완전한 비핵화, 연내 종전 선언, 항구적 평화 체제 구축 노력 등 합의), 5월에는 판문점 북측 지역에서 깜짝 실무 회담이, 그리고 9월에는 문재인 대통령이 평양을 방문하여 김정은 위원장과 다시 회담을 가졌다.

하지만 안타깝게도 2019년 하노이 북미 정상 회담이 결렬된 이후, 북한의 비핵화 협상은 교착 상태에 빠졌고 남북 관계 역시 다시 냉각기에 접어들었다. 북한은 남북 공동 연락 사무소를 폭파(2020)하고 미사일 시험 발사를 재개하는 등 도발 수위를 높였고, 남북 간의 대화 채널은 사실상 단절되었다.

해방 이후 오늘날까지 남북 관계는 화해와 대립, 대화와 단절이 반복되는 굴곡진 여정을 걸어왔다. 남북 정상 회담과 같은 역사적인 만남들은 분단된 민족에게 통일과 평화에 대한 희망을 안겨주었고, 금강산 관광이나 개성 공단 같은 교류 협력 사업들은 실질적인 관계 개선의 가능성을 보여주기도 했다. 이는 분단이라는 비극적인 현실 속에서도 어떻게든 민족의 동질성을 회복하고 평화로운 통일을 모색하려는 우리 민족의 끊임없는 노력을 반영한다. 하지만 이러한 노력들은 번번이 북한의 핵 문제라는 근본적인 장애물, 남북 간의 깊은 불신과 체제 경쟁, 남한 내부의 정치적 갈등, 그리고 주변 강대국들의 이해관계라는 복합적인 도전 앞에서 좌절되거나 후퇴를 거듭해 왔다. 80여년을 이어진 분단의 벽은 여전히 높고 견고하며, 한반도의 평화 정착과 통일은 아직도 요원한 과제로 남아 있다. 남북 관계의 변화 역사는 우리에게 남북이 공유할 수 있는 하나된 통일 비전의 중요성을 제시해 주고 있다. 그렇지 않고 단순히 기능주의적인 측면에서 남북이 대화와 협력을 하다 보면 점진적으로 통일로 가는 길이 자연스럽게 만들어질 것이라고 생각하는 것은 너무 순진한 것임을 알려 주고 있다.

49장

세계 속의 대한민국:
한류 열풍과 높아진 국제적 위상

1988년 서울 올림픽 개최를 기점으로, 대한민국은 국제적으로는 세계 무대에 더욱 적극적으로 참여하는 길을 걷기 시작했다. 특히 냉전 체제의 종식과 정보 통신 기술의 발달로 가속화된 세계화의 물결은 한국 사회에 엄청난 변화와 함께 새로운 기회와 도전을 안겨 주었다. 과거 전쟁의 폐허와 분단의 아픔, 권위주의 통치라는 그늘 속에서 주로 경제 성장과 국가 안보에 매진해왔던 한국은, 이제 정치적 민주화와 경제적 발전을 토대로 국제 사회에서 책임 있는 일원으로 발돋움하며 그 위상을 높여 가기 시작했다. 이러한 변화를 가장 극적으로 보여 주는 현상 중 하나가 바로 1990년대 말부터 시작되어 전 세계로 확산되고 있는 한류이다. 한류는 한국의 대중문화가 국경을 넘어 세계인의 사랑을 받는 현상을 넘어, 대한민국의 국가 이미지를 제고하고 '소프트 파워'를 신장시키는 중요한 동력으로 작용하고 있다.

한국의 본격적인 세계화는 1996년 선진국 클럽이라 불리는 경제협력

개발기구 가입으로 상징적으로 나타났다. 이는 한국 경제가 일정 수준 이상의 성장과 개방을 이루었음을 국제적으로 공인받은 사건이었다. 하지만 바로 이듬해인 1997년, 아시아 전역을 강타한 외환 위기는 준비되지 않은 세계화의 위험성과 우리 경제의 구조적 취약성을 동시에 드러내는 뼈아픈 시련이 되었다. 국가 부도 직전의 위기 속에서 IMF의 구제 금융을 받아들이고 혹독한 구조 조정을 거쳐야 했던 이 경험은 우리 국민들에게 큰 충격과 고통을 안겨 주었지만, 동시에 '금 모으기 운동'과 같은 국민적 저력과 위기 극복 DNA를 통해 비교적 단기간에 위기를 극복해내는 저력을 보여 주기도 했다. IMF 위기 극복 이후 한국 경제는 더욱 개방화되었고, 세계 경제 시스템과의 연동성은 더욱 심화되었다. 이후 한국은 G20 회원국으로서 국제 경제 질서 논의에 참여하고, 유엔 평화 유지군(PKO) 파병이나 공적 개발 원조(ODA) 규모를 확대하는 등 국제 사회에서의 역할과 책임을 꾸준히 늘려왔다. 또한, 2002년 한일 월드컵, 2018년 평창 동계 올림픽 등 대규모 국제 행사를 성공적으로 개최하며 국제적 위상을 높이고 세계와의 교류를 확대하는 노력을 지속했다.

이러한 대한민국의 국제적 위상 변화와 맞물려, 1990년대 후반부터 서서히 불기 시작한 한류는 21세기에 들어서면서 그야말로 전 세계적인 문화 현상으로 자리 잡게 되었다. 한류의 시작은 주로 아시아 지역에서의 한국 드라마의 인기로부터 비롯되었다. 1997년 중국 CCTV에서 방영된 〈사랑이 뭐길래〉가 엄청난 성공을 거둔 것을 시작으로, 2000년대 초반 일본에서 〈겨울연가〉가 '욘사마' 열풍을 일으키고, 〈대장금〉이 아시아를 넘어 중동, 아프리카 등지에서까지 큰 인기를 얻으면서 한국 드라마는 한류를 이끄는 핵심 콘텐츠로 부상했다. 동시에, 1세대 아이돌 H.O.T.의 중국 진출, 가수 보아(BoA)의 일본 오리콘 차트 석권 등 K-팝(K-Pop) 역시 아시아 시장을 중심으로 팬덤을 형성하기 시작했다.

2000년대 중반 이후 한류는 드라마와 초기 K-팝을 넘어 더욱 다양한 영역으로 확산되었고, 그 범위 또한 아시아를 넘어 전 세계로 뻗어 나갔다. 특히 K-팝은 동방신기, 슈퍼주니어, 소녀시대, 빅뱅, 원더걸스 등 2세대 아이돌 그룹들의 등장과 함께, 체계적인 기획 및 트레이닝 시스템, 매력적인 비주얼과 퍼포먼스, 그리고 유튜브(YouTube), 페이스북(Facebook), 트위터(Twitter) 등 소셜 미디어(SNS)의 발달에 힘입어 글로벌 팬덤을 구축하기 시작했다. 영화 분야에서도 박찬욱 감독의 〈올드보이〉(2004년 칸 영화제 심사위원 대상) 등이 국제적으로 주목받기 시작했으며, 한국의 화장품(K-뷰티), 패션(K-패션), 음식(K-푸드/한식) 등 라이프스타일 전반으로 한류의 영역이 확장되었다.

그리고 2010년대 후반부터 한류는 그야말로 전 세계적인 주류 문화로 발돋움했다. 2012년 싸이(PSY)의 '강남스타일' 뮤직비디오가 유튜브 최초로 10억 뷰를 돌파하며 세계적인 신드롬을 일으켰고, 아이돌 그룹 방탄소년단(BTS)은 빌보드 차트 정상 정복, 그래미 어워드 노미네이션, 유엔 연설 등 K-팝의 역사를 새로 쓰며 글로벌 슈퍼스타로 자리매김했다. 걸그룹 블랙핑크 역시 세계적인 패션 아이콘이자 음악 시장의 강자로 떠올랐다.

영화계에서는 봉준호 감독의 〈기생충〉(2019)이 칸 영화제 황금종려상에 이어 미국 아카데미 시상식에서 작품상 등 4관왕을 차지하는 기염을 토하며 한국 영화의 위상을 드높였고, 2021년 넷플릭스를 통해 공개된 드라마 〈오징어 게임〉은 전 세계적인 신드롬을 일으키며 K-콘텐츠의 저력을 다시 한번 확인시켜 주었다. 이 외에도 웹툰, 게임, 애니메이션 등 다양한 K-콘텐츠들이 세계 시장에서 꾸준히 사랑받으며 한류의 외연을 넓혀 가고 있다. 현재에도 이러한 흐름은 계속되어, 새로운 K-팝 그룹들과 드라마, 영화들이 꾸준히 해외 팬들의 관심을 받으며 한류의 지속적인 생명력을 보여 주고 있다.

이러한 한류의 성공 요인으로는 여러 가지가 복합적으로 작용했다. 우선, 콘텐츠 자체의 높은 완성도와 매력을 꼽을 수 있다. 한국의 제작자들은 과감한 투자와 창의적인 시도를 통해 수준 높은 드라마, 영화, 음악을 만들어냈고, 홍익인간 정신에 바탕한 한국적인 정서와 보편적인 감성을 결합하여 세계인의 공감을 얻는 데 성공했다. 둘째, IMF 외환 위기 이후 문화 산업을 새로운 성장 동력으로 인식한 정부의 체계적인 지원 정책도 중요한 역할을 했다. 셋째, 대형 연예 기획사들의 글로벌 시장을 겨냥한 기획력과 마케팅 전략, 그리고 아이돌 육성 시스템 역시 K-팝 성공의 핵심 동력이었다. 넷째, 소셜 미디어의 발달은 K-팝 팬들이 국경을 넘어 소통하고 자발적으로 콘텐츠를 확산시키는 '팬덤 플랫폼' 역할을 톡톡히 해냈다. 마지막으로, 서구 문화와 한국적 특성이 결합된 '하이브리드' 문화로서의 매력도 중요한 요인으로 작용했다.

한류의 확산은 대한민국의 국제적 위상과 국가 이미지 제고에 지대한 영향을 미치고 있다. 과거 한국이 주로 전쟁, 분단, 독재 등 부정적인 이미지로 알려졌다면, 이제는 K-팝, K-드라마 등으로 대표되는 '매력적인 문화 강국' 이미지가 더해졌다. 이는 한국의 소프트 파워를 크게 신장시켰고, 국가 브랜드 가치를 높이는 효과를 가져왔다. 또한, 한류는 관광객 유치 증대, 문화 콘텐츠 수출 확대, 화장품·패션·식품 등 관련 소비재

산업 성장 등 실질적인 경제적 효과도 창출하며 새로운 성장 동력으로 자리 잡았다. 문화 교류 증진을 통해 다른 국가 들과의 상호 이해를 높이고 우호 관계를 증진하는 문화 외교의 중요한 수단이 되기도 했다.

1990년대 이후 본격화된 세계화의 흐름 속에서 대한민국은 IMF 외환 위기라는 고난을 극복하고 경제적, 정치적 성장을 이루는 동시에, 한류라는 강력한 문화적 에너지를 발산하며 세계 무대에서 그 위상을 크게 높였다. 이는 수십 년간의 압축 성장과 민주화 과정에서 축적된 우리 사회의 역동성과 창의성이 발현된 결과이며, 문화가 가진 힘이 얼마나 클 수 있는지를 보여주는 사례이다. 한류를 통해 세계인들과 문화를 공유하고 즐거움을 나누는 것은, 어쩌면 '널리 인간을 이롭게 한다'는 홍익인간의 이상을 현대적으로, 그리고 세계적으로 실현하는 한 방식일 수도 있다. 물론, 세계화와 한류 현상 이면에는 문화적 획일화에 대한 우려, 지나친 상업주의 비판, 반한류 정서와 같은 과제들도 존재했다. 그럼에도 불구하고, 현재 대한민국은 역동적인 문화와 기술력을 바탕으로 세계와 적극적으로 소통하고 교류하며, 국제 사회의 책임 있는 일원으로서 평화와 번영에 기여하는 역할을 계속 확대해 나가고 있다. 이는 끊임없이 도전하고 변화하며 미래를 만들어 가는 한국의 정신을 보여 주는 것이다.

50장

우리가 풀어야 할 숙제:
사회 양극화, 저출산·고령화 그리고 통일을 향한 길

눈부신 경제 성장과 역동적인 민주주의 발전이라는 빛나는 성취 이면에는, 오늘날 대한민국이 해결해야 할 깊고 복잡한 과제들이 산적해 있다. 과거 전쟁의 폐허를 딛고 '한강의 기적'을 이루고, 권위주의 독재에 맞서 싸워 민주주의를 쟁취해 낸 자랑스러운 역사에도 불구하고, 우리 사회는 지금 지속 가능한 미래를 위협하는 여러 심각한 도전에 직면해 있다. 그 중에서도 사회 양극화 심화, 세계 최저 수준의 저출산과 급격한 고령화, 그리고 여전히 해결되지 않은 채 한반도의 평화와 번영을 가로막는 분단 현실은 현재 대한민국이 반드시 넘어서야 할 가장 시급하고 중대한 과제들로 꼽힌다. 이러한 문제들을 슬기롭게 해결하지 못한다면, 우리가 그토록 염원하는 '모든 국민이 더불어 행복하게 사는 나라'를 실현하는 길은 더욱 멀어질 수밖에 없을 것이다.

먼저, 사회 양극화 문제는 한국 사회의 통합과 발전을 저해하는 심각한 암초가 되고 있다. 압축적인 경제 성장 과정에서 불가피하게 발생한 소득 불균형은 IMF 외환 위기 이후 대량의 구조 조정을 거치면서 더욱 심화되었다. 소득 격차뿐만 아니라 부동산 등 자산 격차는 더욱 벌어져 '금수저', '흙수저' 논란과 같은 계층 고착화에 대한 좌절감을 낳고 있다. 대기업과 중소기업 간의 격차, 정규직과 비정규직 간의 차별, 수도권과 지방 간의 불균형 발전 문제도 심각했다. 최근 몇 년 사이에는 이러한 경제적 양극화가 정치적, 이념적 양극화와 맞물리면서 사회 전체의 갈등 비용을 증가시키고 있다. 세대 간의 가치관 차이로 인한 갈등, 그리고 특히 첨예하게 부상한 페미니즘과 젠더 갈등 역시 사회 통합을 가로막는 심각한 요인으로 작용하고 있다. 이러한 다층적인 양극화 현상은 사회 구성원 간의 신뢰를 약화시키고 공동체 의식을 해체하며, 사회적 이동성을 가로막아 미래에 대한 희망을 앗아가고 있다. 양극화 해소는 단순히 경제적인 문제를 넘어, 우리 사회의 지속 가능한 발전과 통합을 위한 최우선 과제라 할 수 있다. 이를 위해서는 공정한 경쟁 환경 조성, 사회 안전망 강화, 조세 형평성 제고, 지역 균형 발전, 그리고 무엇보다 서로 존중하고 대화하려는 사회적 노력이 절실히 요구된다.

두 번째로, 저출산·고령화 문제는 대한민국의 미래 자체를 위협하는 가장 근본적인 위기 요인이다. 현재 대한민국의 합계 출산율은 세계 최저 수준으로 떨어진 지 오래이며, 인구 유지를 위해 필요한 대체 출산율에 턱없이 못 미치는 상황이 수년째 지속되고 있다.

반면, 평균 수명은 꾸준히 늘어나면서 전체 인구에서 노인 인구가 차지하는 비율은 급격하게 증가하는 고령 사회를 넘어 초고령 사회 진입을 눈앞에 두고 있다. 이러한 급격한 인구 구조 변화는 우리 사회 전반에 걸쳐 심각한 파급 효과를 미칠 것으로 예상된다. 생산 가능 인구는 급감하여 경제 활력이 저하되고 잠재 성장률이 하락할 우려가 크다. 젊은 세대가 부양해야 할 노인 인구가 늘어나면서 국민연금, 건강 보험 등 사회 복지 시스템의 재정적 지속 가능성에 대한 불안감이 커지고 있다. 노동력 부족 현상이 심화되고, 특히 지방 소멸 위기는 더욱 가속화될 것이다. 또한 병력 자원 감소로 인한 국방력 약화 문제도 현실적인 위협으로 다가오고 있다. 저출산의 원인은 매우 복합적이다. 천정부지로 치솟은 집값과 사교육비를 포함한 과도한 양육 부담, 청년 실업과 고용 불안정, 일과 가정을 양립하기 어려운 사회·문화적 환경, 치열한 경쟁 사회에 대한 피로감과 미래에 대한 불안, 그리고 가정의 가치 붕괴로 결혼과 출산에 대한 가치관 변화 등이 복합적으로 작용한 결과이다. 정부는 지난 수십 년간 막대한 예산을 투입하여 출산 장려 정책, 보육 지원 정책, 주거 지원 정책 등을 쏟아냈지만, 아직까지 뚜렷한 반등 효과를 보지 못하고 있다. 저출산·고령화 문제 해결은 경제적 지원 위주의 단기적인 정책만으로는 불가능했다. 근본적인 측면에서 가정의 가치 회복과 사회 전반에 걸친 인식 변화가 필요했다.

　세 번째로, 한반도 분단 현실 극복과 평화 통일 국가 건설이라는 과제는 여전히 우리 민족의 가장 중요하고도 어려운 숙제로 남아있다. 6.25 전쟁 이후 70년 넘게 지속된 분단은 단순한 영토의 분단을 넘어, 이념과 체제의 대립, 군사적 긴장, 그리고 수많은 이산가족의 아픔을 야기해 왔다. 남북 관계는 지난 수십 년간 화해와 긴장, 대화와 단절을 반복해 왔다. 2000년과 2007년, 그리고 2018년 세 차례의 남북 정상 회담을 통해 평화와 협력의 가능성을 보여주기도 했지만, 통일을 위한 남북 공통의 비전의 부재와 북한의 핵무기 개발이라는 근본적인 문제가 해결되지 않으면서 관계는 다시 경색 국면으로 되돌아가곤 했다. 현재 북한은 국제 사회의 제재 속에서도 핵과 미사일 능력을 계속 고도화하고 있으며, 군사적 도발과 위협적인 언사를 멈추지 않고 있다. 우리는 과거 남북 관계를 성찰하면서 남북한 공통의 통일비전이 부재한 상황에서 교류와 협력만으로 통일을 이룰 수 있다고 생각한 기능주의적 통일론의 한계를 경험했다. 남북한이 서로 바라보고 있는 방향이 다른 것은 공통의 비전이 결여돼 있기 때문이다. 통일을 위해 남북이 하나로 수렴되기 보다는 각자의 이익을 위해 따로 행동하는 태도를 보였다. 다른 방향을 향해 쏜 화살이 하나의 과녁에 명중할 것이라는 것은 환상에 지니지 않는다. 그래서 공통의 통일비전이 가장 중요하다. 우리는 이것을 한민족 시원의 꿈, 즉 널리 인간을 이롭게 한다는 홍익인간의 건국정신에서 출발한다고 본다. 그 꿈이 바로 코리안드림이다.

코리안드림의 비전에 기초한 통일은 북한의 비핵화 문제 해결, 남북 간의 깊은 불신 해소, 서로 다른 체제와 이념의 차이 극복, 통일에 따른 막대한 경제적·사회적 비용 부담 문제, 그리고 한반도를 둘러싼 주변 강대국들의 복잡한 이해관계 등을 일거에 해결할 새로운 프레임워크를 제시해 줄 것이다. 통일은 한반도의 항구적인 평화 정착, 한민족 전체의 번영과 안녕을 보장해 줄 것이다.

대한민국은 과거의 빛나는 성과를 바탕으로 선진국 문턱에 섰지만, 동시에 사회 양극화, 저출산·고령화, 그리고 지속되는 분단 현실이라는 심각한 내부적, 외부적 도전에 직면해 있다. 이러한 복합적인 위기들은 우리 사회의 지속 가능성을 위협하고 있으며, 이를 극복하기 위한 국민적 합의와 지혜로운 정책적 노력이 그 어느 때보다 절실한 상황이다. 과거 수많은 시련 속에서도 위기를 극복하고 발전을 이루어 왔던 우리 민족의 저력을 다시 한번 발휘하여, 이러한 현대의 과제들을 슬기롭게 해결해 나가야 할 것이다. 이를 통해 사회 구성원 모두가 소외되지 않고 함께 번영하며, 다음 세대에게 희망을 물려주고, 마침내 통일을 통해 한반도에 항구적인 평화를 정착시키는 것, 이야말로 오늘날 우리가 추구해야 할 진정한 건국 정신의 실현, 홍익인간 사회의 모습일 것이다.

한민족 꿈의 실현, 코리안드림:
한국 현대사 재발견

ⓒ 코리안드림역사재단 창립준비위원회, 2025

초판 1쇄 발행 2025년 10월 1일

지은이	코리안드림역사재단 창립준비위원회
펴낸이	이기봉
편집	좋은땅 편집팀
펴낸곳	도서출판 좋은땅
주소	서울특별시 마포구 양화로12길 26 지월드빌딩 (서교동 395-7)
전화	02)374-8616~7
팩스	02)374-8614
이메일	gworldbook@naver.com
홈페이지	www.g-world.co.kr

ISBN 979-11-388-4712-4 (03910)

- 가격은 뒤표지에 있습니다.
- 이 책은 저작권법에 의하여 보호를 받는 저작물이므로 무단 전재와 복제를 금합니다.
- 파본은 구입하신 서점에서 교환해 드립니다.